〈善〉のイデアと非命題的なもの

プラトン『国家』篇研究

The Form of the Good and What Is Non-Propositional: Studies in Plato's *Republic*

川島 彬
Akira Kawashima

東北大学出版会

The Form of the Good and What Is Non-Propositional :
Studies in Plato's *Republic*

AKIRA Kawashima

Tohoku University Press, Sendai
ISBN978-4-86163-397-3

本書は「第 20 回東北大学出版会若手研究者出版助成」(2022 年) の
制度によって刊行されたものです。

〈善〉のイデアと非命題的なもの
――プラトン『国家』篇研究――

川島　彬

【目次】

序論　1
 第一節　本書のねらい　1
 第二節　本書の構成　7
 第三節　本書の解釈上の方針　10

第一章　第五巻476d7-480a13の「知識」と「思いなし」　17
 第一節　問題提起　17
 第二節　議論の概観　19
 第三節　「知識」とは、「思いなし」とは何か？――有力な諸解釈の検討　21
 第四節　「見知りによる知識」と「…とは何かの知」　31

第二章　第五巻の見物好きの者は説得されたか　53
 第一節　問題提起　53
 第二節　見物好きの者はソクラテスの言葉をどう理解したか　54
 第三節　見物好きの者が説得されたと解し得ることはどのような含意をもつか　61

第三章　第三巻414b7-415d4の「高貴な嘘」における「説得」　69
 第一節　問題の所在　69
 第二節　「高貴な嘘」　71
 第三節　ロウェットの解釈　74
 第四節　グラウコンを好意的に解するべきか　80

i

第四章　第六巻 505e1-2 における〈善〉の描写──「すべての魂が追い求め、そのために何でも行う」　91
　第一節　問題提起　91
　第二節　"πάντα πράττει" の二つの可能な訳とファーバーの読み　92
　第三節　（二）の読みをとることと、プラトンが主知主義の基本的洞察を保持していると主張することは、両立可能である　95
　第四節　アクラシアを認めることと主知主義的洞察とはいかに両立し得るか　96
　第五節　どうして魂は困惑するのか　98
　第六節　結びに代えて　100

補論　第四巻の魂の三部分説と第九巻の魂の三部分説はいかなる関係にあるか　105
　第一節　第四巻の魂の三部分説　105
　第二節　第九巻の魂の三部分説　109
　第三節　浄化された魂　112

第五章　第六・七巻における「〈善〉のイデア」と「仮設されたのでない原理」　117
　第一節　「〈善〉のイデア」の二つの語り方と、問題提起　119
　第二節　筆者の答えの素描　122
　第三節　統合としての善さ　123
　第四節　すべてのイデアから成る全体としての「仮設されたのでない原理」　125
　第五節　体系内に位置を占めることと、可知性・実在性　128

第六章　第六巻「線分の比喩」509d1-511e5 における「ディアノイア」の対象　139
　第一節　はじめに　139

第二節　五種類の解釈の紹介　　141
　　第三節　筆者が解釈（一）、（二）、（四）、（五）をしりぞける理由　　145
　　第四節　解釈（三）に対する反論への応答　　147
　　第五節　解釈（三）を擁護するための二つの考察　　150
　　第六節　どうしてディアノイアの切片とピスティスの切片の長さは等しいか　　152

第七章　第七巻「洞窟の比喩」514a1–516b6 における洞窟の囚人の二段階　　161
　　第一節　問題提起と当該テクストの紹介　　161
　　第二節　解釈（B）の擁護　　163
　　第三節　C1 と C2 が表わしているのはいかなる状態か　　168
　　第四節　洞窟の比喩に関する、さらに二つの問題　　171
　　第五節　結び　　175

結論　　187

あとがき　　193
初出一覧　　197
参考文献　　199
人名索引　　215
事項索引　　217
古典引用索引　　219

序論

第一節　本書のねらい

　本書が扱うのは、古代ギリシアの哲学者プラトンである。ソクラテスの弟子、アリストテレスの師であり、いわゆるイデア論をはじめとしたその思想は、後の西洋哲学の流れに絶大な影響を与えた。

　本書のねらいは、プラトンの主著『国家』篇の認識論にある一貫した解釈を与えることである。そのために本書は、『国家』で示されるプラトンの形而上学に関しても一定の解釈を与え、同対話篇の政治哲学や魂論を巡る論争にも必要な範囲で足を踏み入れる。

　『国家』[1]は、プラトンがアテナイに学園アカデメイアを設立した後しばらく経ってから[2]執筆された著作であり、『饗宴』『パイドン』『パイドロス』などと同じ中期対話篇のグループに属する（『饗宴』『パイドン』よりは後、『パイドロス』よりは前に書かれたのも、内容の点からほぼ確実である）。これらの中期対話篇では、感覚されるこの世界の美しいものや正しいものや善いものの根拠として、「〈美〉のイデア」「〈正義〉のイデア」「〈善〉のイデア」といった超越的実在が措定され、哲学の営みが、それらの知の獲得を目指す営為と結び付けられる。全十巻から成る『国家』は、規模の点でも最晩年の全十二巻から成る『法律』に次ぐものであり、少なくとも十九世紀以降、プラトンの主著中の主著であると一般にみなされている。『国家』には後一世紀のトラシュロス以来「正義について」との副題が伝統的に付されているが、そこで扱われる議論の射程は、単なる正義論や倫理学を大きく越え出て、認識論、形而上学、魂論、政治哲学、教育論、芸術論、神学など広範に及ぶ。

　以下、本書の議論にとって必要最低限の範囲で、『国家』のあらすじを紹介する。

ソクラテスはアテナイから外港ペイライエウスに下り、女神ベンディスの祭りを見物する。帰路についたとき、居留外国人のポレマルコスに呼び止められ、彼の邸宅を訪れることとなる。ポレマルコスの父ケパロスとの会話がきっかけで、正義とは何かを巡る探究が始まる。ソクラテスは「正義とは強者の利益である」とするトラシュマコスの過激な説を議論の末しりぞけるが（以上、第一巻）、グラウコンとアデイマントス（彼らはプラトンの兄である）が食い下がり、正義は、その所有者にとってそれ自体として善いものであることを示してほしいと求める。彼らの要求に応えるためにソクラテスは、個人の内における正義と国家における正義とが、同じ文字の小文字と大文字のような類比的な関係にある点に訴える。ソクラテスはまず、いっそう大きく学びやすい、国家における正義を探究しようと提案し、そのために言論の上で国家を仮想的に建設していく（第二巻）。ソクラテスたちの議論は、彼らが思い描く理想的国家（カッリポリス）の防衛・統治を担うことになる守護者の教育のあり方に及び、音楽・文芸及び体育によってどのようにして彼らを教育するべきかが議論される（第二・三巻）。ソクラテスは、国家に守護者、補助者、生産者の三階層があるのと同様に、魂には理知的部分、気概的部分、欲求的部分の三部分があり、国家と魂のそれぞれにおいて、三つの要素が各々の固有の役割を果たし、調和を保っていることが正義であると述べる（第四巻）。

　続く第五巻でソクラテスは、カッリポリスの守護者階層では家族も財産も共有となること、女性もまた守護者の任に就くべきことを論じたあと、自身が「守護者」としてこれまで語ってきたのは、実は哲学者のことであったと打ち明ける。彼らは真実在（イデア）を見ることを愛し、「知識（ἐπιστήμη）」をもつ者であるとされ、「思いなし（δόξα）」しかもたない者と区別される。哲学者による統治の正当性を示すための一連の議論を経たあと、統治者たるべき者は、「学ぶべき最大の事柄（μέγιστον μάθημα）」である〈善〉のイデア（ἡ τοῦ ἀγαθοῦ ἰδέα）」の学習まで赴かねばならないとソクラテスは言う。ソクラテスは、〈善〉のイデアと

そこに到達するための哲学的問答法の学習について、「太陽の比喩」「線分の比喩」「洞窟の比喩」の三つの比喩を語りながら叙述する（第六・七巻）。その後もソクラテスの議論は続き、堕落した四つの国制（名誉支配制、寡頭制、民主制、僭主独裁制）とそれぞれに対応した人間の分析を経て、正義こそが人を幸福にすることが確認され（第八・九巻）、いわゆる詩人追放論、魂不死の論証、そして死後の物語（エルの神話）でもって全篇が結ばれる（第十巻）。

本書で筆者が特に議論したいのは、第五～七巻（中心巻）で語られる「知識」と「思いなし」、そしてそれらと事柄上関連するいくつかの認識状態の内実である。以下でより詳しく説明するように、これらの箇所でプラトンが示している認識論をどのように解するかによって、プラトンが哲学によってひとが目指すべきとした到達目標と、そこに至るまでの道筋の描像もまた異なるものになる。その意味で、『国家』の認識論をどのように読むかは、プラトン哲学の根底に流れる精神をわれわれがどのように理解するかという問いと緊密に結びついている。本書のそれぞれの章で議論するのは、『国家』の認識論を読み解くというこの作業を行う上で、特に必要であると筆者が考える箇所であり、問題である。そのため、『国家』の読解という観点からは興味深いものの、本書では取り扱うことができない問題も多々ある。例えば、第二巻のいわゆる「豚の国」を巡る問題[3]、第四巻や第八・九巻での国家と魂のアナロジーの構造を巡る問題[4]、第七巻のいわゆる「洞窟帰還問題」[5]、第十巻のイデア論を巡る諸問題[6]などは本書では扱うことができない。

さて、特に英語圏のプラトン研究において、プラトンが論じている「知識」とは、ある「命題（proposition、主語・述語の構造をもつ文が表わす内容）」を知っていることに他ならないとする（あるいは、そのような見方を前提した）解釈路線が、二十世紀の半ば頃から顕著である。この解釈路線によれば、「知識」と「思いなし」が峻別され、その違いが詳しく論じられる『国家』においても、実質的には、プラトン認識論は、現代認識論同様に、ある命題を知ることや信じることを話題にしている

ということになる。以下、このような解釈を「命題知解釈」と呼ぼう[7]。ヴラストスは、1965年に発表した記念碑的論文において、イデア論を論じる文脈で、命題知解釈の雛型を示した[8]。命題知解釈は、ゴズリング（1973）、アーウィン（1977）、アナス（1981）、ソラブジ（1982）、クロス＆ウーズリー（1996）といった、その後の影響力のある論者によっても少なくとも暗黙のうちに共有されてきた[9]。しかし、管見の及ぶ限り、命題知解釈のもっとも徹底したバージョンを提示したのは、ファイン（1978・1990）である[10]。その後、ファインの解釈に対する反発、修正の試みも散見されるようになるものの、ゲンツラー（2005）、C・テイラー（2011）、フォークト（2012）、ハート（2017）などは[11]、多かれ少なかれファインと同じ土俵の上に立っており、命題知解釈は依然として有力な解釈路線の一つであり続けている。

　本書で筆者は、プラトンにとっての「知識」を命題を知ることとみなす、こうした解釈路線に一貫して反対する。筆者の考えでは、プラトンにとって「知識」とは、ある対象（イデア）の直観的把握に存するものであり、いかなる命題を知ることにも尽くされない。『国家』などの対話篇で、プラトンが「知識」をある対象を見て取ることにしばしばなぞらえているという事実は、文字通りの意味で解するべきである[12]。

　以上の主張を擁護し肉付けする際、筆者はプラトン認識論の「非命題的」側面を強調する。「知識」以外の認識状態、例えば「思いなし」、あるいは線分の比喩で言及される「ディアノイア（διάνοια）」などの認識状態についても、「知識」の場合とちょうど同じように、その内実を、ある命題を知ったり信じたりすることには還元できない。その意味で、それらの認識状態もまた「非命題的」である。このように解することは、テクストに整合的であるのみならず、よりよい哲学的立場をプラトンに帰することにもなる、と論じたい。

　近年、筆者に近い解釈路線をとる主な論者に、ゴンザレス、ロウェット、モスがいる[13]。筆者の解釈がこれらの研究に多くを負っているのは言うまでもないが、実質的な違いもある。

まず、ゴンザレスは1996年の論文「命題か対象か？『国家』第五巻における知識と思いなしに関する、ゲイル・ファイン解釈の批判（Propositions or Objects? A Critique of Gail Fine on Knowledge and Belief in *Republic* V）」において、第五巻末尾で論じられる「知識」については筆者とおおむね同じように解するが、同議論が向けられ、「思いなし」をもつとされる「見物好きの者」が、イデアに関していかなる認識状態に至るかについて、詳細まで立ち入って議論していない[14]。また、ゴンザレスは1998年の単著『問答法と対話：プラトンの哲学探究の実践（*Dialectic and Dialogue: Plato's Practice of Philosophical Inquiry*）』では[15]、第六巻「線分の比喩」で描写される幾何学者の実践について語る際、彼らの認識状態（ディアノイア）を幾何学的命題を対象とするものと解するが、これによって命題知解釈に不必要に譲歩してしまっている。ゴンザレスと異なり、筆者の考えでは、プラトンにとって、幾何学の実践も問答法の実践も、ある命題を知ることに尽くされない点では同じである。むしろ、両者の実践の本質的な違いは、実在の領域の全体を考察するかどうかという点に存する。

　次に、ロウェットは2018年の単著『プラトンにおける知識と真理：ソクラテスの影を踏み越えて（*Knowledge and Truth in Plato: Stepping Past the Shadow of Socrates*）』において、命題知解釈を正しくしりぞけるものの、「線分の比喩」や「洞窟の比喩」のいくつかの重要な論点に関して、筆者がしりぞける読みをとっている[16]。例えば彼女は、ディアノイアの対象はイデアであると解する。また彼女は、『国家』の問答法において、Fとは何であるかの定義の獲得はもはや目指されていないと解し、『国家』で描かれる問答法と、初期対話篇などで描かれるソクラテスによるFの定義探究との断絶を強調する[17]。しかし、筆者はこの立場をとらない。一つには、ロウェットに反して、ロゴスによって各々の事物を定義しようとする営みは、『ソピステス』など後期対話篇においても、問答法の本質的特徴の一つとして描かれ続けていると考えられるからである。

最後に、モスは2021年の単著『プラトンの認識論：実在と思われ（*Plato's Epistemology: Being and Seeming*）』において、プラトン認識論が拠って立つ前提が、現代認識論のそれといかに異なっているかを正しく指摘し[18]、プラトンにとって、知識をはじめとする認識状態は、固有の対象との関わりによって規定されるものである点を説得的に論じる。しかし彼女の解釈は、プラトンの知識概念そのものの内実について踏み込んだ説明を与えておらず[19]、そのため、命題知解釈を適切な仕方でしりぞけていない点で不満が残る[20]。また、第六・七巻の「線分の比喩」や「洞窟の比喩」に関しても詳しく論じていないため、彼女の解釈では、問答法がいかなる営みなのかが明らかではない[21]。

　以上まとめるなら、ゴンザレス、ロウェット、モスの三者について、筆者は、第五巻末尾の認識論・イデア論をどのように解釈するかに関してはおおむね賛成するが、その他の点において、特に第六・七巻の問答法とそれに関連する事柄の解釈において異なる立場をとる。そのため、最終的に浮かび上がる『国家』の認識論の描像も大きく異なったものとなる。

　ここまで概要を示したように、筆者は、プラトンにとって「知識」は、いかなる命題を知ることにも還元できない認識状態であると解する。だが、それによって筆者は、プラトン認識論が命題を扱うことと無縁であると主張している訳ではない。この点は強調しておかなければならない。プラトンにとって「知識」は、問答法の実践に際して、問いと答えのやり取りの只中で獲得されるものであるが、このやり取りは、命題、すなわち、主述の構造を有する文（の内容）[22]を用いることなしには成立し得ないからだ。筆者が否定したいのはひとえに、命題を通じたこうしたやり取りによって獲得される知そのものが、ある一定の命題を知ることに他ならない、とする考えである。

　さらに別の点においても、プラトン認識論は命題と重要な結び付きをもっている。筆者の解釈によれば、プラトンにとって、F（美や正義など）について「知識」をもっている者は、その当のFに関連する事柄

について、信頼できる仕方で正しい判断を下すことができるようになる。例えば、〈正義〉のイデアを知っている者は、個々の局面において、どのような法を施行するのが正しいか誤ることなく判断できるようになる、というように。そうした判断は命題的な構造を有していると考えられる。プラトン自身は何ら名前を付けてはいないものの、哲人王が有するであろうこのようなFに関する個別的な判断を——正当化された真なる信念とみなし得る以上——Fに関する命題知として語ることは少なくとも可能であろう。筆者の解釈によれば、Fについての「知識」は、このように、Fに関する種々の命題知を結果としてもたらすものである。第一章で論じるように、筆者がこう解するのは、Fについての知が具体的な局面においてFに関する正しい判断を信頼できる仕方でもたらしてくれるのでないならば、どうしてプラトンが、国家の統治者は「知識」を有する者でなければならないとしているのかが理解しがたくなるからだ。

「思いなし」に関しても同様である。筆者の解釈によれば、プラトンにとって、Fに関する「思いなし」は、それ自体はFに関する命題を信じることによって尽くされるものではないが、Fに関する種々の判断を結果としてもたらすものである。「知識」の場合と異なり、「思いなし」が結果としてもたらすこのような判断には、真であるものも、偽であるものも含まれるだろう。

第二節　本書の構成

以下、本書の構成について簡単に述べる。

第一章では、イデア論のもとで「知識」と「思いなし」が区別される第五巻末尾の箇所を議論する。命題知解釈の代表的な論者であるヴラストス、ファイン、ハートの三者の解釈をそれぞれ紹介し、しりぞける。続いて「知識」と「思いなし」それぞれについて筆者の解釈を提示し、これを擁護する。筆者の解釈によれば、「知識」は、イデアという特別

な対象のある直観的把握に存する、「Fとは何か」の確かな把握であり、「思いなし」は、感覚的事物という対象のある直観的把握に存する、「Fとは何か」の不確かな把握である。「知識」、「思いなし」いずれの中身も命題の形で書き尽くすことはできない。ただし、このことは「知識」がロゴスと無関係な神秘的な直観であることを意味しない。プラトンにとって「知識」は、問答法の実践の只中で獲得されるものだからである。以上で概観した第一章のこの議論が、本書において中核的な役割を担っている。この議論によって、本書が提示するプラトン認識論の解釈の、全般的方向性が定められるからである。

　第二章では、第一章での筆者の解釈を前提にしつつ、第五巻末尾のソクラテスの議論で「思いなし」をもつに過ぎないとされた「見物好きの者（φιλοθεάμονες）」の認識状態の詳細に立ち入る。特に、ソクラテスの議論によって彼らは本当に説得されたと解し得るか。そして、彼らは、イデアの存在に対してどのように反応すると解し得るか。これらの点を考察することが、『国家』のカッリポリス構想に対してある重要な含意をもつことを論じる。

　第三章は、第二章の議論を補完するものである。第二章で筆者は、哲学的認識に与らず、「思いなし」しかもたない者を説得するというモチーフが、ソクラテスのカッリポリス構想を考える上で重要であるとの提案を行うが、本章では、この点は先立つ第三巻末尾のいわゆる「高貴な嘘」の箇所でも示唆されていることを論じる。ポパーらに反して、この箇所でソクラテスは、市民を欺き洗脳するための方途を提案しているのではない。統治の正当性に関してある種の説得を行うことで、階層間での意見の一致を確立するための方途について論じているのである。この読み筋を、ロウェットの解釈を検討することを通して固めていく。

　第四章では、第六巻の「太陽の比喩」の直前で、ソクラテスが〈善〉を「すべての魂がそのために何でも行うもの」として語る箇所に着目する。この箇所におけるプラトンのモラル・サイコロジーについて議論する、ファーバーの解釈を批判的に検討することを通して、筆者の解釈を

与えていく。筆者の考えによれば、プラトンはここで、われわれの魂の少なくとも深層には、〈善〉を目指して常に働いているある関心が存在するとの考えを表明している。すなわち、プラトンによれば、われわれは〈善〉をすでにしてある形で把握しているのだが、この把握は言語化以前の「弱い」ものであり、したがって、その中身を命題の形で文節化できるようなものでもない。

　補論では、第四章で『国家』の魂論を論じる際に話題になった、魂の三部分説について若干の考察を掲げる。特に、第四巻の三部分説と第九巻の三部分説がいかなる関係にあるかを議論する。

　第五章では、まず、第六・七巻における〈善〉のイデアに関して、無視されがちなある問題に取り組む。「〈善〉」が、「〈美〉」や「〈正義〉」と並ぶ一つのイデアとして語られる文脈と、諸イデアの上に立つ特別なイデアとして語られる文脈（特に第六巻「太陽の比喩」）が、『国家』の内部においても併存している。この二つの文脈の関係をどのように理解するべきか。古くは後五世紀の新プラトン主義者プロクロスが『プラトン『国家』注解』で提起したこの問題に対して、筆者はプロクロス自身とは（そして、プロクロスと同様に解する藤沢とも）異なる読みをとる。続いて「線分の比喩」における問答法の描写に解釈を与えていくことを通じて、〈善〉のイデアに関するこの読みを擁護していく。この作業によって、第一章で筆者が行う「プラトンにとって知識は、問答法の実践の只中で獲得されるものである」との主張が肉付けされる。

　第六章では、第六巻「線分の比喩」において、幾何学者がもつとされる認識状態である「ディアノイア」の対象は何か、という問題に取り組む。筆者の解釈によれば、問答法に携わる者がもつとされる狭義の「知識」だけでなく、幾何学者の認識状態である「ディアノイア」もまた、ある対象——イデアと感覚的事物の中間に位置付けられる数学的対象——との関わりによって規定されるものである。このような幾何学者の知の内実もまた、いかなる命題を知ることにも還元できない。さらに、以上の点に関する議論を前提した上で、「線分の比喩」の関連するもう

一つの問題、すなわち、描かれた線分の中間の二つの切片(「ディアノイア」と「ピスティス (πίστις)」に対応する切片)の長さが必ず同じになってしまうのはなぜか、という問題に取り組む。

　第七章は、第六章の議論を補完するものである。「線分の比喩」で語られる四つの認識状態(「ノエーシス (νόησις)」「ディアノイア」「ピスティス」「エイカシアー (εἰκασία)」)と「洞窟の比喩」で描かれる囚人の諸段階との間に対応関係を見出し得るか、という解釈上の大きな問題がある。この問いに筆者は「イエス」と答える。特に、洞窟内部の囚人の認識状態はそれぞれ、「エイカシアー」と「ピスティス」にある仕方で対応していると論じ、その詳細を説明する。この作業によって、プラトンにとって「知識」も「思いなし」も、両者それぞれの下位区分である「ノエーシス」「ディアノイア」及び「ピスティス」「エイカシアー」も、それぞれ異なる種類の対象との関わりによって規定される認識状態であることを確認する。

第三節　本書の解釈上の方針

　本書がとる解釈上の方針について簡単に説明する。まず——ある意味では当たり前のことだが——プラトンに、哲学者として、あるいは作家として[23]、よりよい立場を帰するべく『国家』のテクストを解する。例えば、ある箇所に関してAとBという二つの異なる読みが語学的に可能な場合、Aの読みに従ったときにプラトンに帰せられることになる考えと、Bの読みに従ったときにプラトンに帰せられることになる考えとを比較考量し、哲学者として、あるいは作家として、よりすぐれた立場をプラトンに帰することになる読みの方を選ぶ。一言で言うならば、できるだけ好意的な仕方でプラトンを理解しようと試みる。この方針は本書の全体を貫いている。

　ただし、以下の三点に特に注意されたい。

　第一に、プラトン研究の長い歴史が如実に示すように、『国家』を含

むプラトン対話篇は、曲解、珍説をも含む多様な解釈の可能性に開かれている。プラトン対話篇が、プラトン以外の登場人物の台詞から成る戯曲形式の文学作品であることも相まって、対話篇のいかなる箇所に関しても、絶対的に正しい唯一の解釈というのは原理的にあり得ない。この事実を謙虚に受け入れた上で、それでもなお、できる限り説得的な解釈を与えようと試みるのが、プラトン対話篇への正しい向き合い方（の少なくとも一つ）であろう。本書において筆者が、『国家』の様々な箇所について、その正しい読みを巡って議論する際も、競合する他の解釈を完全にしりぞけ得るような決定的な論拠を提示しているつもりはない。筆者が試みるのは、多様な解釈があり得る中、筆者のような仕方で解するべきよい理由があるということを、読者に対して可能な限り説得的な仕方で示すことに尽きる。

　第二に、筆者は『国家』において、登場人物ソクラテスが語っている議論に、著者プラトンも常にコミットしているとはみなさない。対話篇中である議論をソクラテスが提示するとき、その議論に著者プラトン自身が、（一）全面的にコミットしている場合、（二）ある程度コミットしている場合、（三）まったくコミットしていない場合、の三通りが少なくとも考えられるはずだ。筆者が本書で重点的に扱う箇所においては、（三）に相当するケースはないものの、（二）に相当すると考えられるケースが稀に出てくる。その場合、ソクラテスとプラトンの抱いている考えや意図を切り離し、それぞれ別に解釈を与えることとする。この方針は、特に第三章において重要になってくる。

　他方、第五巻末尾の認識論・イデア論の箇所、第六・七巻の〈善〉のイデアに関する説明及び「太陽」「線分」「洞窟」の比喩に関しては、文脈上の制限はあるものの、基本的には、プラトン自身の公式見解を緊密かつ圧縮された形で表明している箇所として解する。一つには、これらの箇所は哲学的散文作家プラトンの筆力の極致を示しており、語られる哲学的議論のもつ奥行きはほとんど類を見ないものであるからだ。もう一つには、これらの箇所では、暗にせよ明にせよ、他の諸対話篇で登場

するアイデアやモチーフへの言及が極めて多いと考えられるからである。例えば、線分の比喩における問答法の叙述は、『ソピステス』『政治家』『ピレボス』など後期対話篇における問答法をある仕方で先取りしており、洞窟の比喩では、『エウテュプロン』『ラケス』『リュシス』『カルミデス』『メノン』など初期対話篇で描写されたソクラテスの論駁問答への言及が見られる、と筆者は解する。また、洞窟の比喩で語られる「魂の目（知性）の向け変え」というアイデアは、『メノン』『パイドン』『パイドロス』の想起説に通じる発想であろう。イデアと感覚的事物とを峻別する議論が、中期以降のプラトン対話篇の多くの箇所で見られるのは言うまでもない。

　以上から、『国家』第五～七巻の認識論・形而上学は、プラトン対話篇群全体の中である中核的な役割を果たしており、ここにプラトンの哲学を読み込むことは十分正当化される、と筆者は考える（実際、ほとんどの解釈者は、このような想定のもと同箇所に解釈を与えている）。逆に言うなら、第五～七巻の認識論・形而上学の議論に、プラトン自身がコミットする哲学説を読み込むことが仮に許されないとするなら、「プラトン哲学」について語る余地は、われわれにはほとんどなくなってしまうだろう。しかし、このような懐疑主義をとる必要はない、と筆者は考える。

　第三に注意すべきは、特に第六・七巻の〈善〉のイデアや「線分の比喩」に解釈を与える際、筆者は、アリストテレスなどによる間接伝承に触れることがあるが（第五・六章参照）、あくまで傍証の一つとして触れているに過ぎないという点である。例えば、第六章で筆者は、プラトンは『国家』で「ディアノイア」の対象として、イデアと感覚的事物の中間に位置づけられる数学的対象を念頭に置いていると解するが、このように解するからといって、プラトンは数学的対象に関するある秘密の教説を、アカデミアの内部で口頭でのみ教授していた、とする立場を暗に支持しているわけではない。特に、テュービンゲン・ミラノ学派[24]のように、そのような教説の存在を示唆するアリストテレス、アリストク

セノス、シンプリキオスなどの間接伝承の読解に重きを置き、ここからヒントを得て対話篇を読み解き、プラトン哲学を再構成しようとする試みにコミットしているわけではない。プラトンが、対話篇中には記さなかったいわゆる「書かれざる教説（ἄγραφα δόγματα）」を抱いていたかどうかという点は、本書において筆者が与える議論とは差し当たり無関係である。筆者が浮かび上がらせたいのは、『国家』を含む対話篇から読み取れる限りでの著者プラトンの意図や考えであり[25]、この作業に際して、対話篇以外のテクストは重視しない。この方針から、真作であるか否かを問わず、『第七書簡』を含む書簡も本書では扱わない[26]。

　以上の方針に対して、次のような反論がなされるかもしれない。もしプラトンが対話篇の中に自身のもっとも重要な教説を記さなかったのだとすれば、対話篇の読解だけに焦点を絞ってしまうのは、哲学者プラトンを理解しようとする試みとして不十分ではないか、と。しかし、プラトンが、それを通して自らの意図や考えを理解してもらうための主要な媒体として選んだのは、他ならぬ対話篇であり、その執筆や推敲に並々ならぬ心血を注ぎ込んだのは、その完成度からも明らかであると筆者には思われる。筆者は、プラトン自身がこの選択を行ったという事実を、可能な限り尊重したい。

　最後に、本書の読み方について補足したい。本書は、筆者が2020年に東北大学に提出した博士論文がベースとなっている。その事情から、本書の論述は全体として専門的な色合いのやや強いものにならざるを得ない。この点はご容赦願いたい。理解の一助となるよう、各章の末尾にその章で行った議論の要約を掲げた。ご活用いただきたい。

　本書の主な読者としては、『国家』を少なくとも翻訳を通じて（一部であれ）読んだことがあり、プラトン哲学に一定の関心がある方を想定している。ただし、より広く、古代ギリシアの思想や文化一般に関心を有している方に向けた説明も、紙幅の許す範囲で加えた。先行研究やギリシア語の読みに関する比較的細かい議論の大部分は、注の中で行って

いる。専門家の方は、注の方も適宜参照し、ご検討いただければ幸いである。専門家でない方は、本文を中心に読んでいただくだけでも理解に支障はないと思われる。

注

1 ギリシア語の原語は"πολιτεία"で、「国制」「国のあり方」「市民権」などを意味する。納富 (2011)、4-7 は、近代国家を連想させる「国家」という訳語は避け、「ポリテイア」とするべきとの提案を行う。しかし、本対話篇のタイトルとして「国家」がすでに人口に膾炙しているという事情を鑑み、本書では「国家」を訳語として用いる。

2 『国家』は前 375 年前後に書かれたと一般に推定されている。Shorey (1937), xxiv-xxv ; Guthrie (1975), 437 ; Cross and Woozley (1996), xii-xiii 参照。第七巻での数学的諸学問から哲学に至る教育カリキュラムも、アカデメイアでの実際の教育の様子をある程度念頭に置いて書かれた可能性が高い。アカデメイアの創設時期は、前 388/387 年とするのが通説であり、Guthrie (1975), 19-20；廣川 (1980)、63-74 もこの説をとる。Field は前 385 年頃と推定し (Oxford Classical Dictionary 2nd edn., 1 参照)、Reeve も同じく前 385 年頃と考えるが (Grube trans. (1992), xii 参照)、そうだとしても『国家』の執筆は、その相当後のことである。

3 代表的研究として McKeen (2004)；Rowe (2017) 参照。

4 代表的研究として Williams (1973)；Ferrari (2005) 参照。

5 代表的研究として Kraut (1999) 参照。

6 これらの問題について、特に Halliwell (1988), 109-116 参照。

7 現代哲学において「命題」という語の使われ方はそもそも一枚岩でないが、概して、同じ内容を表現する異なる複数の文は、同一の命題として扱われる傾向にある。例えば「ソクラテスは哲学者である」と「Socrates is a philosopher」は、同一の命題を表現する異なる二つの文とされる。文と命題との間のこのような微妙な関係は、古代ギリシア哲学においては顕在化していない。「命題」と訳し得る最も一般的なギリシア語は"πρότασις"だが、この語は、アリストテレス以前には見出されない。"πρότασις"は『分析論前書』において「何かについて何かを肯定または否定する文 (λόγος)」と定められ (24a16)、推論における前提命題を表わすために用いられる (『命題論』第 4、6、7、11 章も参照)。以下で紹介する Vlastos をはじめとする論者も、現代哲学と古代ギリシア哲学では「命題」概念に上述のような差異があることや、プラトンが「命題」にぴったり対応する言葉を明示的に用いているわけではないことは認める。彼らはその上で、プラトンが『国家』で論じている「知識」とは、事柄としては、ある命題を知ることである、と解するのだ。

8 Vlastos (1965).
9 Gosling (1973); Irwin (1977); Annas (1981); Sorabji (1982); Cross and Woozley (1996).
10 Fine (1978), (1990). 以下、両論文を参照する際は、Fine (2003) の頁数を記す。
11 Genzler (2005); Taylor, C. (2011); Vogt (2012); Harte (2017).
12 この点は Nightingale (2004) によっても強調されている。
13 Gonzalez (1996), (1998a), (1998b); Rowett (2018); Moss (2021). 命題知解釈をしりぞけている論者として、他に Smith (1979), (2012), (2019); Szaif (2007) を挙げることができるかもしれない。
14 Gonzalez (1996). Moss (2021) も同じである。
15 Gonzalez (1998a), ch. 8.
16 Rowett (2018), ch. 8.
17 特に Rowett (2018), ch. 1.
18 Moss (2021), ch. 1.
19 この傾向は、例えば Moss (2021), 205-6 から伺える。
20 なぜなら、「知識」と「思いなし」を、それぞれイデアと感覚的事物という固有の対象に関わる認識状態であると解し、かつ、その認識のあり方を、ある命題を知ることや信じることに他ならないと解する場合、Vlastos (1965) 流の解釈になってしまう可能性が高いからである。しかし、第一章で見るように、Vlastos の解釈にはある問題がある。
21 Smith (2019), chs. 5-7 の議論も同じ点で不満が残る。
22 以下、現代哲学における「命題」と「命題を表現する文」の区別は度外視し、どちらの場合でも単に「命題」と表記する。
23 『国家』は緊密な構成に基づいて執筆された、一つの文学作品でもあるため。
24 テュービンゲン・ミラノ学派の中心的論者として Krämer (1990); Szlezák (1993). 彼らの解釈上の方法論と、彼らの最大の論敵である Schleiermacher の方法論の比較に関して、松浦 (2016)、37-56 の論述が有益である。
25 これは、筆者が読み取る考えは、ソクラテスや他の登場人物によって対話篇中で明示的に語られている、ということを意味しない。
26 『第七書簡』の真贋問題について、納富 (2019); Notomi (2022) 参照。納富自身は、真作と考えてよい十分な理由があると論じる。

第一章　第五巻 476d7-480a13 の「知識」と「思いなし」

第一節　問題提起

　本章の主題は『国家』第五巻 476d7-480a13[1] である。盛んに論じられてきたこの箇所について、本章のための問題を提起する前に、この箇所が置かれた文脈を見ておこう。

　第五巻でソクラテスは、彼がこれまで描いてきた理想国家(以下「カッリポリス」)の実現可能性を示すために、現存の国がそのような国に変わるための最小限の変革は何かを述べる (471d8-473e4)。それは哲学者による統治であり、これなくして、国々にも人類にも不幸のやむことはない、とソクラテスは主張する (473c11-d6)。するとグラウコンは、そのような主張は「非常にたくさんの、しかも決してあなどれない者たち」[2] の猛反発を買うだろうと述べ、彼らに対してその主張を正当化するようソクラテスに求める (473e5-474a4, 474b1-2)。この要求に応えてソクラテスが与える議論は事実上、第六巻 502a3 まで続く。

　この一連の議論は二つの部分から成る。前半部でソクラテスは、グラウコンと対話しながら、まず (A) 哲学者とはどのような者かを規定する (第五巻 474b4-480a13)。この (A) の後半が、本章の主題となる箇所である。

　ソクラテスは次に、(B) 哲学者の素質を考慮に入れながら、哲学者こそが国家を統治すべきであることを論じる (第六巻 484b4-487a8)。するとアデイマントスは、言論の上ではソクラテスのこの議論に反対できないが、実際問題としては、哲学者は役立たずないしは悪党だと思われており、哲学者統治の主張はまったく受け入れられないだろうと指摘し、説明を求める (487b1-d8)。哲学者統治の主張を正当化するソクラ

テスの議論の後半部は、この指摘への応答から始まり、アデイマントス
との対話として進行する（ただし、哲学者による統治の正当化と関連は
するが別の論点も論じられる）。

　まず、アデイマントスの指摘に応えてソクラテスは、哲学者はたしか
に統治の能力をもっており、彼らが役立たずに見えるのは現在の国家が
彼らを役立てようとしないからであること（487e4-489d1）、哲学者の素
質をもつ者は堕落させられやすく、堕落した場合大悪人になりやすいこ
と（490e1-495b6）、現在、哲学に相応しくない者が哲学に手を染めてい
ること（495b8-496a10）、堕落を免れた少数は哲学を続けるために政治
を避けること（496a11-497a5）を指摘する。続いてソクラテスは、現存
のどの国制も哲学の健全な発達に相応しくなく、カッリポリスこそ哲学
に相応しい国制であり得ること（497a8-d3）、哲学に携わるのは年齢が
長じてからでなければならないこと（497e4-498c4）、哲学者が国家統治
の任に着くことはなかなか起こらないが、不可能ではないこと（499b1-
d7）、統治の任についた哲学者は見事なやり方で統治に着手するであろ
うこと（500b8-501c4）を論じる。なされるであろう統治の見事さ、哲
学者の性質の立派さに訴えることによってソクラテスは、哲学者が統治
すべきであることについて大衆は完全に納得してくれるであろう、とア
デイマントスに認めさせる（501c5-502a3）[3]。以上紹介した（B）の箇所
は、次章の議論において重要となる。

　哲学者統治の主張を正当化する一連の議論の前半部、（A）の最初で
ソクラテスは哲学者を、手始めに、どんな学習も選り好みせず愛好する
者と規定する（475b8-c8）。グラウコンは、では、祭りの合唱隊の上演
を聴くために至る所に出かける「見物好きの者たち（φιλοθεάμονες）」
も哲学者なのか、と問う（475d1-e1）。ソクラテスは、そうではないと
言い、続く475e4-476d5で、哲学者と見物好きの者の区別について論じ
る。イデアの存在を認めこれに愛着を寄せる哲学者は「知識（γνώμη）」
をもつが、それができない見物好きの者は「思いなし（δόξα）」しかも
たないと言うのだ。思いなししかもたないと言われた見物好きの者が腹

第一章　第五巻476d7–480a13の「知識」と「思いなし」

を立て反論してくるという事態を想定してソクラテスは、彼らを穏やかに説得（πείθειν ἠρέμα）しようとする（476d7-e2）。見物好きの者をグラウコンが代弁し、ソクラテスは説得の議論を提示する（476e4-480a13）。この議論が本章の主題である（第二節で議論の各ステップを見ていく）。

　この議論で、ソクラテスが、一方で「知識（ἐπιστήμη, γνῶσις）」や「あるもの（ὄν）」、他方で「思いなし」や「ありかつあらぬもの（ὄν τε καὶ μὴ ὄν）」と言うとき、いかなるものを念頭に置いているか。筆者がこの問いに取り組みたいのは、一つには、この問題について議論することで、『国家』の認識論・形而上学を解き明かす鍵がもたらされるからである。もう一つには、この議論に関して第二章で提起される別のある問いに対する筆者の答えが、本章で筆者が与える解釈を前提にしているからである。

　以下、まず第二節で、ソクラテスが提示するこの議論を概観する。第三節で、有力な三つの先行研究を紹介し、問題点を指摘する。最後に第四節で、当該議論に関する筆者の解釈を提示し、これを擁護する。

第二節　議論の概観

　第五巻476e4-480a13のソクラテスの議論は以下のように分析され得る。

（一）「完全にあるもの（τὸ παντελῶς ὄν）」は完全に知られ得るが、「まったくあらぬもの（μὴ ὄν μηδαμῇ）」はまったく知られ得ない。（477a2-5）
（二）知識は「あるもの（ὄν）」に、無知（ἀγνωσία）は「あらぬもの（μὴ ὄν）」に関わる（ἐπί＋与格）。（477a2-5, a10-11）
（三）もし「ありかつあらぬ（ὄν τε καὶ μὴ ὄν）」ようなものがあるなら、それは「あるもの」と「あらぬもの」の中間にあり、それに関わるのは知識と無知の中間にあるものだ[4]。（477a6-9, a11-b3）

19

（四）「能力（δύναμις）」とは、ひとがそれをもつことによって何かを成し得るようになるものであり、例として視覚や聴覚が挙げられる。個々の能力は「何に関わるか（ἐφ' ᾧ...ἔστι）」によって、そして「何を成し遂げるか（ὃ ἀπεργάζεται）」によって区別される。（477c1-d7. Cf. b8-10）

（五）知識と思いなしはどちらも能力である。知識は「不可謬（ἀναμάρτητον）」、思いなしは可謬的（μὴ ἀναμάρτητον）であり〔「何を成し遂げるか」が異なるので〕、両者は〔（四）より〕異なる能力である。したがって、知識と思いなしは別々のものに関わる。すなわち、思いなしが関わるのは「あるもの」ではない〔（二）より〕し、「あらぬものでもない」。（477c1-478c6. Cf. 477b4-7）

（六）思いなしは、知識よりは不明瞭、無知よりは明瞭であり、知識と無知の間に位置する。（478c7-d12）

（七）多くの美しいものや多くの正しいものは、反対の仕方でも（醜いものとして、不正なものとしても）現れるため、「ありかつあらぬもの」である。美などについて大衆がもつ νόμιμα〔通常「因習的な考え」と訳される〕[5] は、「純粋にあるもの（τὸ ὂν εἰλικρινῶς）」と「あらぬもの」の間を「さまよっている（κυλινδεῖται）」。したがって、多くの美しいもの（等）に関わるのは思いなしだ。（478e1-479d9）

（八）多くの美しいもの（等）しか見ない人は、思いなしており、知ってはいない。「それぞれのもの自体（αὐτὰ ἕκαστα）」、すなわちイデア[6] を見る人は、知っており、思いなしてはいない。後者は「哲学者（φιλόσοφοι）」、前者は「思いなし愛好家（φιλόδοξοι）」である。（479d10-480a13）

第一章　第五巻 476d7–480a13 の「知識」と「思いなし」

第三節　「知識」とは、「思いなし」とは何か？——有力な諸解釈の検討

　本章の残りで、476d7–480a13 の議論をソクラテスがいかなるものとして意図したかを論じる（見物好きの者が議論をどう理解したかは次章で考察する）。まず、比較的最近の有力な諸解釈をサーヴェイしながら筆者の解釈を提示していく。その際、哲学者が愛着を寄せ、もつとされる「知識」と、見物好きの者が愛着を寄せ、もつとされる「思いなし」がそれぞれ何であるかに注目する。

三・一　ヴラストスの解釈

　「あるもの（ὄν）」は、「完全にあるもの（τὸ...παντελῶς ὄν, 477a3）」、「純粋にあるもの（τὸ εἰλικρινῶς ὄν, 477a7, 478d6, 479d4）」とも言い換えられているが、これは何か。ギリシア語の「ある（εἶναι）」[7]には三つの主な用法がある。「…がある（＝存在する）」という構文での用法（存在用法）、「SはPである」という構文での用法（述語用法）、ある命題についてそれが「ある（＝真である）」という用法（真理表示用法）。これに応じて、「あるもの」も三通りに解釈できる。存在用法で読むなら、「（完全に）あるもの」は、「（完全に）存在するもの」を意味し、イデアを指すと解される。述語用法の読みでは、例えば「（完全に）美しくあるもの」、「（完全に）正しくあるもの」を意味し、〈美〉、〈正〉などのイデアを指すと解される。真理表示用法の読みでは、「真であるもの」を意味し、「真なる命題（から成る集合）」を指すと解される。

　以上を確認した上で、まず、ヴラストスの解釈を見よう。彼は、言語分析哲学の手法をギリシア哲学のテクスト解釈に適用した最初の一人だ。その古典的な論文が 1965 年に発表された「プラトンにおける実在性の諸程度（Degrees of Reality in Plato）」である。

　ヴラストスは、第五巻の当該箇所の「ある」を述語用法で解する[8]。

例えば 477a1, a2-3, 478d5-7, 479d4 などの「あるもの」とは、「美しくある（美しい）もの」、「正しくあるもの」、「大きくあるもの」などの総称である（述語部分は省略されていると解す）。「あるもの」と「ありかつあらぬもの」との対比は、イデアとそれを分けもつものどもとの対比である[9]。すなわち、「あるもの」は〈美〉、〈正義〉、〈大〉のようなイデアの総称であり、「ありかつあらぬもの」は、美について言えば、美しい声や色などであり、正義について言えば、正しい行為や人などである。美しい声や色が「ありかつあらぬ」とされるのは、それらがある時ある状況では美しいが、別の時、別の状況では美しくないからである。〈美〉のイデアが「ある」と言われるのは、〈美〉が時や状況にかかわらず常に美しくあるからだ。プラトンは、「あるもの」を「完全にあるもの（477a）」や「純粋にあるもの（477a, 478d, 479d）」と言い換えてもいる。

　「完全にある」や「純粋にある」という言い方は、〈美〉のイデアが完全に美しくあるのに対し[10]、美しい声や色などは不完全に美しくあることを含意する。ヴラストスによれば、プラトンは、どのくらい本当に（really）美しいのかについて程度の違いを認めている。つまり「実在性の諸程度（degrees of reality）」である[11]。

　ヴラストスによれば、「知識は ὄν に関わっている（477a10）」とは、知識はイデアに関わるということだが、その内実は次の通りだ。知識のような認識状態を、その対象との関わりとみなす傾向があるプラトンは、知識の内容をなす命題の不可謬性（477e7-8）は、知識の対象であるイデアが不変である（したがって、諸イデア間の関係が必然的である）ことを意味すると考えていた[12]。ヴラストスは、知識の内容たり得る真なる命題の例として「三は奇数である」を、知識の内容たり得ない真なる命題の例として「シミアスはソクラテスより背が高い」を挙げる[13]。「三は奇数である」が不可謬であり、知識の内容たり得るのは、この命題が〈三〉と〈奇数〉の間の論理的結合によって真であるからだ。言い換えるなら、三は三であることによって奇数なのである。これに対して、「シミアスはソクラテスより背が高い」が知識の内容たり得ず、たかだか真

なる思いなしの内容にしかなり得ないのは、シミアスはシミアスであることによってではなく、たまたま〈大〉を分けもつことによってソクラテスより背が高いからだ。

　こうして、知識の対象であるイデアだけが真に実在的（real）であるとされ、感覚される事物は不完全にのみ実在的であるとされる（「完全にあるもの（τὸ παντελῶς ὄν）」は完全に知られ得るが、「まったくあらぬもの（μὴ ὂν μηδαμῇ）」はまったく知られ得ない（477a2-5）との原則は、事物の実在性と、それが知識の対象たり得る資格とが比例することを意味する）。

　以上のようにヴラストスは、プラトンに、概念間の論理的結合によって必然的に真である命題のみが、知識の内容たり得るという考えを帰するが、プラトンのこの知識観は狭すぎると不満を漏らす。「三は奇数である」のような分析命題だけでなく、経験科学の命題も知識の内容たり得ると考えられるからだ。もし、経験科学の知識を知識として認めないのがプラトン哲学だというのなら、そうした哲学はわれわれにとって受け入れ可能なものであるかどうかを、ヴラストスは一人の哲学者として問題にしているのである。

　経験科学ではまず、われわれが感覚によって観察するものや、観察対象を説明するために措定するものについて仮説を立て、次に、この仮説を経験的に検証していく。こうした仮説は、経験的検証をまってはじめて確証されるものであるため、論理的には反証可能でなければならない。つまり、分析命題がもつような必然性をもたない。だが、だからと言って、十分に検証された科学的仮説が、知識の内容たり得ないということにはならないはずである、とヴラストスは考える。

　先に述べたように、ヴラストスの解するプラトンの流儀にならって、対象の特性は、これを対象とする認識状態の特性と相関的であると考えるなら、科学的知識の対象、すなわち感覚される事物にも、高い「実在性」（すなわち、可知性ないしは知識の対象としての資格）が認められてしかるべきである。さて、「実在性の諸程度」という言い方は、実在

性をはかる尺度が単一である(すなわち、論理的必然性である)ことを含意している。ところが実在性の尺度には、論理的必然性だけでなく、検証可能性もあるのだから、実在性の尺度は単一ではない。したがって、プラトンは実在性の「諸程度」ではなく「諸種類(kinds)」について語るべきだった、とヴラストスは言う[14]。

ヴラストスの解釈のうち、当該箇所の「あるもの」「ありかつあらぬもの」を述語用法で読み、それぞれイデアと感覚的事物を指す[15]と解している点に筆者は賛成する[16]。しかし、ヴラストスは(次に見るファインやハートと同じく)、プラトンの念頭にある知識を一種の命題知と解している。こうした命題知解釈[17]が抱える全般的な問題点については次節で論じるが、その前に、ヴラストスの解釈に固有の問題点を簡単に指摘しておきたい。

ヴラストスによれば、プラトンにとって、概念間の論理的結合によって必然的に真である命題以外は、知識の内容たり得ないことになる。すると、『国家』のカッリポリス構想は瓦解してしまう。例えば、第三巻412d9–414b6で、カッリポリスの統治者たるべき者の選抜が話題になるが、この選抜は、経験科学における検証と同じような手続き抜きには成立し得ないからだ。統治者の選抜において、「彼は正しい人だ」とか「彼女は統治者に相応しい人だ」といった命題が立てられ、様々なテストを通じてこの命題の正しさが検証(あるいは反証)されていくと考えられる。このような検証を経てもなお、誰が統治に相応しい人間なのか知ることが原理的に不可能なのだとすれば、カッリポリスの統治機構そのものに根本的な欠陥があることになってしまうだろう。他に可能な解釈があるなら、プラトンにこのような立場を帰することには少なくとも慎重になるべきだ。

三・二 ファインの解釈

次に、諸解釈のうちユニークな一つを見ておこう。ファイン(1978・1990)は[18]、当該箇所の「ある」を基本的に真理表示用法で解し[19]、"ὄν"

第一章　第五巻 476d7–480a13 の「知識」と「思いなし」

（真であるもの）とは「［若干の］真なる命題から成る、ある集合」のことであると解する。他方で、"ὄν τε καὶ μὴ ὄν" は「真でありかつあらぬもの」、すなわち「［若干の］真なる命題と［若干の］偽なる命題から成る、ある集合」を意味する[20][21]。この解釈によれば、「知識は ὄν に関わる（477a10）」とは、知識の内容となる命題は常に真である、ということであり、「思いなしは ὄν τε καὶ μὴ ὄν に関わる（477a11–b2, 478d11）」とは、信念の内容である命題は真であることも偽であることもある、ということである。

　さて、当該議論でプラトンは、知識はイデアにのみ関わり、思いなしは感覚的事物にのみ関わるという考え（以後この考えを「二世界説」と呼ぶ）にコミットしていると通常解される。こうした解釈を「二世界説解釈」と呼ぼう。しかしファインは、プラトンはここで二世界説にコミットしていないと解する。彼女が二世界説解釈をとらないのには、主に以下の二つの理由がある。

　（一）二世界説解釈によれば、感覚的事物について知識は成立しないことになり、例えば「自分は椅子に座っている」と知ることもできなくなる。したがって、プラトンの知識概念はとても狭いものになってしまう。（二）『国家』には、二世界説と相容れない箇所がある。まず第六巻 506c でソクラテスは、〈善〉について自分はドクサしかもっていないと語る。さらに第七巻 520c で、洞窟の底に戻ってきた囚人は、前を行く影（ある種の感覚的事物を表わしていると考えられる）のそれぞれが何の影であるのか「知る（γνώσεσθε）」と言われる[22]。

　しかし、ファインが真理表示用法で読む自身の解釈のために提示する論拠——おそらく、最も重要な論拠[23]——は、彼女が「論争の余地があってはならないとの条件（the condition of noncontroversiality）」と呼ぶものである。これは、対話的議論の出発点において、相手が受け入れると想定できない前提を立ててはならないという条件だ[24]。ファインによれば、当該箇所でソクラテスは、見物好きの者[25]を説得するための対話的議論を行っているため、この条件が守られなくてはならない。

25

ファインは、476e-477a で登場する"ὄν"を真理表示用法以外で読む場合、「論争の余地があってはならないとの条件」が破られてしまうと主張する[26]。まず"ὄν"を存在用法で読む場合、"ὄν τε καὶ μὴ ὄν"は「存在しかつ存在しないもの」あるいは「半分だけ存在するもの」を意味する。しかし、ここで（何であれ）思いなしの関わるものは思いなされるだけで同時には知られ得ないとか、単に半分だけ存在する、ということを見物好きの者が受け入れるとは考えにくい[27]。次に、述語用法で読む場合、"ὄν τε καὶ μὴ ὄν"は「Fでありかつあらぬもの」を意味することになる。正しさを例にとるならば、これは、時や状況に応じて、正しくありもすれば正しくなく（不正に）ありもするものだ。例えば、「借りたものを返す」という行為は、正しいこともあるが、（借りた相手が狂気に陥っている場合などは）正しくないこともある。しかし、どうしてこのような行為が、思いなしにのみ配されており、知識に配されてはいないとされているのかが、見物好きの者には理解できないだろう、とファインは言う。例えば、「借りたものを返す」ことは常に正しいわけではない、と知ることは可能であるように思われるからだ。

　これに対して、ファインの提示する真理表示用法の読みでは、まず「知識は ὄν（すなわち、「真であるもの」）に関わっている」とは、「知識は真理を含意する」[28]ということを意味する。すなわち「知識は常に真である」ということである。次に「信念は ὄν τε καὶ μὴ ὄν に関わっている」とは、「信念は、真理も虚偽も含意しない」ということを意味する。すなわち、「信念は真であることも偽であることもある」ということである。ファインは、これらの前提ならば、哲学的議論に馴染みのない見物好きの者にも受け入れられると想定できるため、自身のとる読みでは「論争の余地があってはならないとの条件」は破られないと主張する[29]。

　ファインは、第五巻 476d-480a の議論について、一貫した解釈を提示している。またその解釈は、見物好きの者への説得という特性を当該議論がもっていることに着目した点で斬新だった。しかし、ゴンザレスがすでに指摘しているように[30]、ファインの解釈には主に以下の二つの問

題がある[31]。

　第一に、"ὄν" を真なる命題の集合として解すのは、現代の論理哲学に馴染んだ者にしか思いつかないような発想であり、これをプラトン解釈に持ち込むのはアナクロニズムであろう。また、この読みは、見物好きの者を相手にしているという文脈上も不自然である。見物好きの者は 475d4-6 で、議論（λόγοι）やそうした類いの会話に無関心な者とされている[32]。哲学的議論に相当程度馴染んでいる者ならいざ知らず、これに無関心とされている見物好きの者が、"ὄν" や "ὄν τε καὶ μὴ ὄν" を命題の集合として受けとることができると想定するのは困難である。

　第二の問題点は、ファインが自分の真理表示用法の読みを擁護するために、「論争の余地があってはならないとの条件」を持ち出していることに関わる。その条件とは、議論の開始地点で対話相手が受け入れると想定できない前提を立てていると解すべきではない、というものだった。そこでファインはこう言ったのだ。存在用法で読む場合、議論の始め 476e7-477b2 でソクラテスは「信念の関わるものは半分だけ存在する」という前提を認めさせていることになり、述語用法で読む場合には、「反対の現れを許すものは信念にのみ関わる」という前提を認めさせていることになるが、これらの前提は対話相手に受け入れられないだろう、と。しかしファインの解釈でも、議論の大詰めにあたる 479e7-480a5 でソクラテスは、「知識を得るためには、まずもってイデアを知らなければならない」という前提を立てていることになる[33]。この前提は、イデア論に馴染みのない見物好きの者にとっては、劣らず受け入れがたいものだろう。にもかかわらず、もしファインが自身の真理表示用法の読みの方がそれ以外の読みよりも優先されるべきだと言うとしたら、それは、対話相手に受け入れられない前提を立ててはならないという原則は、特に議論の開始地点で満たされるべきだ、とみなしているからに他ならない。しかし、議論の開始地点をこのように特別視することには根拠がない。

　筆者の見立てでは、少なくとも、ソクラテスが述語用法の読みの場合に 476e7-477b2 で立てていることになる前提（「知識は完全に F である

ものに関わる」）と、ファインの解釈の場合に 479e7-480a5 で立てている前提（「知識を得るためには、まずもってイデアを知らなければならない」）を比較した場合、前者の前提の方が、見物好きの者にとって受け入れやすいものである（この点については、次章で詳しく検討する）。したがって、見物好きの者の説得という観点からも、ファインの真理表示用法の読みを優先すべき論拠は乏しいと言わざるを得ない。

三・三　ハートの解釈

　三・二でも紹介した、1996 年のゴンザレスによるファイン解釈への徹底的な反論を経て、"ὄν" を真理表示用法で解することを避ける論者が、再び目立つようになる[34]。しかし、これらの論者もまた「知識はイデアにのみ関わり、思いなしは感覚的事物についてのみ関わる」という考えをプラトンに帰することを避けようとする点では、ファインと軌を一にしている。一つには、カッリポリスで統治の任に就く者は、国の内外で生じる様々な出来事に関して、その都度正しい判断を下して対処することが求められるはずだからだ。そうした個別・具体的な出来事に際して、どのような行為が正しいのか知ることが原理的にできないのだとすれば、どうしてプラトンが、統治の任に就くべき者はイデアの知をもたなければならないとしているのか、理解しがたくなってしまう[35]。統治者もその他の市民も、感覚されるこの世界に関しては思いなししかもっていない点では同じであると考えられるからだ。

　このような問題関心のもと第五巻の認識論の理解を試みる論者の代表として、2017 年のハートを紹介する[36]。ハートは、二世界説をプラトンに帰することを避けるべきと考える点ではファインと同じだが、ファインと異なり、"ὄν" はイデアを、"ὄν τε καὶ μὴ ὄν" は感覚的事物（あるいはそれがもつ諸特性）を指すと解する[37]。

　ハートはその上で、当該議論で「知識は本性上（πέφυκε）ὄν に関わり、ὄν がどのようにあるかを知る（477a11）」や「［知識と思いなしの］両者のそれぞれは、別の能力としてはたらくわけだから、本性上

第一章　第五巻 476d7-480a13 の「知識」と「思いなし」

(πέφυκεν) それぞれ別のものに関わることになる (478a4-5)」というように、ソクラテスが「本性上」という限定を付して語っている点に着目する。ハートの理解では、このようにソクラテスに語らせる際、プラトンは「知識は・典・型・的・に・は (typically) イデアに関わる」と述べているだけであり、「知識はイデアにのみ関わる」という、より強い主張にはコミットしていない。同じように、当該議論でプラトンは、「思いなしは・典・型・的・に・は感覚的事物に関わる」と述べているだけであり、「思いなしは感覚的事物にのみ関わる」との主張にはコミットしていない。このように解するなら、例えば「この法律を現在施行することは正しい」というような、感覚的事物に関わる命題を知ることも、イデアに関わる命題を思いなしの内容としてもつことも、派生的な仕方ではあるが可能となる[38]。

　以上の主張を説明するために、ハートは当該議論で、知識や思いなしがそれぞれ能力であるとされ、「何を成し遂げるか (ὃ ἀπεργάζεται)」の点で区別されている点 (477c1-d6) に注意を向ける。先立つ第一巻 353a10-11 で、それぞれのものの「成し遂げるもの (ἔργον)」とは、「(一) ただそのものだけが果たし得るような、あるいは、(二) 他の何よりそのものが最も善く果たし得るような仕事」であるとソクラテスは述べていた。ハートは、知識と思いなしがそれぞれ「成し遂げるもの」は、(一) ではなく (二) に該当するような仕事であると考え、そのような仕事をもたらす能力の例として、操舵術と医術を挙げる (346a-b の例である)[39]。例えば操舵術――ひとつの能力である――は、典型的には、航海の安全に関わり、それをもたらすものである。しかし、操舵術を発揮することによって、航海の安全以外のものが、派生的にもたらされることはあり得る。例えば、航海を通じて不摂生な生活習慣が改められることにより、健康――操舵術とは異なる能力である医術が典型的には作り出すもの――が身体にもたらされる、というように。同じことが、知識に関しても思いなしに関しても成り立つ。すなわち、派生的な仕方においてではあるが、知識が感覚的事物に関わることも、思いなしがイデアに関わる

ことも可能であり、プラトンはこれらの可能性を排除していない[40]。ハートは以上のように解するのだ。

ハートの解釈は、"ὄν"の読みとして妥当であり、ファインが提起した二世界説解釈の問題を回避できている点でもすぐれている。しかし、筆者は以下の理由からハートの解釈もとらない。

ハートの解釈では、当該議論の477c3において、能力の例として視覚と聴覚をソクラテスが挙げている点が十分に説明できない。視覚の対象である色、聴覚の対象である音声は、それぞれ視覚と聴覚に固有の対象であり、視覚によって音声を見ることも、聴覚によって色を聞くこともできない。視覚と聴覚の場合、操舵術と医術の場合と異なり、能力の対象が重複することは起こり得ないはずなのだ[41]。

ハートは、視覚と聴覚の場合に対象の重複があり得ない点は、能力一般にとって本質的な特徴とは言えず、自身の解釈への有効な反論にはならないと考える[42]。しかし、ハートのように解する場合、ソクラテスが当該議論において、能力の具体例として、他でもなく視覚と聴覚を持ち出しているポイントが不明になると言わざるを得ない。仮に知識と思いなしが、それぞれの対象に関して（たとえ派生的な仕方であれ）重複を許すような関係にあるなら、ソクラテスは——ハートが自身がそうしているように——第一巻ですでに話題になっていた操舵術や医術など、対象の重複を許す能力を例として選ぶなり、あるいは何らか他の仕方で、能力の対象が重複する可能性について示唆していてしかるべきである。しかし、ソクラテスはそのような論じ方をせず、単に、視覚と聴覚を能力の例として引き合いに出している。この事実は、知識と思いなしは、操舵術や医術などとは異なり、それぞれの対象の重複を許さない関係にあること、その点では視覚や聴覚に比すべき能力であることを強く示唆する[43]。

では、当該議論の「知識」と「思いなし」をどのようなものとしてとらえるべきか。

第四節 「見知りによる知識」と「…とは何かの知」

四・一 「知識」に関する筆者の解釈の素描

　筆者は、スミス、ゴンザレス、サイフに賛成し[44]、プラトンの言う知識は、二つの等しく適切な仕方で記述できると考える。第一に、イデアの一種の直観的把握として、第二に、イデアが措定されるもの（美や正義など）について、それが何であるかの知としてである。ＦのイデアをＦ観することにおいて、「Ｆとは何であるか」の知が生じる。この知が問題の「知識」であると解するのだ。

　筆者のこの主張を明瞭にするために、まず、ヒンティッカが提示した知識の三区分を参照したい。彼によれば[45]、従来、「見知りによる知識（knowledge by acquaintance）」（例えば、ある人と会ったことがあり、その意味でその人を知っていること）と、「…ということの知（knowledge that）」（命題知）が区別されてきたが、「…とは何かの知（knowledge what）」はそのいずれとも、少なくとも概念上区別される第三の種類の知である[46]。「…ということの知」、例えば「ジョーンズは大工である」と私が知っていることは、ある命題を内容とする。「見知りによる知識」、例えば私がジョーンズと面識がありその意味で彼を知っていることは、個々の事物（特別な場合には概念）を対象にする。それに対して「…とは何かの知」、例えば私がジョーンズが何（誰）であるかを知っていることは、個々の事物（ないし概念）を対象とすると同時に、その内容は命題の形で（少なくとも相当程度）特定できる[47]。例えば、「ジョーンズは大工である」と知っていることは、彼（一つの事物である）をその職業に関して知っていることを意味する。

　この三区分を用いて言えば、プラトンにとっての知識は、「…ということの知」に還元できるものではなく、むしろ、ある観点からは、イデアの「見知り」に存し[48]、またある観点からは、「…とは何かの知」に

他ならない、と筆者は考える。ただしプラトンにとっての知識を語る際に注意すべきは、これら両観点が同じ事柄の二側面であると考えられる点だ[49]。すなわち、プラトンにとって、Ｆのイデアの見知りを得ているということは、Ｆとは何かを十全な仕方で知っていることに他ならない。したがって、「…とは何か」を真に知っている人の知の内容は——それが当該イデアの見知りによる知である以上——命題の形では汲み尽くし得ない、とプラトンは考えている（後述する）。

　さて、プラトンにとって知識が「…とは何か」の認識に関わるものであり、かつ、その内容が命題の形では汲み尽くされないものである点を主張するにしても、必ずしも「見知り」の側面があると言う必要はないのではないか、と思われるかもしれない。だが、筆者の考えでは、一般にプラトンにおいて、知識や思いなしをはじめとした認識状態は、ある特定の対象との直接的な関わりによってもたらされるものである（この点については第六・七章でも議論する）。このように、「対象」に「直接的に」関わっているという側面を記述するためには、「見知り」という概念に訴えるのがもっとも適切であろう。何かを、あるいは誰かを「見知る」ことによって知るとは、ある対象を直接的な仕方で把握することに他ならないからである。

　例えば、ジョーンズという人物を見知っており、その意味で彼を知っているということは、ジョーンズと出会い、交際するという契機抜きには成立し得ない。われわれは、こうした直接的な交際を通して、ジョーンズの人となり（すなわち、誰であるか）を理解するのだ。この理解には、ジョーンズの表情の独特の印象、話し方の特徴、醸し出す雰囲気などの把握も含まれるだろう。ジョーンズと会うこと抜きに彼の性格や振る舞いに関する命題をいくら知ったとしても、以上のような、彼と実際に会った人が有する知には、届かない。両者の知の間には、架橋しがたいある質的な隔たりが存しているからだ。そして、ジョーンズに関する知のうち、より本質的かつ根源的であると言い得るのは、彼と実際に会うことで得られる知の方であろう。イデアという特別な対象の認識に関

しても同様の事態が成り立っている、と筆者は主張したい。

プラトンが第五巻当該箇所の「知識」をイデアの「見知り」に存するものと捉えていることを示唆する事柄を二つ挙げる。第一に、そこで知識を論じるにあたりソクラテスは、視覚との類比に訴えているが、視覚認識は対象の「見知り」の一形態に他ならない。第二に、479e6 の "τοὺς αὐτὰ ἕκαστα θεωμένους"（「それぞれのもの自体を見る」）など、[「知識」の動詞形＋直接目的語] で完結する構文が用いられている[50]。他方、当該箇所でプラトンが「知識」を「…とは何かの知」として捉えていることを示唆する事柄として、477b11–12 で、知識の本性が「あるものがどのようにあるのかを知ること（γνῶναι ὡς ἔστι τὸ ὄν）」として語られている、という点が挙げられる[51]。

四・二　命題知解釈に反対する理由

当該箇所の「知識」は、ある命題を知っていることに他ならないとする解釈に筆者が反対する[52] 主な理由は、次の三つである。

第一に、もし「知識」がある命題の知に他ならないならば、哲学の学習はそうした命題（とりわけ、事物の定義など）を覚えることに結局は存し得ることになりかねないが、プラトンは哲学をこのように理解してはいないからである。サイフが述べているように[53]、プラトンにとって、あるイデアに「精通していること（familiarity）」は、そのイデアに対して定義を与えることで尽くされるものではないだろう[54]。

第二に、プラトンは哲学者をイデアを見ることを「愛好する（ἀσπάζεσθαί τε καὶ φιλεῖν）」者として描いている（479e9）。哲学者の抱くこの愛を表わすために、第五巻の当該議論では "ἔρως" 系の語は出てこないが、続く第六巻 485a10–b3 で、哲学者は、真実在を開示する学問に対し「常にエロースを向ける（ἀεὶ ἐρῶσιν）」と言われる。『饗宴』のディオティマ演説（201d–212a）、『パイドロス』のパリノーディアの箇所（244a–257b）がその最たる例だが、プラトンはしばしば、イデアの把握に向かう哲学の営みを、このように恋愛になぞらえる。これは単な

33

る比喩とは考えられない。一般に、恋愛の営みにおいて、愛を向ける対象に馴染み、理解を深めていくという過程が生じる。しかし、こうした理解の内実を命題の形で書き尽くすことは到底できない。したがって、哲学の実践によって獲得されるイデアの知は、ある命題を知ることに尽くされるものではないだろう。

　第三に、ソクラテスは501a2–b7 で、哲学者は国制を構想する際、彼らが統治する人びとや社会の現実のあり方を考慮しつつ、〈正〉や〈美〉のイデアを見ながら、その写しを国制の中に作り込もうとすると述べる[55]。しかし、国制の制定を含むどのような営為についても、いかにすればそれが正しく、適切になされることになるのかを、一般原則の形で書き出すことはできないと考えられる（マクダウェルが「徳と理性」[56]などで論じている点である）[57]。「しかじかの行為は正しい」というような形の一般的主張は、必ず例外をもってしまうからだ。例えば「借りたものを返すことは正しい」という主張は、借りたものが武器であり、貸してくれた相手が正気を失っているような場合には真ではないだろう[58]。このように、ある実践を正しく行うことのできるひとが、それを修得する際に知るに至った内容は、定式化することができない。マクダウェルの言葉を借りるならば、そうした知の内容は「成文化不可能（uncodifiable）」[59]なのである。

　さて、イデアの知識を命題知と解することは、イデアの知の内容を命題の形で書き尽くせることを含意する。しかし今見たように、イデアの知の内容を一般原則の形で書き尽くせるとは思えない。したがって、命題知解釈をとるならば、プラトンに哲学的に説得力のない立場を帰することになってしまう[60]。他方、イデアの知を見知りによって得られるものと捉えるならば、このような説得力のない立場をプラトンに帰さないで済む。この解釈をとるならば、プラトンはイデアの知を、その見知りによって得られるものとして描くことによって、・イ・デ・ア・の・知・の・成・文・化・不・可・能・性・を・メ・ッ・セ・ー・ジ・と・し・て・送・っ・て・い・る・と読むことになろう。すでに見たように、プラトンは、イデアの知について視覚との類比を用いて語って

いるが、一般に、その内容を成文化できないような知を獲得した人について、「そのひとは何かを見た」[61] と言うことは自然であるからだ。

　プラトンにとっての「知識」をこのように理解することは、プラトン哲学に対して今も根強い、次のような「誤解」を解くことにも繋がる。例えば、ブランダムは、あらゆる「方法知（knowing how）」の背後に常に何らかの命題知の把握を置く、十九世紀頃まで有力だった哲学的立場を「プラトン主義的主知主義（platonistic intellectualism）」と呼び、この立場を徹底的に批判する[62]。同様に神崎は、マクダウェルの哲学を解説する文脈で、次のように語る。プラトンにとって、イデアの把握とは成文化された普遍的原則の把握であるが、倫理的実践がこのような原則の把握によって可能となるとする見方には根拠が乏しい。それゆえマクダウェルは（アリストテレス、ウィトゲンシュタインに従い）、この種のプラトン主義から決別したのだ、と[63]。事実上、ブランダムや神崎は、命題の形をとった普遍的原則の把握を実践の基礎に置く、この種の「プラトン主義」を、プラトン自身の立場でもあるとみなしていると考えられる。しかし、すでに確認したように、このような想定は誤りである。

　さてここで、命題知解釈をとる論者から、次のような反論がなされるかもしれない。すなわち、プラトンにとって「知識」とは、何かある単独の命題、例えばFとは何かの定義命題を知ることに尽きるわけではない、ということには同意する。しかし、文脈に応じて、説明のためにある命題を提示し、この命題を説明するために別のある命題を提示し、この命題を説明するためにさらに別のある命題を提示する——知識が関わる命題とは、このようにして積み上げられた諸命題の体系のことであり、知識とは、このような諸命題の体系を適切な仕方で構築し、説明を繰り出す能力に存する[64]。このようなバージョンの命題知解釈をとることには問題がないのではないか、と。

　この反論に対する筆者の応答は次の通り。命題を適切な仕方で提示し、諸命題の体系を構築することを可能にする能力それ自体は、命題的な構造をもつものではない。したがって、（一）もしこうした能力が知

識の本質を成すなら、問題の知識そのものは命題知ではないことになる[65]。他方、(二) もし知識とは、こうした能力によって構築された、諸命題から成るある体系を知ることに他ならないとするならば、再び、プラトンに説得力のない立場を帰することになってしまう。先に述べたように、プラトンにとって、知識は国制の制定を含む実践を正しく行うことを可能にするものだが、それを覚えさえすればこうした実践が可能になるような諸命題の体系もまた、存在しないと考えられるからだ[66]。

四・三　あり得る誤解の回避

　続いて、筆者の解釈に対するあり得る二つの誤解を防いでおきたい。第一に、知識の獲得はプラトンにとって、知性の行使とは無縁の神秘的体験である、と言うつもりはない[67]。むしろ、第七巻534b3–d2で含意されているように、プラトンにとって知識は、あれこれ語り、考える哲学的問答法の実践の只中で獲得される、と筆者は考える（この点については、第五章で詳しく議論する）。イデアはある種の「対象」ではあるが、その「見知り」を得ることは、物的対象の見知りを知覚によって得る場合とは異なり、問題のイデアについて、まさにロゴス（説明）を与えることに存する（534b3–7）[68]。たしかにプラトンはイデアの観想の重要性を強調するが、同時に、そうした観想活動は、ロゴスのやり取りというある種の実践の内側でのみ行われ得るものである点に注意しなければならない。プラトンにとってイデアとは、われわれの実践とは無縁の領域に、われわれの知性から隔絶された仕方で存在しているのではない。

　第二に、このように、知識の獲得を、見知りになぞらえる考えをプラトンに帰するからといって、筆者はムーア流の直観主義をプラトンに帰するつもりはない。ムーアは「善は、単純で部分をもたないところから、いかなる定義もなされない」と言い、そのような性質の例として黄色を挙げる[69]。われわれは黄色という性質を直接経験することによって、黄色がどのようなものかを理解できるようになる。だが、これまでその色を見たことがない人に、黄色がいかなるものかを伝えられる定義は存在

しない。善は黄色と違って非自然的な（すなわち、自然科学の対象でない）性質であるものの、以上の点において両者は類似しているとムーアは述べる。

このようなムーア流の語り方は、多くの人びとにとって、善を直観することは、色を見ることと同じように容易で一般的な経験であることを含意しているように思われる[70]。だがわれわれの多くが現に善を直観できているなら、何が善いのかについて、どうしてこれ程まで大きな意見の相違が現にあるのか[71]、説明がつかない。イデアの見知りとしての知識という考えをプラトンに帰する際、プラトンにとってイデアの知の獲得は、人間にとって達成困難なことである、という点を込みにして理解する必要がある。マクダウェルは、この知の達成が圧倒的に難しいのを認識することで、道徳的な謙虚さとともに、「宗教的回心の効果に似た、霊感を与える効果」がもたらされるだろうと言う[72]。それは、イデアが彼方にあると認めることで、自らの道徳的認識の不完全さを自覚し、そこに向けて可能な限り歩もうとする熱情が鼓舞される、ということであろう。Fのイデアの見知りをもつことによって、Fに関連する事柄は原則的に全てわかるようになるとされている、と言うと、楽観的に聞こえるかもしれない。だが、そのような理想的な状態に達しなければ、問答法の学習は不完全だとされている、とも言えるのである。

四・四　「思いなし」をどう解するか

「知識」について見たところで、「思いなし」に向かおう。筆者の解釈によれば、ちょうど哲学者が〈美〉のイデアとの見知りをもつことによって、美とは何かについて知識をもつように、見物好きの者は、多くの美しい物事との見知りをもつことによって、美とは何かについて思いなしをもつ[73]。いずれの場合にも、自らが美の代表的事例だとみなすものに注目することによって、美とは何かについての理解を形成している[74]（この点は次章で重要となる）。思いなしは、美とは何かの理解であるという点において知識と同じ土俵の上にあるが、その理解の程度は、知識

の場合と比べて甚だしく劣っている。知識と思いなしで、このように理解の程度差があるのは、それぞれが関わる対象のあり方に違いがあるからだ。すなわち、知識の対象である〈美〉のイデアは完全に美しいものだが、思いなしの対象である美しい感覚的事物は不完全にのみ美しいものである。この違いが、美とは何かの理解の程度の違いにも反映されるのである[75]。

関連する点として、479d2-4 で、美その他について大衆がもつと言われる νόμιμα とは、見物好きの者を含む大衆が、美などについての理解を形成する際に注目する代表的事物のことであると筆者は解する。見物好きの者は、先立つ 476c1-2 で、「美しい事物は認める（νομίζων）が、美そのものは認めない（μήτε νομίζων）」と、同じく先立つ 479a3 で、「多くの美しいものは認める（νομίζει）」と言われていたからだ。この読みによれば、νόμιμα が「揺らいでいる」とは、美や正が何であるか問われた際に大衆が引き合いに出すであろうものがありかつあらぬ現れをするということである[76]。

哲学者は、例えば美や正義について知識をもっていることの結果として、美や正義をめぐって、個々の場面で、常に真なる判断を下し得る（ἀναμάρτητον, 477e7）[77][78]。例えば、正義について知識をもっていることの結果として、与えられた状況でどのような法律を制定するべきかに関して、常に正しい判断を下すことができるようになる。同様に、見物好きの者は、美や正義について思いなしをもっていることの結果として、個々の場面で、あるときは真なる判断を、あるときには偽なる判断を下す（μὴ ἀναμάρτητον, 477e7）。例えば、彼らは美に関する思いなしをもっていることの結果として、舞台作品の美しさに関しては一家言ある者となるかもしれないが、国制や学問の美しさを巡っては多くの誤った判断を下すだろう。このように、当該議論で真なる判断や偽なる判断に相当するものがある仕方で登場すると筆者は解するが[79]、これは、命題知解釈が正しいことを示す証拠にはならない。ソクラテスとグラウコンが 477c1-478c6 で、知識は「不可謬」、思いなしは「可謬的」であると言

うとき、彼らは能力が「成し遂げるもの」に即して語っているのであり、能力それ自体のあり方を語っているのではない。むしろ、知識も思いなしもそれ自体としては、その内容を命題の形で特定し尽くせないものである[80]。

四・五　二世界説解釈の問題に対する筆者の応答

　本章を締めくくるにあたって、ファインが指摘した二世界説解釈の問題に筆者がどのように応答するかを簡単に述べる[81]。これまでの議論から半ば明らかなように、筆者は「知識はイデアにのみ関わり、思いなしは感覚的事物にのみ関わる」との立場をプラトンに帰する以上、二世界説解釈のあるバージョンをとる。しかし、このタイプの二世界説解釈は――例えば、第三節で見たヴラストスのそれとは異なり――二世界説解釈がもたらすとされていた問題を回避することができる。

　まず、(一) 当該箇所でプラトンが話題にしている「知識」は、そもそも命題知ではない。したがってプラトンは、「自分は椅子に座っている」のような命題を知ることが不可能であるとは言っていない。また関連する点だが、プラトンは、「この人は正しい人である」のような命題を知ることが原理的に(哲人王でさえ)できないとする立場にも、コミットしていない。

　次に、(二) 第六巻506cでソクラテスが、善について自分はδόξαしかもっていないと言うとき、彼が、第五巻と同じ意味での"δόξα"について語っていると解する必要はない。善に関するソクラテスの認識状態は、太陽という似像（比喩）にある意味で縛られており、善が何かを十分に把握してはいない。ここに、第五巻で話題になっていた思いなしとの共通点がある。すなわち、どちらも、ある種の感覚的事物に縛られているがゆえに、〈善〉の見知りに到達していないという点では同じと言える。ソクラテスはこのような共通点に訴えることで、「当該の事柄について知をもつには至っていない不完全な認識状態」というような緩い意味で、"δόξα"という語をここでは用いているのだ。同様に、520cで

問題になっているのも、第五巻で話題になっていた知識であると解する必要はない。ソクラテスはここで、洞窟に戻ってきた者は、洞窟の中の影が何の影であるかを「識別できる」という意味で"γνώσεσθε"という動詞を用いているに過ぎない[82]。これは、先に論じた、哲学者がFについて知識をもっていることの結果として、個々の場面でFについて常に真なる判断を下し得るようになるという事態を、比喩的に表わしているのである。

　本章での筆者の議論を要約する。筆者の解釈によれば、第五巻476e4-480a13で哲学者がもつとされる「知識」は、イデアという特別な対象の見知りに存する、「…とは何か」の十分な理解である。見物好きの者がもつとされる「思いなし」は、感覚的事物という対象の見知りに存する、「…とは何か」の不十分な理解である。「知識」、「思いなし」いずれの中身も命題の形で書き尽くすことはできない。その意味で、「知識」も「思いなし」も非命題的な認識状態である。このように解することは、以下の三点から正当化される。すなわち、筆者の解釈は、（一）当該テクストに整合的であり、（二）より説得力のある哲学的立場をプラトンに帰することができ、（三）二世界説解釈に対して提起された諸問題に応答できるものである。

注
1　『国家』の箇所を参照する際は、ステファヌス版全集のページ数と段落記号（a-e）を付し、段落内の行数表記については Slings（2003）に従う。その他のプラトン対話篇を参照する際は、Burnet（1901-1907）及び Duke, E. A., Hicken, W. F., Nicoll, W. S. M., Robinson, D. B., and Strachan, J. C. G.（1995）に従う。
2　『国家』の邦訳を掲げる際は藤沢訳を基本的に用いるが、必要に応じて語句を変更した。
3　ソクラテスはこれらの議論を通じてアデイマントスを、大衆がソクラテスの主張を受け入れるであろうことについて、次第に説得していく。499c7-d9, 501c5-10, 501e1-5, 501e6-502a3 参照。
4　構文が変わり "ἐπί" は今度は与格の位置に置かれた認識状態の方を支配してい

るが、実質的な意味は変わらない。
5 以下の第四節参照。
6 イデアを表わす表現として、
(一・一) "αὐτὸ τὸ F" ("F"には "καλόν," "ἀγαθόν" などの形容詞が入る);『饗宴』211d3;『パイドン』65d4-5, e3, 74a12, c1, c4-5, d6, e7, 75b6, c11-d1, 78d1, 100b6-7, c4-5, d5, 102d6, 103b4;『国家』507b4, 532a7, b1, 597a2, c3;『パイドロス』247d6-7, 250e2.
(一・二) "(αὐτὸ) ὅ ἐστιν F";『饗宴』211c8-9;『パイドン』65d13-e1, 74b2, d6, 75b1-2, d2, 78d4, 92e1;『国家』490b3, 507b6, 532a7, 597a2, 4-5, c3.
(二・一) "ἰδέα";『パイドン』104b9, 104d2, 6, e1, 105d13;『国家』479a1, 486d10, 505a2, 507b5, 508e2, 517b8, 526e2, 534c1, 596b1;『パイドロス』265d3, 273e2.
(二・二) "εἶδος";『パイドン』102b1, 103e3, 104c7, 106d6;『国家』476a6, 510b8, 511c2, 596a6, 597a1;『パイドロス』249b7, 265e1, 266e4.
(二・三) "οὐσία";『パイドン』65d13, 76d9, 78d1, 92d4, 101c3;『国家』509b7, 523a3, 524e1, 525b3, c6, 526e7, 534a3, b4;『パイドロス』247c7.
などがある。
7 ラテン語の "esse," 英語の "be," ドイツ語の "sein," フランス語の "être," イタリア語の "essere" に相当する動詞である。"εἶναι" の用法についての包括的な研究として、Kahn (1973) 参照。
8 Vlastos (1965), 1-9.
9 Annas (1981), 209-11 は "ὄν" を述語用法で読むが、それが意味する「Fであるもの」が指すのはイデアに限られるわけではなく、イデア以外にも「人間」のように反対の現れを通常しないものも指す、と解する。Annas は、「あるもの」と「ありかつあらぬもの」との対比は、イデアとそれを分けもつものとの対比とぴったり重ならないと考えるのだ（ただし彼女は「知識」に関しては、Fine や Vlastos 同様、それをある命題を知ることと解している）。White, F. C. (1984), 339-40 も、Annas と同じ路線で解し、Nehamas (1999), 176-77 も、プラトンは『国家』の中心巻では、美や正義など反対物をもつものにしかイデアを立てていないと考える。しかし、筆者はこのような解釈をとらない。なぜなら、第一に、「ありかつあらぬもの」は「ある時にはFであり、別の時にはFでないもの」を意味し得る（注53も参照）。その意味では、「人間」もまた「ありかつあらぬもの」と言い得るからだ。第二に、〈寝椅子〉のイデア（第十巻596b1-10）、〈三〉のイデア（『パイドン』104d5-6）、〈杼〉のイデア（『クラテュロス』389b5）、〈人間〉のイデア（『ピレボス』15a4）など、反対物をもたないもののイデアへの言及が散見されることは、プラトンは——その是非について検討した時期が仮にあったとしても（『パルメニデス』130c1-4参照）——反対物をもたない事物にイデアを措定することに対して、概して肯定的であると考えられるからである。この点に関する論争の簡便なまとめとして、Harte (2011), 196-201 参照。

10 つまり、〈美〉のイデアは美しい。これはイデアの「自己述定（self-predication）」と呼ばれる。Vlastos（1995), 166-90［邦訳：108-45］は、『パルメニデス』第一部のいわゆる「第三人間論」（132a1-134e7）を分析する際、この自己述定の前提に問題を見出した。

11 Vlastos（1965), 8-9 は、当該箇所の"ὄν"を存在用法で解するなら、こうした程度の差は意味をなさなくなると言う。あるものは「存在する（exist）」か存在しないかのどちらかであり、「半分だけ存在する」と言うのは意味をなさないからだ。Vlastos は、例として第十巻で引き合いに出される、寝椅子を挙げる。Vlastos によれば、〈寝椅子〉のイデアも個々の寝椅子も、それが存在するという点では変わらない。両者が異なるのは、どれだけ実在的か（寝椅子であるか）という点だ。以上の理由から、Vlastos は"ὄν"の存在用法的解釈をしりぞける。

12 Vlastos と同じ路線で知識と思いなしの対比を解する論者に、Gully（1961), 86 がいる。Gully もまた、『国家』第五巻の当該箇所で話題になっている知識と思いなしの対比は、アプリオリな知識と（いわゆる）経験知の対比であると解し、この対比は『パイドン』や『ティマイオス』においても生きていると考える。

13 Vlastos（1965), 11-12.『パイドン』102a11-c10, 103e9-104b2 の例が念頭に置かれている。

14 Vlastos（1965), 17-19.

15 Szaif（2007), 8-11；Sedley（2007), 258；Smith（2012), 61-67,（2019), 60-62 も参照。Gonzalez（1996), 258-62 は、当該箇所の"ὄν"を基本的には述語用法で解する。しかし Gonzalez は、存在用法の解釈と述語用法の解釈は両立可能であり相補的であるとも論じる。彼によればまず、プラトンにとって一般に、あるものが「存在する」とは、それが「何かである」ということであり、あるものが「何かである」ことは、それが存在することを含意する。さて、当該箇所の「あるもの」は、存在用法で解するなら「真実に存在するもの」を、述語用法で解するなら「完全に F であるもの」を意味する（いずれもイデアを指す）。Gonzalez は、どちらの読みも妥当だと考える。存在用法の読みで、知識は「真実に存在するもの」に関わると言われるとき、問題になっているのは「見知り」の側面だ。何かを見るためには、見られる対象が存在していなければならないように、何かを見知りによって知るためには、見知りの対象が存在していなければならない。他方、述語用法の読みでは、「…とは何かの知」の側面が問題になっていると Gonzalez は言う。魂は「完全に F であるもの」に関わることによって、F とは何かの知識を獲得する。知識のこれら二側面は関連しているので、「あるもの」の存在用法の読みと、述語用法の読みは相補的である、と Gonzalez は解するのだ。

16 厳密に言えば、プラトンにとって「あるもの」と「ありかつあらぬもの」の対比は、イデアと感覚的事物の対比に尽きるものではないと考えられる。例えば、「あるもの」にはイデア以外の可知的事物（例えば神）も含まれるかもしれない。

第一章　第五巻476d7-480a13の「知識」と「思いなし」

しかし当該議論が、このような例外的事例を問題にしているとは思えない。
17　そのような命題知解釈として、序論の注9、10、11も参照。Gerson（2003）, 160-61は「思いなし」をその内容を命題の形で特定できる認識状態と解する一方、「知識」はそのような認識状態ではないと解する。
18　第五巻の解釈について、Fineは両論文で実質的には同じ立場をとっていると考えられる。本章では基本的に彼女の1978年の論文を参照する。
19　ただし478e7-479d1は述語用法と解する。Fine（2003）, 70-71．
20　信念の内容である各々の命題が真かつ偽――いわば「半分だけ真（half-true）」――ということではない。信念の内容である各々の命題は真か偽のいずれかだが、それらが集まって、真なる命題と偽なる命題から成る集合をなしている、ということである。
21　さらにFine（2003）, 76は「無知はμὴ ὄνに関わっている（477a10-11）」を次のように解する。すなわち、無知の内容となるのは、偽なる命題から成る集合に属している命題だ。この命題は、偽なる信念の内容となる命題とは異なり、完全に偽なる命題である。完全に偽なる命題とは、「正義とは野菜である」のように、主題についての完全な無理解を示すような命題である。Fineは"μὴ ὄν"とは、このような偽なる命題から成る集合を指すと解する。
22　二世界説解釈のその他の問題点（とFineがみなすもの）については、Fine（2003）, 85-86．
23　さらに、真理表示用法の読み以外では、能力を二つの基準を用いて規定している477c1-478a3で、プラトンは妥当でない議論をしていることになる、とFine（2003）, 73-74は述べる。White, N. P.（1979）, 158-59も参照。Fineのこの議論に対する反論として、Santas（1973）, 37-38；Gonzalez（1996）, 263-67．別な角度からの反論として、田坂（2011）, n. 13, 68；太田（2012）、25．
24　Graeser（1990）, 411-13もまた、ここでソクラテスは見物好きの者の説得を意図しており、彼らに受け入れられる前提から議論がなされていると解するべきだと考える。Stokes（1992）, 110-11も同趣旨のことを言うが、Fineと異なり、「あるもの」を存在用法で解する道を模索する。
25　Penner（2006）, 246-49によれば、ここで見物好きの者とは、例えば「美とは何か」と聞かれたときに、特定の美しい感覚的事物をその答えとして挙げ、それら以外にいわゆる「美そのもの」が存在するとは認めない者である。Pennerは、彼らはその意味で「唯名論者（nominalist）」であると言う。
26　Fine（2003）, 69-71. 1990年発表の第五〜七巻の認識論に関する彼女の論文では、この条件は「対話的要求（dialectical requirement）」と呼ばれるが、実質的には同じものである。Fine（2003）, 87参照。
27　「半分だけ存在するもの」という考えは意味をなさないと考え、存在用法的解釈をしりぞける論者としてVlastos（1965）, 8-9；Annas（1981）, 196-97．これに対してFronterotta（2010）, 140は、存在用法で読む場合にプラトンに帰せられる「存

在性の諸程度」の考えで対比されているのは、イデアの不変性と、感覚的事物の可変性であると解することもできる——このように解するならば、「存在性の諸程度」とは、実は「永遠性の諸程度」のことであり、理解可能な考えになり得る、と提案する。Toner（2011), 178-83 も存在用法の読みを擁護するが、その際「半分だけ存在するもの」という考えも、プラトンにとって、「存在する」が「何かとして存在する」を意味することを考え合わせるなら意味をなす、と論じる。注 15 も参照。

28 Fine（2003), 70.
29 Irwin（1995), 166-68 は基本的に Fine に従う。Taylor（2011), 176-82 は存在用法の読みはしりぞけるが、述語用法の読みと真理表示用法の読みはいずれも可能であり、どちらかに限定して読む必要はないと解する。
30 Gonzalez（1996).
31 Fine の解釈にとって、当該議論末尾の 479d10-e4 及び 479e6-7 が障害になるように思われるかもしれない。これらの箇所でソクラテスは語る。

> 「したがって、多くの美しいものは見るけれども〈美〉そのものを観得することなく、他の者がそこまで導こうとしてもついて行くことのできない人たち、[中略]——このような人たちは、万事を思わくしているだけであって、自分たちが思わくしているものを何一つ知ってはいないのだと、そうわれわれは主張すべきだろう。」(479d10-e4)

> 「では他方、それぞれのもの自体を——恒常不変に同一のあり方を保つものを——観得する人たちについては、どのように言うべきだろうか？そのような人たちこそは知っているのであって、思わくしているのではない、と言うべきではあるまいか？」(479e6-7)

ここでソクラテスは、知識をイデアと、思いなしを感覚的事物と対応させ、イデアを見て取る者だけが知識をもっており、感覚的事物を見ている見物好きの者は思いなししかもっていない、と語っている。これは、ソクラテスが二世界説にコミットしている明らかな証拠であるようにも見える。しかし、Fine(2003), 78-83 によれば、上掲の 479d10-e4 及び 479e6-7 でソクラテスは、知識を得るためにはまずもってイデアの知が必要であり、感覚的事物に依拠しているだけでは、思いなししかもつことができない、と述べているに過ぎない。ここで、イデアについての思いなしも、感覚的事物についての知識も不可能とされているわけではない、と Fine は言うのだ。

しかし、Fine のこの読みをとるなら、プラトンは結局、次の考えにコミットしていることになってしまうだろう。すなわち、イデアの知識をもつ哲学者以外のほとんどの人びとは、もっとも日常的な種類の命題知さえもつことができない。例えば、水に触れることで「この水は冷たい」と知ることさえできない。

関連するイデア（〈水〉のイデア・〈冷〉のイデア）について知らないからだ、との考えである。だが、この考えは、それ自体として説得力を欠いている。極端な懐疑主義者以外は、われわれがそのような種類の知識を——少なくとも通常は——もち得ることを否定しないだろう。プラトンについても、このような極端な懐疑主義にコミットしていることを示す証拠は乏しい。もちろん、こうした外的世界に関わる知識がいかにして獲得され得ると考えるべきかは、また別の問題であり、現代認識論において盛んな論争の的にもなっている。一例として、Blackburn（1985）；Wright（1985）；McDowell（1995），（2002）；Prichard（2003）など参照。このうち McDowell（1995）の立場を擁護する試みとして、川島（2020）も参照。

32 同じ論点として、Santas（1990），49.
33 同箇所でソクラテスが見物好きの者は知識をもっていないと述べていることは、Fine も認めるからである。Fine（2003），78–83 参照。
34 例外として、Taylor（2011），176–82.
35 この点は丸橋（2017），88–89 も指摘している。
36 Harte と同じ路線の解釈として、Vogt（2012），ch. 2；福田（2013）参照。Smith（2012），（2019），ch. 3 は、この陣営に属しているようにも見えるが（Harte（2017），n. 5, 143；Moss（2021），121–22 は、彼の立場をそのように解している）、実はそうではないと考えられる。この陣営の特徴は、（一）プラトンにとって「知識」はある命題を知ることであり、かつ（二）知識が関わるとされる"ὄν"はイデアを指し、かつ（三）プラトンは「知識はイデアにのみ関わる」との強い主張にはコミットしていない、と解する点にある。しかし、Smith はこのうち（二）しか明確には認めていないと考えられるからだ。
37 Harte（2017），155 は存在用法で読んでいるか述語用法で読んでいるか明記しないが、述語用法の読みをとっている可能性が高い。
38 Harte（2017），n. 31, 158 は、現代認識論とは異なり、プラトンやアリストテレスはある命題を知ることを知の典型例とはみなしていない点を適切に指摘するものの、Harte（2017），142, 161 などの論述は、彼女がある種の命題知解釈をとっていることを強く示唆する。
39 Harte（2017），150–54.
40 Harte（2017），155–56.
41 *Pace* Vogt（2012），64–65. 彼女は、視覚と聴覚の対象が重複する例として、楽譜を読んでソナタを理解する場合を挙げるが、これは適切な例とは言えないだろう。
42 Harte（2017），143–44.
43 このような反論に対して Harte は、視覚や聴覚は、外的事物のあり様の把握に関わる能力であるという点で知識や思いなしと似ており、ソクラテスが視覚や聴覚を例として用いているのは、この類似点に訴えてのことなのだ、と説明する

かもしれない。しかし、Harte の解釈に対する最大の懸念は、知識と思いなしが、派生的な仕方にせよ、対象の重複を許すような能力であることを示唆する証拠が、第五巻の当該議論中からは見出しがたいという点にある。

44 Smith（1979）; Gonzalez（1996）; Szaif（2007）.
45 Hintikka（1974），31-49.
46 概念上区別できるだけであり、三種類の知がそれぞれ排他的な関係にあると必ずしも解する必要はない。プラトンにおいて、これら三種類の知の関係をどのように理解するべきかについては、以下の諸注を参照されたい。
47 Smith（1979），283-87 は、上述の三種類の知識を、程度の差の有無という観点から特徴づける。ひとはある命題を知っているかいないかのどちらかであり、「…ということの知識」に程度差はない。また、ひとは、例えばジョーンズを見知っているかいないかのどちらかであり、「見知りによる知識」にも程度差はない。だが、「…とは何かの知」には程度差がある。「ジョーンズが何（人の場合はむしろ誰）であるか」を浅く知っていることも深く知っていることもあり得るからだ。ある人が「ジョーンズが誰であるか」をより深く知っているとは、その人が、ジョーンズの本性についてより多くの真なる命題を知っているということだ。（ただし Smith（2000），n. 36, 168 では、異なる見解が表明されている。ここで Smith は Gonzalez らに反対し、第五巻の当該箇所の知識の内容として問題になっているのは、美や正義などが何であるかに限定されているわけではなく、美や正義を主題とした命題知一般も問題になっていると言う。1979 年の論文での立場の方が説得的である、と筆者は考える。）Gonzalez（1996）も、第五巻当該箇所の「知識」の内実を理解する際、「見知りによる知識」をアイテムとして導入するが、ここでは彼も Smith（1979）同様、「見知りによる知識」を程度差がないものとみなしている可能性がある。しかし、Gonzalez（1998b），157 では、『メノン』の認識論について語る文脈ではあるが、"acquaintance" に程度差があり得ることを認めている。ある人、ある都市の、"acquaintance" をもつことは、単なる感覚与件を知覚するような事態ではなく、その人、その都市と「交際する（have some intercourse）」ことである。このような意味での "acquaintance" には、浅く知っていることから深く知っていることまで程度の差があろう。
48 同様の論点として Bluck（1963），259 参照。Hintikka（1967），6 は言う、「古代ギリシアには、知識を、その対象のある種の直接的な見知りとして、例えば、対象を見ること、目撃することなどとしてみなす傾向があった」と。このように Hintikka は、「知る」を表わすギリシア語自体が、ある種の見知りを示唆していることを指摘する。例えば、「私は知っている」を表わすために用いられる一般的なギリシア語の一つは "οἶδα" だが、これは "ὁράω" など「見る」を意味する動詞の現在完了・一人称・単数形として用いられ、字義通りには「私は見てしまっている（I have seen）」を意味する。Hintikka は Snell（1924）に言及しつつ、一般に、この動詞が用いられる際には「見る」という原義が意識されがち

第一章　第五巻 476d7–480a13 の「知識」と「思いなし」

であったと指摘する。「知識」を表わすためにプラトンがどのような語を用いているかに関する包括的研究としては、Lyons（1963）, 139–228 参照。Lyons の議論の最近の批判的検討としては、Rowett（2018）, 5–7 を見よ。当該議論での「思いなし」の非命題的特徴については、Murphy（1951）, 103–4；金山（1987）、2–3 も指摘している。

49　Smith（1979）, 283 は問題となっている「知識」はイデアの「見知り」と「…とは何かの知」の「混合」であると解する。これに対して Gonzalez（1996）, n. 24, 258 は、両契機の関係は「混合」というより「同一性」に近いのではないか——プラトンにとって「…とは何かの知」の内実は命題の形では汲みつくせないのだから——と示唆する。この点について、筆者は基本的に Gonzalez に賛成だが、Smith（1979）が本当に、プラトンにとって「…とは何かの知」は命題知に還元できるとまで言おうとしているのかは定かでない。

50　この構文は 476b9–10, 479d10–e1, 479e6 などでも登場する。

51　ただし "ὡς ἔστι τὸ ὄν" は「『あるもの』を、それがある通りに」とも読める。

52　Wieland（1982）, 224–236 は、現代哲学において主として議論されている知の形式は命題知であるが、プラトンにおいては必ずしもそうではなく、とりわけ重要視されていたのは、非命題的な知、特に言えば使用知であったことを正しく指摘する。命題知は、特定の命題内容をもっており、この命題について常に真偽を問うことができる。またこの知の持ち主は、知の内容である命題を取り出し、対象化し、切り離し、他人に伝達できるため、この知を意のままに扱うことができる。このような利点があるため、哲学において、問題を命題の形で立て議論する「命題主義（Propositionalismus）」の傾向が優勢である、と Wieland は指摘する。しかし、命題知とは異なる知の形式もある。例えば、経験（Erfahrung）、能力（Fähigkeit）、判断力（Urteilskraft）、使用知（Gebrauchswissen）などの知は、非命題的な知に分類される。これら知の内容を、特定の命題に還元することはできず、したがって、真偽を問うこともできない。非命題的な知の持ち主は、知の内容それ自体を命題の形で対象化し、切り離し、他人に伝達することができない。むしろ、非命題的な知と、この知の保持者との間には不可分な関係が成り立っており、知の主体（Subjekt）が何者であるかが、この知によって開示されるのである、と Wieland は論じる。

53　Szaif（2007）, 23. Szaif 解釈は Gonzalez 解釈と多くの点で似ているが、相違点もある。当該議論では、美や正義といった反対物をもつものが取り上げられている。ソクラテスは 478e1–479d9 で、「『ありかつあらぬもの』とは、感覚的な事物のことである」という結論を導くために、多くの美しいものは状況に応じて醜くも現れるという事態に訴える。しかし、「指」（523c10–d6）や「人間」のように、感覚的事物の中でも反対物をもたないものの場合には、この議論は成り立たなくなる。したがって、反対の現れを許すものに着目した当該議論からは、「すべての感覚的事物は思いなしの対象に過ぎない」という結論は導けない。Szaif

はこのように論じる。これに対して Gonzalez (1996), n. 19, 255-56 は、感覚的事物は F でありかつあらぬという論点は、同時に反対のあり方をするものにのみ当てはまるわけではない、と正しく指摘する。一般に、「ある感覚的な事物が F でありかつあらぬ」という主張は、「その事物は、ある時には F であり、別な時には F でない」という意味にもなり得る（『饗宴』211a3 参照）。この主張ならば人間や指にも当てはまり、その意味でそれらを「ありかつあらぬもの」と呼ぶのは適切であろう。したがって、当該議論は反対物をもつものにしか当てはまらないと解する必要はない。中畑 (2018)、17-20 も参照。

54 この点に関しては Gonzalez も同意見と思われる。Gonzalez や Szaif のような「非命題知解釈」を批判して、Sorabji (1982), 299-301 は 534b3-c5 を引く。そこでソクラテスは「それぞれのものの本質を説明する言論を、自他ともに与えることができない者は、その当のものについて知 (νοῦς) をもっているとは言えない」と言う。Sorabji によれば、この文言は、ここで問題になっている知が、イデアの定義の知であることを含意する。定義は命題の形で書き出せるものであるので、イデアの定義を知ることはイデアについての命題知を得ることだ、と彼は解するのだ。これに対して Gonzalez (1998a), 279-80 は、ソクラテスはこの文言で、あるものについて知をもっている人は、そのものの本質を説明できると言っているだけで、その人の知の内実が命題によって尽くされるとは言っていない、と正しく指摘する。同様の指摘として Rowett (2016), 163-65 も参照。

55 484c4-d9 も参照。

56 McDowell (1998).

57 問題となっているのは、哲学者が実際に制定する法律が命題の形をとるかどうか、ではない。法律の制定という実践を正しく行うことを可能にするような知の内実が、一定の命題を知ることと同一であるかどうか、である。

58 たとえ問題の主張に「借りたものが武器ではなく、貸してくれた相手が正気であるときには」という限定を加えたとしても、例えば借りたものが盗品である場合、貸してくれた相手が正気のもとで悪行を企んでいるのが明白な場合などには、真でなくなるだろう。

59 McDowell (1998), 73 ［邦訳：35］。

60 Rowett(2018), 26-27, 140-50 はこの点を強調し、次のように論じる。すなわち、様々な対話篇でソクラテスと対話篇が諸徳の定義に失敗するのを描くこと通して、プラトンは、諸徳の定義を見出そうとすることの不毛さを示そうとしているのだ、と。Ferrari (2015), 12-13 も参照。

61 McDowell (1998), 73 ［邦訳：35］。

62 Brandom (2011), 65-67 ［邦訳：116-20］. Brandom は、命題知ではなく方法知こそが説明の上で先立つとする立場一般を「基礎的プラグマティズム」と呼び、この立場を擁護する。

63 『心と世界』の邦訳に付された神崎による解説、370-71 参照。

64 Fine は 1990 年発表の論文で『国家』第六・七巻の認識論を論じる際、このような解釈を与える。Fine（2003), 104-16 参照。
65 この点について、Brandom（2011), 66［邦訳：118］の議論も参照。Brandom は、（命題的構造をもつ）諸々の信念の間の不整合を識別したり、与えられた信念からの推論による帰結となるものを識別したりする能力が、（命題知ではなく）ある種の方法知であることを正しく指摘する。
66 もし仮に、F に関して、この世界で起こり得るありとあらゆる事象を包括的かつ完璧に説明してくれるような、無限の数の命題から成る体系を知ることができるなら、この知は、F に関する問題の実践を可能にしてくれるものとして機能し得るかもしれない。しかし、そのような無限の数の命題を知ることは、いかなる人間にとっても不可能であろう。
67 Rowett は、プラトンにとっての知識は命題知に他ならないとの解釈をしりぞけるが、同時に、それを見知りによる知識とする解釈もしりぞける。Rowett(2018), 179 を特に参照。しかし、その際彼女は見知りによる知識として、ある種の神秘的直観のようなものを念頭に置いていると考えられる。
68 この点の示唆として、高木（2005), 231 も参照。
69 Moore（1903), 9［邦訳：113］.
70 Moore（1903), 16-17［邦訳：122-23］. Gosling（1973), 120-39 は、「知識」をイデアの知的直観であるとする解釈を批判するが、その際、彼の念頭にあるのは、このようなムーア流の直観であるように思われる。したがって Gosling の批判は、筆者の解釈に対してはあたらない。
71 『ゴルギアス』452a1-d1 も参照。
72 McDowell（1998), 73［邦訳：35］.
73 ただし彼らは「美とは何か」との問いを自ら立て、答えを与えるようなことは（少なくともほとんどの場合）行わないだろう。美とは何かに関する彼らの理解は、伏在的（implicit）なあり方に留まっていると考えられる。
74 「無知（ἀγνωσία）」についてはどうか。Smith（2012), 66 は、「無知は、あらぬものに関わる（477a10-11）」という文言をこう解する。すなわち、F（美、正義など）が問題であるときに、まったく F ではないもののことを考えてしまうような、F とは何かについての完全な誤解（misconception）をもたらす能力が無知である、と。例えば、正義についての無知によって、ひとは正しくないものに目を向け、正義が何であるかについての完全に誤った理解を形成する。そして正義について無知な人は、そのひとの誤解を反映するような仕方で、正義に関して無意味な判断を下す。Smith は、例えば、トラシュマコスやカリクレスを称讃する人が、まったく正しくないもの（不正なもの）を根拠にして、「正義とは強者の利益である」というような、正義についての誤った理解を形成し、この理解に基づいて判断を下す――このような場合を、無知の事例として考えることができるかもしれない、と言う。無知をもつ人は、当該の事柄についてまった

く理解をもっていないのではなく、完全に誤った理解をもっているのである。

　当該箇所の無知を以上のように解した上で、Smith はこの無知概念の問題点を指摘する。F とは何かを完全に誤解しているような理解は、そもそも F の理解と言うことができるのか、と。Smith は、プラトンはこの箇所での「あらぬもの」について明確な形而上学的説明をもってはおらず、例えば正しくないものに基づいて正義の（誤った）理解を形成することはあり得る、とだけ考えていたのかもしれないと述べる。しかし、Smith 自身が指摘しているように、こうした誤った理解を形成する過程でさえも、無知ではなく思いなしが関与するプロセスであるように思われる。そこで Smith は、単なる思弁であると断った上でこう述べる。プラトンは、この問題について考えたために、『国家』で示した認識論にもはや戻ろうという気にはならず、『テアイテトス』や『ソピステス』で「あらぬもの」について異なった説明を与えているのだ、と。すなわち、完全に誤った理解としてここでの無知を解することで、それを完全な無知と呼び得るかが分からなくなるという問題が浮上するが、この問題の解決は『テアイテトス』や『ソピステス』でなされる「あらぬもの」の探究に委ねられることになる、ということだ。

　これに対して Gonzalez（1996），251 は、第五巻の無知をあくまで理解の欠如と解している。Gonzalez よれば、思いなしが F についての不明瞭な理解をもたらすのに対し、無知は F についての理解の欠如をもたらす（すなわち、何ら理解をもたらさない）のだ。このように解釈するならば、ここでの無知は認識の欠如として語られていることになるため、思いなしと無知の区別はより明確になる。Szaif（2007），7 もまた、無知の対象である「あらぬもの」を単に無（nothing）と解している以上、ここでの無知を理解の欠如として解しているように思われる。

　さて、Gonzalez や Szaif のように解した場合、この箇所で無知が「能力」として規定されていることの意義がわからなくなる、と危惧されるかもしれない。しかし、当該箇所で無知が本当に能力として規定されているのかは、疑わしい。当該箇所で、無知が能力の一種であると明示的に語られている箇所はないからだ。単に、無知の対象は「あらぬもの」だと語られているに過ぎない（478c3）。また、能力を区別するためのもう一つの基準であるはずの「何を成し遂げるか（ὃ ἀπεργάζεται）」が、無知についてはまったく語られていないのも、無知を能力とみなす解釈にとっては懸念材料になる。松永（1993），110-13 は、「思いなし」でさえ本当に一つの能力とみなし得るのかについて、ある疑念を呈している。松永によれば、思いなしとは、感覚によって告げられた、「大つまり小」であるとか「美つまり醜」というような、自己同一性をもたない事態そのものを、そのままに対象として受容してしまう低次の認識能力である。その意味で、思いなしとは、実は「対象」が成立しないところで、対象を捉えるという逆説的な場面において成立するものである、と松永は考える。

75　Moss（2021），ch. 10 が正しく指摘するように、『テアイテトス』189e-190a、『ソピステス』263e-264a などの後期対話篇では、単に「判断」や「信念」を意味する "δόξα" の異なる用法が登場する。しかしこの意味での δόξα は、『国家』を含む中期対話篇で主に論じられる「劣った認識状態」を含意する δόξα とは区別されるべきであろう。

76　ほとんどの解釈者は νόμιμα を、美や正についての慣習的な信念、あるいは基準として解している。Adam（1902），343-44；Shorey（1937），532-33；Cornford（1941），188；Bloom（1968），160；Annas（1981），197-98；Halliwell（1993），127；Griffith（2000），184；Fine（2003），80, 92-93. すると、ここで問題となっている事態は、「xは美しい」のような命題が、真になったり偽になったりすることであることになろう。これは、命題知解釈を支持すると解されるかもしれない（ただし、Gonzalez（1996），256 のように、νόμιμα が何らかの命題を指すと認めた上で、それが命題知解釈を支持する材料にはならないと解する論者もいる）。筆者自身は Szaif（2007），n. 13, 14 に従う。Szaif は言う。

　　しかし、"νόμιμον" は、信念や認知の対象であるものも表わし得る。当該の文脈において "νόμιμον" という語は、先立つ箇所 DDA ［the Doxa-as-Dreaming-Analogy（ドクサを夢見の状態に喩えるアナロジー）］で、「見ることと聞くことの愛好者」について語られたことを思い起こさせる。すなわち、彼らは「多くの美しいものは認める（νομίζει）」が、美そのものは認めない、と言われていたのだ（476c2-3）。

νόμιμα を感覚的事物であるとする論者として他に、Waterfield（2008），201；Moss（2021），n. 10, 19；田坂（2011）、61. "νόμιμον" がこのように、「対象」や「事物」を指すために用いられていると解し得る箇所として、589c7 の "τὰ καλὰ καὶ αἰσχρὰ νόμιμα" を参照。例えば Shorey（1937）はこの語句を "the things which law and custom deem fair or foul" と訳す。

77　477d2 の "ὃ ἀπεργάζεται" とは、知識の場合、そのような命題知である。Szaif（2007），18-19 も参照。Gonzalez（1996），n. 35, 264 は、この箇所で知識と思いなしが区別されているのは、475e2-476d6 で両者がそれぞれ、目覚めている状態、夢を見ている状態として区別されたのと類比的であると述べる。ゴンザレスはこの類比で、次のようなことを言わんとしているのだと考えられる。すなわち、目覚めている人は、（少なくともほとんどの場合）外界の認識について誤りを犯さないが、夢を見ている人は、外界の認識について数多くの間違いを犯す、と。

78　美や正義について知識をもっている者も、見間違いや聞き間違い、あるいはアクセスできる情報が極度に限られていることなどが原因で、美や正義に関して個々の判断を誤ることはあり得るのではないか、と思われるかもしれない。筆者は、そのような場合があることを否定しない。しかし、そのような場合、知識をもつ者は、知識（一つの能力である）をきちんと発揮させているにもかか

わらず誤りを犯しているのではなく、何らかの外的な要因によって、知識という能力をきちんと発揮すること自体が妨げられているのだ、と考えられる。この点について、Smith（2019）, 78-79 の議論も参照。

79 この点は、問題となっている知識が命題知であることを含意する、と解する論者もいる。可謬性や不可謬性について語ることが意味をなすのは、真や偽であり得る命題についてのみである、と彼らは考えるからだ。岩田（2009）、42；太田（2012）、27；福田（2013）、9 参照。

80 この点について、Smith（2019）, 74-75；Moss（2021）, 122-31 を参照。

81 この点について、Gonzalez（1996）, 273-74 に多くを負っているが、（二）に関してはやや異なる立場をとる。Gonzalez 自身は、プラトンに二世説を帰することを避けるような論じ方をしているが、実質的には二世界説解釈のあるバージョンをとっている。

82 この点について Moss（2021）, 125 も参照。

第二章　第五巻の見物好きの者は説得されたか

第一節　問題提起

　前章で筆者は第五巻 476e4-480a13 の議論を、ソクラテスがどのようなものとして意図していたかを論じた。本章では、前節で検討したこの議論を、ソクラテスの仮想上の対話相手であり、「思いなし」しかもたないとされる見物好きの者がどう理解したかを考察する。そのための準備として、まず、この議論の結びでソクラテスが見物好きの者についてどのようなことを言っているか見てみよう。

　　「では、そのような人びとは〈愛知者〉（哲学者）であるよりは〈思いなし愛好家（φιλόδοξοι）〉であると呼んだとしても、われわれはそれほど奇妙な言葉遣いをしたことにはならないだろうね？　そんな言い方をしたら、彼らはわれわれに対して、ひどく腹を立てるだろうか？」（480a6-8）

これに対してグラウコンは答える。「いいえ――彼らが私の言うことに従ってくれさえすればね。真実のことに対して腹を立てるのは、許されないことですから」、と（480a9-10）。ソクラテスは「そうすると（ἄρα）…」と言って話を続ける（480a11）。このやりとりは次のことを示唆する。すなわち、ソクラテスとグラウコンは 476e4-480a13 の議論を、見物好きの者が不当に感情的にならない限り彼らを説得できるはずのものとみなしている、ということである。本章で筆者が提起したい問いは、次の通り。すなわち、その議論は本当に見物好きの者を説得できるものとみなし得るのか。

　管見の及ぶ限り、これまでこの問いが正面から問われることはあまり

なかった[1]。解釈者たちはむしろ、認識論的・形而上学的関心から、ソクラテスがこの議論をいかなるものとして意図しているかの分析に集中してきた[2]。だが今見たように、見物好きの者を説得するということが、第五巻 476e4–480a13 の議論の表立った目的の一つであることは確かであり[3]、先の問いは問われてしかるべきである(その議論のもう一つの目的は、ソクラテスがグラウコンに対して、哲学者と見物好きの者の区別を説明することであろう)。

さて、見物好きの者がその議論によって説得されたとは想定しがたいと思われるかもしれない。なぜなら、先取りして言えば、その議論は(どんな解釈をとるにしても)イデア論を前提にしており、したがって、その議論を受け入れるためにはイデア論を受け入れなければならないが、見物好きの者とは、まさにイデアの存在を認めない者として導入されていた、と思われるかもしれないからだ。

しかし筆者は、見物好きの者は当該議論によって説得されたとみなし得る、と論じる。以下、第二節で、この議論の各ステップを見物好きの者がどう理解したとみなし得るかを示す。第三節で、見物好きの者が説得されたとみなし得るということが、ソクラテスによる理想国家の構想にとってもつ含意を考察する。

第二節　見物好きの者はソクラテスの言葉をどう理解したか

前章で示した筆者の解釈を前提にして、筆者は、見物好きの者は自分たちが知識をもたず、思いなししかもたないと、当該議論によって説得されたとみなし得ると論じる。そのために、議論の各段階で、見物好きの者がソクラテスの言葉をどう理解したと考えられるかを見ていくことにする。

準備として、繰り返しとなるが、第五巻のソクラテスの議論がどのようなものだったかを確認しよう。

（一）「完全にあるもの」は完全に知られ得るが、「まったくあらぬもの」はまったく知られ得ない。（477a2–5）
（二）知識は「あるもの」に、無知は「あらぬもの」に関わる。（477a2–5, a10–11）
（三）もし「ありかつあらぬ」ようなものがあるなら、それは「あるもの」と「あらぬもの」の中間にあり、それに関わるのは知識と無知の中間にあるものである。（477a6–9, a11–b3）
（四）「能力（δύναμις）」とは、ひとがそれをもつことによって何かを成し得るようになるものであり、例として視覚や聴覚が挙げられる。個々の能力は「何に関わるか（ἐφ' ᾧ...ἔστι）」によって、そして「何を成し遂げるか（ὃ ἀπεργάζεται）」によって区別される。（477c1–d7. Cf. b8–10）
（五）知識と思いなしはどちらも能力である。知識は「不可謬」、思いなしは「可謬的」であり〔「何を成し遂げるか」が異なるので〕、両者は〔（四）より〕異なる能力である。したがって、知識と思いなしは別々のものに関わる。すなわち、思いなしが関わるのは「あるもの」ではない〔（二）より〕し、「あらぬものでもない」。（477c1–478c6. Cf. 477b4–7）
（六）思いなしは、知識よりは不明瞭、無知よりは明瞭であり、知識と無知の間に位置する。（478c7–d12）
（七）多くの美しいものや多くの正しいものは、反対の仕方でも（醜いものとして、不正なものとしても）現れるため、「ありかつあらぬもの」である。美などについて大衆がもつ νόμιμα は、「純粋にあるもの」と「あらぬもの」の間を「さまよっている」。したがって、多くの美しいものに関わるのは思いなしだ。（478e1–479d9）
（八）多くの美しいものしか見ない人は、思いなしており、知ってはいない。「それぞれのもの自体」、すなわちイデアを見る人は、知っており、思いなしてはいない。後者は「哲学者」、前者は「思

いなし愛好家」である。（479d10-480a13）

　まず477a3-4の、「完全にあるものは完全に知られ得る。まったくあらぬものはまったく知られ得ない」とのソクラテスの発言を、見物好きの者は「Fについての知識は、完全にFであるものとの見知りをもつことによって生じる。まったくFでないものとしか見知りをもたなければ、Fについて無知である」という意味に、正確に解している、と筆者は想定する。より詳しく述べよう。直後の477a10-b2でも示唆されることだが、知識と無知についてのソクラテスのこの主張には、次の一般的な主張が含意されている。すなわち、Fについて人がどれだけ適切な理解をもつかということと、この理解の成立の基礎となる、見知りの対象がどれだけ完全にFであるかということとの間に相関性がある、という一般的な主張である。この一般的な主張にも、知識・無知の場合へのその適用にも、見物好きの者は同意している、と筆者は想定する。これは、無理な想定ではないと思われる。例えば、美しさの程度が著しく高いものにたくさん触れることによってこそ、ひとは美に関する適切な理解をもつに至る、といったことを、見物好きの者は認め得ると考えられるからだ。

　議論のこの段階で、「完全にFであるもの」が具体的にいかなるものかは、まだ問題にならない。だが、「完全に美しいもの」でもって、見物好きの者はおそらく、自分たちに馴染みの、最もすぐれた舞台作品などを念頭においていることだろう。「完全に美しいもの」をそう理解できる限りにおいて、見物好きの者は、自分たちは「完全に美しいもの」の見知りをもっているのだから、美について知識をもっているとまだ思い込んでいられよう[4]。

　ここで注意すべきは、議論のこの段階で、ソクラテスはたしかに「ありかつあらぬもの」について語ってはいるものの、それが具体的にいかなるものかには立ち入らずにいる点だ。ゴンザレスが正しく指摘するように[5]、ソクラテスは「もしありかつあらぬようなものが何かあるなら、

それは、純粋にあるものとまったくあらぬものの間に位置づけられるのではないだろうか（477a6-8、引用者強調）」と、条件文で語っている。見物好きの者が「完全に美しいもの」とみなすであろう、極めて美しい感覚的事物は、実は「美しくありかつあらぬもの」に過ぎないのだが、それが明らかにされるのは後の479c6-d1の段階においてなのだ。こうしてソクラテスはこの段階では、見物好きの者の注意を、認識状態と、その形成の基礎となる見知りの対象のあり方との相関性に集中させている、と筆者は解する。

　続いて477d1-5で、能力は、「何を成し遂げるか」が異なれば、区別されることが含意される。477e7-8で、知識は不可謬であり（すなわち、つねに真なる判断を生み出し）、思いなしは可謬的である（ときに真なる判断を、ときに偽なる判断を生み出す）ことが認められるが、これは、知識と思いなしが「成し遂げるもの」において異なることを意味する。こうして、知識と思いなしは異なる能力だとされる（478a1-3）。この点を、見物好きの者も問題なく受け入れるだろうと筆者は解する[6]。

　さらに479a5-b7で、Fである感覚的事物は、時や状況に応じてFとは反対の仕方でも現れる。すなわち、感覚的事物は「ありかつあらぬもの」である、とされる。見物好きの者はこれも受け入れるだろう。例えば、美しく思われた劇場作品が、上演状況等によってひどいものとなる、といった事態は彼ら観劇愛好家のよく知るところであろうからだ[7]。「ありかつあらぬもの」に関わるのは思いなしだ、と同意している見物好きの者は、したがって、自分の認識状態が思いなしであることを認め得るだろう。

　しかし、見物好きの者は、感覚的事物と異なる「あるもの」、つまりイデアの存在を認めるだろうか。当該議論の大詰めのこの段階（まとめの（八））で、見物好きの者がイデアの存在についてどのような反応を示すかに関して、少なくとも次の二つの可能性がある。(A) 見物好きの者は、自身が思いなししかもっていないことは認めるものの、「あるもの（実はイデアである）」の存在に関しては、判断を保留している。(B)

曖昧な仕方ではあるが、彼らはイデアが存在することをすでに認めている。

　(A)・(B) いずれの解釈に関しても、優先されるべき決定的な論拠はない。しかし、筆者は、どちらかと言えば (A) の方が説得的であると考える。479d2 以降、グラウコンは見物好きの者の役を演じるのをやめる。それに応じて、ソクラテスは見物好きの者を「彼ら」と三人称複数形で呼び、距離をとるようになる。これは、ソクラテスとグラウコンがここで行っている対話の中身（イデアへの言及を含む）に見物好きの者がコミットしていないこと、したがって、彼らはまだ、イデアの存在に気づいていないことを示唆する[8]。たしかに彼らは、自分たちが「思いなし愛好家」であることは認めた。しかし彼らはそのように認める際、知識が果たして存在するかどうか、そして、知識と相関関係にある対象（イデア）が存在するかどうかに関しては、判断を保留したままでいられるのである。

　ところが、続く第六巻にまで目を向けると、事情は若干異なっている。ソクラテスが大衆に伝えるようアデイマントスに頼むこと (499e1-500a7, 500d11-e3, 501c5-502a2) は、次の論点を含む。すなわち、哲学者はイデアの知識をもっている、そして、自らの魂を整えポリスを統治するためにそのイデアに目を向ける、との論点である (500b8-c7, 501b1-7, 501d1-2)。このことが含意するのは、大衆——見物好きの者はその代表である——は、アデイマントスを通じてソクラテスの議論を聞くなら、「本性としての〈正〉や〈美〉や〈節度〉やすべてそれに類するもの (501b1-3)」といった表現が何を指しているかを、少なくとも漠然とした仕方では理解できるとみなされている、ということだ。

　では、どうしてソクラテスたちは、見物好きの者に代表される大衆が、イデアの存在を結局のところ（漠然とした仕方であれ）認めるようになるだろうと考えているのか。その理由を筆者は以下のように解する。実は、彼らにイデアの存在を認めさせるための道具立ては、すでにソクラテスが与えた議論の内に事実上含まれていた（後述する）。議論のこの

第二章　第五巻の見物好きの者は説得されたか

道具立てを用いつつ、見物好きの者が納得できるまで繰り返し議論を聞かせることによって、彼らはイデアの存在を結局は受け入れるようになる。このように、説得が繰り返しなされ得るという点を込みにして考えたとき、第五巻と第六巻での見物好きの者（あるいは大衆）の、イデアの存在に対する反応の変化は説明され得るのである、と。

　実は、このような繰り返しの説得の重要性を、ソクラテスは『国家』の別な文脈で強調している。第十巻 608a2-5 で、詩の魅力に抗するための「まじない」として、詩がいかなる害悪を魂に与えるかについての議論を繰り返し聞く必要性を語る。同じような論点は『国家』以外の対話篇からも見出すことができる。『パイドン』77e9-10 では、死をお化けのように恐れるわれの内なる「子ども」に対して、魂不死の議論をまじないとして毎日聞かせなければならない、と語られる[9]。大衆は議論を一度聞いただけでは理解できないかもしれない。しかし、それを何度も説明しながら聞かせることによって、議論の構造や意図に馴染み、そのポイントを曖昧な仕方であれ、次第に把握できるようになる。ソクラテスは（そしてプラトンも）、大衆の理解力に対して、この意味でのオプティミズムをもっている（499d10-500a8 も参照）。イデアの存在に対する、第五巻から第六巻にかけての見物好きの者の「態度変更」は、以上の点を込みにして考えた場合に理解可能になる、と筆者は提案したい。

　したがって、たとえ第五巻の説得の議論それ自体が、見物好きの者がイデアの存在に対してどう反応するかがについてほとんど何も語ってくれないにせよ、ソクラテスは、見物好きの者——あるいは彼らに類する人びと——は、結局のところ次の点に同意するだろうと想定している。すなわち、哲学者はどうやら、ポリスの統治というその仕事を見事に果たすことができるようだ。彼らは、感覚されるものとは別の、ひょっとするとそれより「高次の」何かあるものを見てとっており、その知に基づいて、統治の仕事に十分な仕方で取り組めるようだから、と。

　では見物好きの者はいかにして、そのように、イデアの存在を漠然とであれ認めるようになったと想定し得るのか。彼らは第一に、知識とい

う認識状態が存在する（そして、知識の方が思いなしよりもすぐれた状態である）こと（ア）を認めるように思われる。これを認めるからこそ彼らは、君たちは思いなししかもっていない、と言われて腹を立てるものと想定されたのだ（476d7-8）[10]。第二に、議論の過程で彼らは、知識は「あるもの」に関わるということ（イ）を受け入れる（477a10-b3）。（ア）・（イ）から、「あるもの」が存在することが帰結する。その限り、彼らは「あるもの」の存在にコミットしていると考えられる[11]。彼らは当初は、例えば「美しくあるもの」でもって、とりわけ美しい舞台作品などのことを考えていたかもしれないが[12]、議論の過程で、感覚的事物はどれも「ありかつあらぬもの」であることを認めたのである。

　以上のような趣旨の議論を何度も聞くことによって、また、「あるもの」の特徴についてのソクラテスの補足的説明を繰り返し聞くことによって、ソクラテスの話が、どうやら単なるナンセンスではなさそうだと思えてくる[13]。その結果、彼らは「あるもの」として、感覚的事物と異なる何か——ソクラテスの言うイデアのようなもの——を漠然とであれ了解するようになる、と想定することは可能であろう。

　以上から筆者は、見物好きの者（あるいは、彼らに代表される大衆）は、一連の議論の終結部である第六巻 502a3 までに、イデアの存在をはっきり認めもせず、これを退けもしない、一種の中間的状態に立ち至った、と解釈する。というのは、一方で、イデアの存在をはっきりと、哲学者と同じくらいに明瞭に認めるようになっているとしたら、彼らは哲学を少なくとも始めている、ということになる。しかし、これはありそうにない。見物好きの者の関心は、依然として感覚されるものの領域に留まっていると考えられるからだ。他方で、何かイデアのようなものの存在を、漠然とであれ認めるようになっていなければ、見物好きの者にとって「あるもの」は、依然として空集合のラベルのまま、ということになってしまう。したがって見物好きの者は、イデアを愛好する者と規定される哲学者の存在を最後まで認めないことになってしまう[14]。

　イデアの存在に関して見物好きの者が至る、そのような中間的状態を

特徴づけるために、議論の文脈は異なるが、第七巻 523a1-524d5 の「知性を助けに呼ぶもの（τὰ παρακαλοῦντα τὴν νόησιν）」についての箇所[15]を参照しよう。薬指は、小指と較べれば大きく現れるが、中指と較べれば小さく現れる。このように、「感覚」が同じものを大とも小とも告げるとき、魂は困惑し、ここから脱するために「知性」の助けを呼ぶ。知性は大と小をそれぞれ別々に捉えようと試み、そこから、「大とは何か」「小とは何か」の問いが起こる、とソクラテスは言う。そこでの「感覚」と同じく、第五巻の見物好きの者は、反対の現れという事態を突きつけられる（478e7-479c5）。だが、見物好きの者は、「感覚」よりはある意味で少し賢明である。ごく漠然とではあれ、イデアの存在を認めつつあるからだ[16]。だが彼らは、「知性」ほど賢明ではない。「知性」は、「…とは何か」の問いを立て、知性的対象を措定するが、彼らはそこまでは進まないからだ。

　第七巻の箇所の「知性」は、人を究極的には哲学へと導くはたらきである。だが、見物好きの者は、見物好きの者である限り、哲学には赴かず、思いなしというあり方のうちにとどまる。たしかに、ある時まで見物好きの者であった人が、何かのきっかけで哲学者になるということはあるかもしれない。だが、第五巻 476e4-480a13 の議論の眼目は、見物好きの者を哲学者に変えることではない。むしろ、見物好きの者に、自分たちが知識をもっていない点を認めさせることなのである。

第三節　見物好きの者が説得されたと解し得ることはどのような含意をもつか

　見物好きの者が第五巻 476e4-480a13 のソクラテスの議論を受け入れたと解し得ることは、カッリポリスの構想にとってどのような含意をもつと考えられるか。
　まず注意しておくべきことは、当該議論で説得の対象となる見物好きの者は、ソクラテスの構想するカッリポリスの住民ではないということ

だ。見物好きの者はソクラテスやグラウコンに馴染みの人たちとして導入されており、典型的には、彼らの同時代のアテナイなどで悲劇を含む様々な舞台上演を堪能している人たちのことを念頭に置けばよいだろう。だがカッリポリスにおいては、悲劇を含む、見物好きの者が好むような出し物は上演されないだろうからだ[17]。

だが、カッリポリス（統治者、補助者、生産者の三階層から成る）における生産者階層の者のことを考えよう（話が複雑になるのを避けるため、補助者階層のことは一旦度外視しよう）。見物好きの者と、カッリポリスの生産者とは、哲学者ではないという点で共通している。だから、見物好きの者が第五巻 476e4–480a13 のソクラテスの議論を受け入れたと解し得ることは、当該の議論が間接的ながら次の役割を果たすとみなし得ることを含意する。すなわち、カッリポリスの生産者たちが国家の統治を哲学者に委ねることに同意すると想定し得る論拠を、生産者たちがもつことになると考えられる、自らの認識状態が劣っていることの自覚の点から解き明かす、という役割である。つまり生産者たちは、現に統治の任に当たっている人たちは、「あるもの」という、自分たちの知らない重大なことを知っているようで、だから統治に相応しいようだ、というようなおおまかな了解をもつことができる[18]。この事情を第五巻 476e4–480a13 の議論が間接的ながら解き明かしていると解し得るのだ[19]。

生産者たちがこのような了解をもつことは、誰が国家を統治すべきかについての、階層間での見解の一致（ὁμόνοια）――すなわち国家のソーフロシュネー（432a6–b1）――の成立に貢献すると考えられる。実際、哲学者が統治すべきだとする一連の議論の続きでソクラテスは、大衆を説得するために、哲学者ではない彼らにも理解できるような仕方で[20]哲学者の卓越性を特徴づけている。これとの関連で注目すべきことは、ソクラテスが比喩を多用している点だ[21]。484c1–d9 で、哲学者は視力の鋭い者、哲学者でない者は盲人になぞらえられる。487e4–489c7 で、哲学者は国家の役に立たないと思われているが、それは彼らが無能だからで

はなく、現在の国家が彼らを役立てようとしないからだという事情を説明して、ソクラテスは国家の統治を船の操舵にたとえる。哲学者は、舵取りの技術を心得ている者にあたる。現在の国家の統治は、舵取りの術を知らない水夫が船主（大衆）にへつらって舵を任せてもらっているようなものだ、とされる。500d5-501c4 でソクラテスは、哲学者が〈正義〉や〈美〉のイデアを見やりながらすぐれた国制を整える作業を、画家がモデルを見ながら絵を描くさまになぞらえる。こうした比喩は一つには、ソクラテスの直接の対話相手であるグラウコン、アデイマントスに論点をわかりやすく伝えるためのものだが、もう一つには、間接的な説得の相手である大衆に、哲学者について理解してもらうためのものであろう。大衆がもつに至るとされるこのような理解もまた、哲学者の能力・性格への信頼の感覚を含む一種の思いなしであり、その内実は特定の命題を信じることによっては尽くされない、と考えられる（次章も参照）。

　実は、同じような論点は、先立つ第三巻 414d4-415c7 のいわゆる「高貴な嘘」の箇所でも登場していた。ここでソクラテスは、統治の能力をもつ者が生まれる際、神はこれに金を混ぜ与え、補助者たる能力をもつ者には銀を、生産者には鉄や銅を混ぜ与えた、という物語（嘘）を市民たちに聞かせ、説得しようと提案する。この話を生産者たちに信じさせることも、彼らを現統治者の統治に同意させる方法の一つと解することができるよう。ただし、「高貴な嘘」の箇所は盛んな論争の的となっているため、次章で改めて詳しく論じる。

　プラトンの作品には、できるだけ多くの人に、できるだけ真剣に哲学してもらいたい、という意向がうかがわれる（『弁明』23b4-7, 29e3-30a7 でソクラテスは、相手を問わず問答を挑み哲学に誘う自らの生き方を示している）。だが『国家』の提示する理想国家は、すべての成員が哲学する国家ではない。哲学者になれるのは少数しかいない、という悲観的・エリート主義的認識がプラトンにはたしかにある（491a8-b2, 493e2-494a4）。『国家』の問題は、哲学に与らない市民を多く含む国家が、全体として哲学的知識にもとづいて統治されるにはどうすればよいか、と

いう点にある。そこで、哲学者でない成員がどうして哲学者の統治を受け入れ得るのかが問題になる。第五巻476d7-480a13は、これらの問題に間接的ながら関わっていると考えられるのである。

　本章の議論を要約する。見物好きの者は、第五巻末尾で、自分たちが思いなししかもたないという点に関して、ソクラテスの議論によって説得されたとみなすことができる。また、最終的に、イデアの存在を端的にしりぞけるわけでも明確に認めるわけでもない、一種の中間状態に至ったと解することができる。ソクラテスが見物好きの者を説得できたと解し得ることは、次のことを含意する。すなわち、当該議論は、カッリポリスの生産者たちが哲学者の統治に同意すると想定し得る論拠を、間接的に解き明かす役割を果たしていると解し得るのだ。

注
1　例外的にFineは一つの脚注でこの問題に触れている。Fine（2003）, n. 22, 81-82.
2　前章で見た諸研究は概してそのようなものである。この傾向は現代に特有のものではなく、古代において、プロクロスが『プラトン『国家』注解』第十論文で第五巻当該議論を扱う際にも顕著である。納富(2003)、13は、当該議論を「説得」の文脈を無視して扱うことの不備を適切に指摘している。『国家』全体を「説得術の行使（an exercise of persuasion）」とみなすBurnyeat（1992）, 183-87の議論も参照。
3　他方Halliwell（1993）, 213は、当該議論が本当に見物好きの者の説得を意図しているとは考えにくいと論じる。
4　Gonzalez（1996）253は、ソクラテスが議論の開始地点で、見物好きの者にイデア論を受け入れさせているわけではないことを正しく指摘する。しかしゴンザレスは、議論の結びまでに見物好きの者が、イデアの存在に対してどのような反応を示すようになるかについてほとんど論じていない。そのため、ソクラテスによる説得が結局成功したと解され得るかどうかが明らかではない。
5　Gonzalez（1996）, 253.
6　見物好きの者は、知識と思いなしが別々の能力であることから、両者が別々の対象に関わることもすんなり受け入れるだろう。同一の対象との見知りをもっているにもかかわらず、それが「何を成し遂げるか」においてかくも大きな相違（知識の場合の不可謬性、思いなしの場合の可謬性のような）をもたらすと

7 475d6-8 で、見物好きの者は、ディオニュシア祭などでの上演を聴くために市や村など至る所に出かける者と言われている。ディオニュシア祭には、アテナイで催される大ディオニュシア祭と、地方で催されるものがあったが、地方のディオニュシア祭では、大ディオニュシア祭で上演された悲劇作品が再演されたものと推定されている。大ディオニュシア祭では前386年まで、同じ悲劇の再演は禁じられていた。Oxford Classical Dictionary 2nd edn., 350 参照。

8 479d1 の"ἀληθέστατα"にも注意。この最上級は、議論のある段階が終わった合図としてプラトンがしばしば用いる表現である。議論のこの段階でグラウコンが見物好きの者の代弁を止めた点に特に大きな意味を見出さないのならば、(B)解釈をとることも可能である。

9 クレイニアスの発言だが、同様の論点は『法律』第十巻891a2-4 からも見出せる。

10 もちろん、ここで見物好きの者が「美については、知識などそもそも存在しない」と意固地になって主張する可能性も完全には排除できない。その場合は、彼らに美についての知識の存在を認めさせるための別個の議論が必要となるだろう。そのような議論は、例えば、技術知とのアナロジーに訴えたものかもしれない。

11 Fine(2003), n. 22, 81-82 も、見物好きの者は、知識の存在を認めるのなら、イデアの存在を認めさせられ得る、と指摘する。だが Fine は、第一に、筆者が本段落で述べる詳細には立ち入っていない。第二に、見物好きの者がイデアの存在について結局のところどのような態度をとるに至るのかについては、何も言っていない。

12 『大ヒッピアス』287e3-4 参照。ここでヒッピアスは、〈美〉は美しい乙女であると言う。ヒッピアスと見物好きの者の認識状態が類似している点について、Politis(2021), 97-100 も参照。

13 『国家』や『パイドン』といったイデア論が語られる対話篇を、予備知識がほとんどない状態で読み進める者の心に起こる変化と似たものとして語ることができるかもしれない。

14 479a1-5 で、見物好きの者は、「〈美〉のイデアが存在することをまったく信じない」と言われるが、これは476c1-3 への回顧的言及であると解する。筆者が本章で論じるように、ソクラテスとの議論を通じて、イデアについての彼らの考えに、ある変化がもたらされたと解し得る。第六巻493e2-494a2 でソクラテスとアデイマントスは、第五巻の当該議論を回顧しながら、大衆が「〈美〉そのものが存在することを、受けいれたり信じたりする」ことを否定する。ここで問題となっている大衆の認識状態は、第五巻の議論による説得を受ける前の見物

好きの者の認識状態に対応していると考えられる。

15 この箇所についての最近の研究として、早瀬（2021）を参照。筆者は、この箇所でソクラテスが語る「同じもの」に関して伝統的解釈を支持し、「同じ柔らかさ（あるいは硬さ）」ではなく「同じ指」が話題になっていると解する。Russell (1961), 143［邦訳：135］に反して、三本の指の例では「矛盾」が話題になっているのではない。同じ事物がFとも非Fとも現れるという事態が不思議だと思えさえすれば、それが哲学の端緒になり得る、とソクラテスは言っているだけである。たとえ矛盾していなくとも、われわれを哲学的思索にいざなう事態は種々あり得るだろう。Russell は、三本の指の例などがプラトンにとって「矛盾」の事例であると解し、そのようなことに思い悩むのは「哲学の小児病」であると断じるが、この批判は的を外していると言わざるを得ない。

16 *Pace* Moss（2021), 174-180. 彼女は、思いなしをもっている者は、その限りにおいて、イデアについて考えることさえできないと解する。しかし、そうだとするなら、哲学者による統治の正当性を大衆に説得することは不可能となってしまうだろう。

17 『国家』第二巻376e1-第三巻412b2、第十巻595a1-608b3 の、詩の批判を参照。後者の箇所で、悲劇や喜劇は、これを聴く者の魂を堕落させるために（595b3-7, 605c5-7）、カッリポリスで上演されてはならないとされる(607a3-7, 607c4-7. 398 a1-b4 も見よ）。

18 このことは、大衆がイデアに関する思いなし（δόξα）をもつことを意味しない。彼らがイデアに関して下す判断は、強いて言えば、知識でも思いなしでもない、ある個別的な認識であり、『国家』のプラトンはこの個別的認識に何ら名前をつけていない。これは、知識（ἐπιστήμη）を有する哲学者が感覚的事物に関して下す判断に名前がつけられていないのと、ちょうど同じである。

19 実際ソクラテスは、続く第六巻の冒頭で、思いなし愛好家ではなく哲学者がポリスの統治に相応しいことをグラウコンに示す際に、第五巻の議論の結論——哲学者はイデアに、思いなし愛好家は感覚的事物に関わる——を論拠として用いている（484b4-7）。

　これとの関連で、次の点は興味深い。484b8 でグラウコンは、哲学者と思いなし愛好家のどちらがポリスを統治すべきなのか、即座に決めることができないでいるように見える。筆者は、グラウコンがこのように態度を決めかねている理由を次のように解する。すなわち、ソクラテスの語り口からして、哲学者こそ統治に相応しいとの答えを彼が期待していることに、グラウコンは気づいている。しかし、先立つ第五巻の議論で、感覚的事物に関わるとされたのは、思いなし——思いなし愛好家に帰せられる認識状態——の方だった。他方、統治者の仕事は、外敵から国を守ること、法を制定し施行することなど、感覚されるものの領域に大いに関わるとも考えられる。これら二つの考慮事項が同時に浮かんできたため、グラウコンは哲学者と思いなし愛好家のどちらが統治する

べきか即座に言うことができなかったのである。
20 489a7-b1, 501c5-9 参照。
21 納富 (2003)、21-22 は、説得のための比喩の多用に触れている。

第三章　第三巻 414b7–415d4 の「高貴な嘘」における「説得」

第一節　問題の所在

　前章で筆者は、見物好きの者が説得されたと解し得る点が、ソクラテスのカッリポリス構想に対してもつ含意について考察した。第五巻末尾の議論でソクラテスは、哲学的認識に与らず「思いなし」しかもたない者を説得し、哲学による統治が最善であると考えてもらうための一つの方途を示唆している、と解することができるのである。

　しかし、カッリポリスを構成する三階層（統治者、補助者、生産者）のうち、生産者に関してソクラテスは多くを語らない。もちろん、彼らは統治者たるべき哲学者と異なり、数学的諸学問の学習も哲学的問答法の訓練も課されず、それゆえ、イデアの知に与ることがない点は容易に想像できる。では、彼らはいかなる教育を受け、いかなる認識状態にあるのか。

　この点を考える上での最大のヒントは、ソクラテスが第三巻末尾 414b7–415d4 で語るいわゆる「高貴な嘘」[1]にある。ソクラテス曰く、統治の能力をもつ者が生まれる際、神はこれに金を混ぜ与え、補助者たる能力をもつ者には銀を、生産者には鉄や銅を混ぜ与えた。このような「嘘（ψεῦδος）」をカッリポリスの人びとに信じてもらうようにするべきである、とソクラテスは提案するのだ[2]。

　本章の主な目的は、この「高貴な嘘」の箇所[3]に解釈を与えることを通して、『国家』のプラトンの政治哲学[4]に対するある種の解釈を正面からしりぞけることである。すなわち、哲学者は、自身の統治が最善であることを無知な大衆に信じ込ませるために、巧みな「欺き」や「洗脳」を行使すると考える、『開かれた社会とその敵』のカール・ポパーに代

表されるプラトン解釈である[5]。加えて、大衆が哲学者とのコミュニケーションを通して至る認識状態は——第五巻の見物好きの者の場合とちょうど同じように——その中身を命題の形で書き尽くすことのできない、思いなしの一種であることを確認したい。

　先述したように、生産者の認識状態や、彼らが国家に関する重要な事柄についてどの程度の情報を入手できるのかに関しては、謎めいた部分が多い[6]。そのため、ポパーをはじめとした解釈者たちは、生産者に伝達されるべき話について明示的に語られていると解し得る「高貴な嘘」の箇所に着目し、次のように主張する。すなわち、ソクラテスは「高貴な嘘」に典型的に見られるような欺きを、統治者の政治権力を確立し、維持するために生産者に対して用いるのにやぶさかでない。それどころか、統治者自身すら、「高貴な嘘」によって洗脳されている状態にあると言い得る[7]。『国家』のカッリポリス構想は、このような欺きや、それを繰り返し聞かせることによる洗脳によってなされる人心操作を前提している[8]。それゆえ、現代の民主主義社会に生きるわれわれには到底受け入れがたい、と。

　たしかに、仮に「高貴な嘘」がそのような欺きを植えつけるための装置としてカッリポリスにおいて用いられており、大多数の市民が恒常的な洗脳状態に置かれているのだとすれば、カッリポリスは実際には不正な国家の一つである、ということになろう。注意すべきは、ここで問題となっているのは、そのような国制が正しい国制であるとプラトンがみなしているかではない。そのような国制が実際に正しい国制であるか、である。市民の洗脳に常時訴え続けるような国制も、最悪の国制とまでは言えない状況もあるかもしれない。しかし、古今東西を問わず、それを正しい国制であるとみなすいかなる論拠も、筆者には見出すことができない。したがって、もし「高貴な嘘」が市民の洗脳のための方途なのだとすれば、第四巻427e6-7での自身の言葉に反して、ソクラテスは最善の国家を言論において描くことに事実上失敗していることになるだろう。また、後に第九巻592b1-4でこの国家が理想的な「範型($παράδειγμα$)」

として掲げられているとの発言も、空疎なものになってしまうだろう。

しかし、このように解する必要はない。筆者は、ポパーのような解釈者が置いた先の仮定が間違っていると考える。すなわち、「高貴な嘘」は、ポパーの言うような露骨な欺きや洗脳のための手立てではない。したがって、プラトンは、哲学者による市民に対する欺きが横行している国家を理想とみなした、と解することには根拠がない[9]。『国家』において、第三巻「高貴な嘘」以外でそのような読みを支持し得る箇所は、事実上存在しないからである。むしろ、前章でも触れたように、ソクラテスは（そしてプラトンは）「高貴な嘘」の箇所で、誰が国家を統治すべきかに関する三階層間での意見の一致をいかに確立すべきか、という問題に取り組んでいるのである[10]。近年、ロウェットが「なぜ哲人王は高貴な嘘を信じることになるのか（Why the Philosopher Kings Will Believe the Noble Lie）」と題した論文を発表し、この路線に立ったすぐれた解釈を提示した。以下で説明するように、筆者はロウェットの解釈に大筋では賛成するが、ある重要な点で彼女の解釈から離れる。

以下、第二節で「高貴な嘘」の箇所を詳しく紹介する。第三節で、ロウェットの解釈を紹介するとともに、彼女の解釈に関して同意できる点とできない点を特定する。第四節で、「高貴な嘘」のうち、筆者がロウェットと異なる読みをとる箇所に関して、筆者自身の読み筋を提示する。

第二節　「高貴な嘘」

『国家』第二巻376eから第三巻412bでソクラテスは、カッリポリスの守護者となるべき者が、幼い頃から受ける教育の内容について議論する。この初等教育は、詩を含む音楽・文芸と体育から成り立つ。初等教育に関する叙述が一段落すると、412d–414bでソクラテスはこの守護者の集団を二種類の階層に区分する。すなわち、「全き意味での守護者（φύλακες παντελεῖς）」（以後、単に「守護者」あるいは「統治者」と呼ぶ）と、「補助者（ἐπίκουροι）」ないしは「援助者（βοηθοί）」である（以

後、単に「補助者」)。前者は、快楽による誘惑を含むあらゆる試練をくぐり抜け、国家のためにそれぞれの場合で最善をなすべきという自己の信念を保持できる点を示した選良者であり、国家の統治者となる。後者はそこまでは至らなかった者で、守護者たちの決めた考えに従い、これに補助・援助を与える者である。国家のために最善をなすべきという信念は守護者も補助者も共通に抱いているが、この信念の堅固さには程度の差があり、守護者の抱く信念の方がより堅固である、ということだろう。

ソクラテスは続けて、対話相手のグラウコンに対して次のように言う。

> 「さてそれでは、われわれは適切に用いられるべき偽り（ψεύδη）のことを先ほど語っていたが、そうした偽りとして、何か一つ高貴なもの（γενναῖόν τι ἕν）をこしらえて、できれば統治者たち自身を、そうでなければ国家の残りの部分を説得する工夫はないものだろうか？」(414b7-c2)

この発言は次のことを示唆する。すなわち、ソクラテスはここで、（その内実がいかなるものであれ）「高貴な嘘」による説得は、統治者に対しての方が、カッリポリスの残りの市民に対してよりも達成困難であると考えている。しかし、本当にソクラテスはこのように考えているのか。また、このように考えているとして、その理由はいかなるものか。これらの問いについては、第三節と第四節で議論する。

続けてソクラテスはグラウコンに、彼が語ろうとしているのは目新しい物語ではなく、ポイニケ（フェニキア）風のものであることを告げ（414c4-10）、若干のためらいを示した後（414d1-2）、ようやく「高貴な嘘」の物語の叙述を開始する。この物語は、大きく前半部と後半部に分けることができる。少々長くなるが、順に見ていこう。

前半部は以下の通り。ソクラテスたちは（言論の上で）守護者たちを教育してきたが、その教育のすべてがいわば夢のようなものだった。彼らが自分で経験したと思い描いている事柄はすべて、大地の下での出来

事だった。彼らは本当は大地の内で形作られ、育てられたのであり、彼らの武具やその他の道具もまた同様だった。やがて彼らがすっかり仕上げられると、母なる大地が彼らを地上へと送り出した。だから、彼らは大地を自身の母や乳母とみなし、外敵から守らなければならないし、他の市民たちを同じ大地から生まれた兄弟とみなさなければならない(414d4-e5)。

　ソクラテスは続けて、物語の後半部を語る。ここでソクラテスは、市民たちに「君たち」と直接に語りかける話法をとる。まず、ソクラテスは言う。

> 「──しかし神は君たちを形作るにあたって、君たちのうち統治者として統治する能力のある者には、誕生に際して、金を混ぜ与えたのであって、それゆえにこの者たちは、最も尊重されるべき人びとなのである。また、補助者としての能力ある者には銀を、農夫やその他の職人たちには鉄と銅を混ぜ与えた。」(415a3-7)

ソクラテスはこのように、グラウコンにヘシオドス『仕事と日』の金、銀、青銅、英雄、鉄の五種族の神話(109-201)を思い起させるような流儀で、カッリポリスの三階層の市民にそれぞれ、金、銀、鉄・銅の素質を割り当てる。さらにソクラテスは、三階層間にはいわば社会的流動性がなければならない点を述べる。

> 「こうして君たちのすべては互いに同族の間柄であるから、君たちは君たち自身に似た子供を生むのが普通ではあろうけれども、しかし時には、金の親から銀の子供が生まれたり、その他すべて同様にして、お互い同士から生まれてくることがあるだろう。そこで、国を支配する者たちに神が告げた第一の最も重要な命令は、次のことなのである。──彼らがすぐれた守護者となって他の何にもまして見守らなければならぬもの、他の何より注意深く見張らなければならぬのは、これら子供たちのこと、

すなわち、子供たちの魂にこれらの金属のどれが混ぜ与えられているか、ということである。」(415a7–b7)

この点を注意深く見定めた上で、統治者階層に銅や鉄の素質をもつ子供が生まれた場合、生産者階層に「降格」されなければならない。逆に、生産者階層に金や銀の素質をもつ子供が生まれた場合、統治者階層や補助者階層に「昇格」されなければならない、とソクラテスは言う（415b7–c6）。

　最後にソクラテスはグラウコンに再度訊ねる。「さて、この物語を何とか彼らに信じてもらうための手立てを、君は知っているかね」(415c7–8)。注目すべきことに、グラウコンはこう答える。

「いいえ、あなたが語りかけている人たち自身に対しては、不可能でしょう。しかし、彼らの息子たちや、その次の世代の人たちや、さらにその後に生まれる人たちには、信じさせることができるでしょう。」(415c9–d1)

ソクラテスは、それだけでも、彼らが国家のこととお互い同士のことをよりいっそう気遣うようになるために役立つと述べ、「君の言わんとすることは、大体わかるつもりだ（σχεδὸν…τι μανθάνω ὃ λέγεις）」と付言する（415d2–3）。

第三節　ロウェットの解釈

　第二節で紹介した「高貴な嘘」の箇所に関するロウェットの解釈を見ていこう。その際、特に争点となっている以下の三つの問いに彼女がどのように答えているかに注目したい。（一）市民たちは、教育と養育の間、自分たちが本当は地中にいたという物語を聞かされるが、これは明らかに事実に反している。ソクラテスはどうして、市民たちがこの物語を信じるだろうと想定しているのか。（二）「高貴な嘘」は、カッリポリ

スの第一世代のみに関する物語なのか、それとも、全世代の市民に関する物語なのか。（三）415c7–d1 のソクラテスとグラウコンのやりとりにおいて、グラウコンは、カッリポリスの第一世代の方がその後の世代より、「高貴な嘘」によって説得するのが難しいと考えているようだが、これはどうしてか。結論を先取りして言えば、筆者は（一）と（二）に関してロウェットの解釈に賛成するが、（三）に関して彼女の解釈に反対する。

（一）の問いに対して、例えばウォーディは[11]次のように答える。すなわち、カッリポリスの市民たちは、自分たちが実際どのような状況で教育を受けたのかさえ正しく認識できないほどの徹底的な「洗脳」を受ける。そのため、自分たちが地中で教育を受けたのだと本当に思い込まされるのだ、と。ソクラテスの与える描写をこのように解するなら、市民たちは絶え間ない欺きのただ中にあることになる。問題となっている市民を統治者だけと解する場合も、全市民と解する場合も、この点は変わらない。

ロウェットは、このような解釈をただちにしりぞける。市民たちが、自分たちが地中にいたのだと文字通りに信じるとは到底考えられないからだ。教育が完了し、「母なる大地」が彼らを地上に送り出す時期は、成人となる十八〜二十歳頃と推定される。第七巻 537b1–c3 で、体育の教育が終了する時期がその頃とされているからである[12]。そのような成人市民に、自分が経験したことをすっかり忘れさせ、自分たちは本当に地中にいたのだと思い込ませる手立てが存在するとは考えにくい。また、仮に手立てがあるにしても、そのような露骨な人心操作に依拠したアイデアをプラトンに帰することには、少なくとも慎重になるべきだ。

ロウェットは、市民たちが信じるように促されるのは、「高貴な嘘」の物語に内包された次のような一般的な教訓である、と正しく解する。すなわち、市民は他の市民を家族のようにみなすべきである。どの階層に最終的に属することになろうとも、自身の受けた養育と教育のすべてを同じ一つの国に負っている仲間なのだから、という教訓である[13]。

この点に関連して、ロウェットによれば、ソクラテスが「高貴な嘘」を語る前に若干のためらいを示している（414c4-10, d1-2）主な理由は次の通り。ソクラテスは、自身がこれから「高貴な嘘」を語ることで伝えようとしているアイデアが、対話相手のグラウコンを仰天させるものであることを予期しているからだ。プラトンの兄であるグラウコンは、アテナイの名門貴族の家系出身であるが[14]、ソクラテスは、家柄によるいかなる特権も廃止するべきであり、市民の社会的役割は、当人の素質によってのみ定められるべきである。そしてこの素質がいかなるものであるかは、彼らの教育が完了するとき（比喩的に言えば、「母なる大地」が地上に送り出すとき）までに試され、明らかにされることになる、と考えているからだ。

　（二）の問いについてはどうか。果たして「高貴な嘘」は、カッリポリスの第一世代にのみ関わる物語なのか。スコフィールドは、そうであろうと考える[15]。彼がそのように解釈する主な理由は、「大地から人間が生まれ出てくる」といった筋立ての古代ギリシアにおける他の神話もまた、国家の第一世代の市民にのみ関わるものだからだ。実際ソクラテスは、「高貴な嘘」をポイニケ（フェニキア）風の物語であると言っている（414c4）[16]。プラトンの同時代人は、この発言を聞いて、ただちにカドモスの神話を思い起こしたはずである[17]。この神話によれば、ポイニケの王家に出自をもつ英雄カドモスは竜を退治したあと、その歯を大地に蒔いた。すると、地中から兵士たちが現れ、互いに殺し合いを行った後に、五人だけが残った。これら「蒔かれし男たち（σπαρτοί）」はカドモスに忠誠を誓い、テーバイ人の祖となったという[18]。カドモスのこの物語は、典型的な建国神話である。したがって、この神話に事実上言及した後にソクラテスが語る「高貴な嘘」もまた、第一世代の市民にのみ関わる建国神話の一つであろう、とスコフィールドは解するのだ[19]。

　スコフィールドのような解釈に対し、ロウェットは次のように正しく反論する。すなわち、特に「高貴な嘘」の後半部（金、銀、銅・鉄の金属の話）に関して、問題となっているのは、第一世代内部で階層間の社

会的流動性を確保することではない。むしろ国家を存続させ、市民の幸福を守るために重要なのは、現在の市民たちが、本人たちの魂の内なる「金属（素質）」によって、適切な社会的役割を割り当てられることであろう。それゆえ、すべての市民の内なる「金属」が調べられなければならないのだから、「高貴な嘘」は、全世代の全市民に関する物語のはずであり、したがって、全市民に聞かせることを意図した物語でもあるはずだ。当然、市民の大多数を占める生産者もその内に含まれるはずである[20]。たしかに、ソクラテスは「高貴な嘘」の箇所で、主として統治者に語りかけながら物語を叙述している。しかしこのことは、統治者のみがこの物語の聞き手であることを含意しない。ロウェットはこのように解するのだ。

　ここまで、ロウェットの解釈は申し分ない。「高貴な嘘」は、誤った信念を市民の魂に植えつけ、それによって統治者の支配体制を確立・存続させるための手立てではない。むしろ、ソクラテスが「高貴な嘘」を導入したのは、哲学的に重要だが理解が容易でないアイデアを市民に伝えるための、修辞的道具立ての必要性を感じていたからに他ならない。すなわち、いかなる種類の職業に市民が就くことになるかを決めるのは生まれではなく（さらに言えば性別でもなく）、その人自身の素質でなければならない、とのアイデアである[21]。それを比喩的に表わすならば、地中での教育を終えて地上に出るときにどの種類の金属を宿していると判明するかによって、その後の進路は決められることになる、ということである[22]。

　ではソクラテスはどうして、他でもなくそのような修辞的道具立てを用いているのか。この点に関して、筆者は次のように考える。第一に、第三巻の時点でソクラテスは、自分がこれまで叙述してきた守護者が実は哲学者である点を明らかにしていない（この点は重要なため、次節で再び議論する）。実際、ソクラテスが第三巻までに叙述した守護者の教育プログラムは、すべて音楽・文芸と体育から成るものである。したがって、この段階の守護者を主な相手とした仮想的な説得を試みる際[23]、ソ

クラテスは、込み入った哲学的議論に訴えることはまだできないだろう。

第二に、ロウェットや筆者のような解釈が正しいとするなら、「高貴な嘘」は、全市民にある哲学的に重要なアイデアを伝達するための媒体である。このような媒体として、(虚構の物語という意味での)「嘘」以上に相応しいものはないだろう[24]。この「嘘」によって、問題のアイデアが全市民にアクセス可能なものとなり、それによって、カッリポリスの政治体制の正当性に関して納得してもらえるようになるからである[25]。

前章でも触れたように、このような「説得」を受けた市民の魂の状態もまた、思いなしに属するものであると考えられる。彼らは「高貴な嘘」を含む物語を聞かされながら育ち、それによって美とは何か、正義とは何かについてのある理解を形成していくが、彼らが見聞きする物語も、ある種の感覚的事物であることには変わりないからだ。このような、カッリポリスの市民が有するであろう思いなしは、自らが育った国への愛着や、自国の統治者の性格や統治能力に対する信頼の感覚を、契機として含むことになるはずだ。そうした愛着や信頼感は、多くの場合、言葉によって分節化される以前の漠然としたものに留まる。また、仮にこの感覚のある側面を一定の命題を用いて表現することが可能であるにしても、彼らの抱く愛着や信頼感の内実が、そうした命題を信じることで尽くされる、ということにはならないだろう。

(三)の問いに移ろう。先に見たように、415c7–d1で「さて、この物語を何とか彼らに信じてもらうための手立てを、君は知っているかね」と訊ねるソクラテスに対して、グラウコンは、第一世代の市民に対しては不可能であろうが、その後の世代に対してはより見込みがあるだろう、と答える。これはどうしてか。筆者がロウェットに反対するのは、この問いを巡ってである。

確認するなら、ロウェットは(そして筆者も)次のように解することはできない。すなわち、ソクラテスによれば「高貴な嘘」は第一世代の市民がどのような教育を受けたかに関する物語である。したがって、ソ

第三章　第三巻414b7–415d4 の「高貴な嘘」における「説得」

クラテスは、自身の生い立ちを自分のこととして承知している第一世代の市民たちには「高貴な嘘」を信じ込ませることができないが、彼らの後の世代ならば、（直接は知らない）祖先の生い立ちに関するこの物語を信じてくれる可能性が高いと期待した、と答えることはできない。（二）の問いに答える際、ロウェット自身が、ソクラテスにとって「高貴な嘘」は、第一世代にのみ関わる物語であるとする解釈をしりぞけていたからだ。

　ソクラテスとグラウコンの上記の（ややぎこちない）やりとり関して、ロウェットはまず、三つの可能な解釈を並べる[26]。

　（A）グラウコンは実は、ソクラテスの言わんとすることを捉え損なっており、「高貴な嘘」を、カドモスが竜の歯を蒔いた話のような建国神話として理解している。そのため、「高貴な嘘」がカッリポリスの第一世代の市民にのみ関わる話であると誤解してしまった。

　（B）グラウコンはソクラテスの言わんとすることを正しく理解し、その上で、次のような一般論の見地からこう考えている。すなわち、ある物語を幼い頃から繰り返し聞かされ続けた場合の方が、そうでない場合より、その物語を受け入れやすくなるものだ。カッリポリスの後の世代は、幼い頃から「高貴の嘘」の物語を聞かされるはずなので、その分、この物語を受け入れやすくなる。他方、カッリポリスの第一世代は、カッリポリス建国時にすでに成人している市民も多く含まれると考えられるため、後の世代と比べると、「高貴の嘘」を受け入れるのがより難しくなるだろう、と。

　（C）ソクラテスは、グラウコンにある疑似問題を提示している。ソクラテスは、「高貴な嘘」の後半部において自分が主に語りかけてきた市民が、実は哲学者のことであると知っているからだ。このような哲学者－統治者は、最終的には「高貴な嘘」のような修辞的手立てを不要のものとするだろう。彼らは、こうした物語が内包する哲学的アイデアやメッセージを、哲学的議論を聞くことによって直に理解できるようになるはずだからだ。したがって、グラウコンは、カッリポリス第一世代の

統治者が「高貴な嘘」によって十分説得されるかどうかに関して懸念を表明しているが、この懸念は、ソクラテスが与えた疑似問題によって惹起されたものに過ぎず、解かれるべき問題などそもそも存在しない。

　以上三つの解釈のうち、ロウェットは解釈（A）をただちにしりぞける。この解釈はグラウコンの理解力をもっとも低く見積もるものであり、したがって、グラウコンに「もっとも好意的でない（least charitable）」立場を帰することになってしまう、と彼女は考えるからだ。他方、解釈（B）と（C）は、グラウコンを好意的に解するという点に関しては同じくらいすぐれているとロウェットは解するが、結局（C）をとる。(C)の方が（B）よりも哲学的に興味深い解釈である、というのがその理由である[27]。

第四節　グラウコンを好意的に解するべきか

　筆者が415c7-d1におけるソクラテスとグラウコンとやりとりに関して、ロウェットの解釈をとらない理由を述べる。ロウェットは、「高貴な嘘」でのソクラテスの論点の理解に関して、グラウコンを好意的に解する必要性があると前提している。しかし筆者は、特に当該箇所においては、この前提をとる必要はないと考える。以下、この点について詳しく説明したあと、415c7-d1のやりとりに関する筆者自身の解釈を提示する。

　一般に、ある言明を理解しようとする際、できるだけ合理的な考えをその言明の話者に帰するような流儀で理解するべきだとされる。すなわち、「好意の原則（principle of charity）」である。プラトン対話篇を解釈する際も、この「好意の原則」がしばしば用いられる。著者プラトンにできるだけ合理的な考えを帰するような流儀で、対話篇の諸箇所を解釈するべきである、と前提されるのだ。特に、登場人物ソクラテスが、著者プラトン自身がコミットしている見込みが高いような議論をしている場合は、ソクラテスにもっとも合理的な考えを帰することのできる解釈

を採用するべきである、とされる。こうした場合、ソクラテスを好意的に解することを通して、著者であるプラトンを好意的に解することになるからである。

　しかし、ソクラテスの対話相手、特にグラウコンについてはどうか。ロウェットは、グラウコンの発言に「好意の原則」を適用して解するべきである理由を明示しないが[28]、次のうちいずれか、あるいは両方が彼女の念頭にある考慮事項と考えられる。

　（ア）グラウコンを好意的に解する方が、グラウコンという人物そのものの理解の上で適切である。実際、グラウコンは著者プラトンの兄であり、『国家』の冒頭部からソクラテスに随伴している重要人物として描かれている。また、第五巻475e–476aや第十巻596aで、イデアに関するソクラテスの議論にも馴染みがある人物として描かれている。このような人物が、「高貴な嘘」に関するソクラテスのポイントを捉え損ない、議論について行けなくなっているものとして描かれているとは考えにくい。

　（イ）グラウコンがソクラテスの言わんとすることを理解し損なっていると考えた場合、ソクラテスとグラウコンの間のやりとりにおいて、ある齟齬が（暗黙のうちに）生じていることになる。しかしこれは、登場人物たちが互いに対して与える同意に基づいて対話を進めていくという、プラトン対話篇の精神にもとる事象であろう。このような事象が作中で起こっていないと解する方が、著者プラトンによりよい立場を帰することができる。

　筆者は以上の（ア）・（イ）の考慮事項はどちらも、当該箇所のグラウコンに好意の原則を適用するべき理由にはならないと考える。まず、（ア）に関して。たしかにグラウコンは哲学的議論にある程度馴染みがある人物として描かれており、実際、第二巻357b–361dでは、アデイマントスとともに正義に関して、その後の『国家』篇の議論全体を方向づけるような問題提起を行う。しかし、例えば『パイドン』における主たる対話相手であるシミアスやケベスなどとは異なり、グラウコンは哲学的議論

の扱いに関して、専門家とは言いがたいという点に注意すべきである。実際グラウコンは、ソクラテスの議論のポイントをしばしば理解し損なう。そしてそのような場合、グラウコンはソクラテスが言わんとしていることを、自分に馴染みがある事柄ととり違えるような仕方で誤解する傾向があるのだ。

　例えば、第七巻523a10–b4でソクラテスは、ある指が同時に大としても小としても現れるというような、感覚的事物の反対の現れの事例を念頭に置きつつ「知性の活動を助けに呼ぶもの」について語るが、グラウコンは、ソクラテスが「遠くから見られたもの」や「書割の手法で影をつけて描かれた絵（τὰ ἐσκιαγραφημένα）」について語っているのだと勘違いする。同様に526c11–d5でグラウコンは、ソクラテスが幾何学を有益とみなしている理由を誤解する。幾何学の有益性は、陣営の構築や軍隊の集合・展開といった軍事活動での有用性に存している、と考えてしまうのだ（グラウコンによる同種の考え違いは、527d1–3からも見出せる。ここでグラウコンは、天文学の学習を統治者たるべき者に課すべきなのは、季節の移り変わりについてよりよく理解できるようになり、軍隊統率のためにも役立つからだと勘違いする）。さらに、528e4–529a2でグラウコンは、天文学が魂を上方を見るように促す学問と言われているのは、上方にある天体の観察へと学習者を向かわせるからだ、と考えてしまう。ソクラテスが、目に見えない実在の考察を促すという意味で、天文学を、上方を見るように促す学問とみなしていることに、グラウコンは気づけないのである。

　上で紹介した第七巻の諸箇所でもソクラテスは、カッリポリスでなされる教育について議論している点は、注目に値する。もちろん、幾何学や天文学を含む数学的諸学問は、選抜された統治者候補にのみ課せられるという点で、全階層の市民が聞くことになる「高貴な嘘」とは異なる。しかし両箇所は、いかなる教育がカッリポリスで行われるべきかを語っているという点では、大まかな文脈を共有していると言える。第三巻の「高貴な嘘」の箇所で教育が話題になるときも、そこでソクラテスが行っ

ている提案が極めて「常識外れ」のものであったために、グラウコンは第七巻の諸箇所と同じような間違いを犯し、議論について行くことができなかった。このように想定することには一定の説得力があると考えられる。

　（イ）の考慮事項について議論する前に、筆者の解釈によれば、「高貴な嘘」の物語をグラウコンがどのように受け取ったことになるかを述べたい。グラウコンは、同時代の他のギリシア人の多くと同じように、「高貴な嘘」の物語を聞いて、ただちにカドモスの神話を思い浮かべたはずだ。そして彼は、ソクラテスは「高貴な嘘」を、この神話と同じような建国神話として語っている、と勘違いした。その結果、彼は、「高貴な嘘」が全世代の市民に関わる物語であること、そして、そこに内包された一般的教訓の伝達が「高貴な嘘」の眼目であることを、理解し損なった。それゆえ、グラウコンにとっては、カッリポリスの第一世代にこの物語を信じさせるのは非常に困難に思えてくる。第一世代の者たちの多くは、もちろん、自分たちは地中で育てられたわけではないとはっきり気づいているはずであるからだ。筆者は、415c9-10 でグラウコンが、第一世代を説得するのは（後の世代に比べて）難しいだろうと言うとき、以上のようなことを念頭に置いていると解する。このように筆者は、グラウコンの理解に関して、もっとも彼に好意的でない解釈、すなわち（A）をとるのである。

　したがって、筆者の解釈によれば、415c7-d1 のグラウコンとソクラテスの対話は噛み合っていないことになる[29]。直後の 415d3-4 でソクラテスは「君の言わんとすることは、大体（σχεδὸν...τι）わかるつもりだ」と言う。筆者は、この「大体」という限定をソクラテスがここで加えているのは、グラウコンが自分の言わんとすることをきちんと理解しているかについて十分な確信がもてないでいることの現れである、と解する[30]。ところがソクラテスは、先に言及した第七巻の諸箇所とは異なり、「高貴な嘘」の箇所では、グラウコンの誤解を指摘し、自らの言わんとすることを伝え直すという作業を行っていない。これはどうしてか。本

章の残りでこの問いに答えることで、(イ) の考慮事項に応答したい。

(C) の解釈をとるロウェットによれば、ソクラテスは「高貴な嘘」の後半部において自分が主に語りかけてきた市民が、実は「高貴な嘘」をもはや必要としない哲学者のことだと気づいている。したがって、ソクラテスはグラウコンにある疑似問題を投げかけていることになる。筆者は、この説明は部分的には正しいと考える。少なくとも著者プラトン は、以上のように考えていると解せるからだ[31]。そうであるなら、ソクラテスにこの問題に拘泥させず、すぐさま次の話題に移らせたのは、それを疑似問題である点にはっきり気づいているプラトンにとっては、何らおかしなことではないだろう[32]。

しかし、果たして登場人物ソクラテスは、著者プラトンと同じく、「高貴な嘘」が統治者にとって結局不要なものとなることに気づいているか。この点について、筆者はロウェットのように確信をもって「イエス」と答えることはできない。フェラーリが正しく指摘するように[33]、登場人物としてのソクラテスは、概して、著者プラトンとはいくぶん異なる動機のもとで議論を進めており、そのマインドセットもプラトンのそれとは異なると考えるべきだからだ。例えば、第五巻 473c11–e4 でソクラテスは、グラウコンに再三要求されてはじめて、自身がカッリポリスの統治者として念頭に置いていたのが哲学者だったことを明らかにする。さらに、第六巻で〈善〉のイデアについて比喩を用いた説明を始めるのも、ためらいを散々見せてからのことだ（506b2–507a6）。こうした意図的な秘匿や逡巡といったものは、登場人物ソクラテスに独特のものであろう。では、カッリポリスの統治者が最終的に到達することとなる認識状態に関して、ソクラテスは第三巻末尾の段階でどの程度のことを考えていると解し得るか。この点は、直ちに明らかではない。少なくとも、次の二つの可能性があるからだ。

まず、この点について、ソクラテスも著者プラトン同様、第三巻末尾の段階ですでに具体的な構想を抱いており、統治者は数学的諸学問と哲学的問答法の学習を経た後、「高貴な嘘」を必要としない認識状態に達

するとはっきりと気付いている可能性もある。仮にそうだとすると、少なくともソクラテスの考えている事柄に関しては、ロウェットが支持する解釈（C）のようなものが正しいことになる。すなわち、グラウコンの受け取り方がどのようなものであれ、ソクラテスとしては疑似問題のつもりで、統治者たるべき者を説得することが果たして可能かという問いを投げかけたのである、と解することになろう。

　しかし筆者は、どちらかと言えば、次の可能性の方が説得力がある、と考える。すなわち、ソクラテスは、「高貴な嘘」とそのメッセージの理解に関して、統治者の魂に後にどのような変化が起こるか、第三巻の時点では棚上げにしている。たとえ、自分がそれまで統治者と呼んできたのは実は哲学者のことで、彼らはイデアを見るのを愛好する者である、という程度のことは何らか意識しているにせよ、彼らの認識状態の詳細については棚上げしている、と[34]。

　そうだとすれば、問題の 415c7-d1 でソクラテスが念頭に置いていることをもっともよく説明してくれるのは、解釈（B）のようなものだろう。すなわち、ここでソクラテスは、特にカッリポリスの第一世代について、彼らの説得の方がより難しいはずであると本当に感じている。一般にひとは、幼い頃から繰り返し語られてきた物語にこそ感化されやすいものだが、カッリポリスの第一世代の多くは、その後の世代とは異なり、「高貴の嘘」を幼い頃から繰り返し聞かされる機会をもたないだろうからだ。このように解する場合、前章で見た、見物好きの者の説得に関してそうだったのと同じように、「高貴な嘘」の箇所でもソクラテスは、同じ趣旨の話を繰り返し何度も聞かせるということを、説得を成功に導くための重要な指標とみなしている、ということになる。

　本章の議論を要約する。ポパーに反して、第三巻の「高貴な嘘」の箇所で話題になっているのは、市民を欺いたり洗脳したりするためのプロパガンダなどではない。「高貴な嘘」が必要とされたのは、市民に伝えたい事柄を全体として直観的に把握してもらうためには、比喩的物語を

用いるのがもっとも効果的だからに他ならない。そして、その眼目は、個人が素質を発揮するための機会の均等性が保障されており、社会的流動性が確保されている国家をいかにして実現するか、という点に存している。「高貴な嘘」は、カッリポリスの全世代の全市民に関する物語であり、特に哲学的認識に与らない市民を説得し、カッリポリスの統治の正しさに関して納得してもらうための手立てとして企図されている。ロウェットに反して、415c7–d1 でグラウコンは「高貴な嘘」のポイントを掴み損ねている。他方でソクラテスは、カッリポリスの第一世代について、彼らの説得の方がより難しいだろうと本当に感じている、と解し得る。

注

1 第二・三巻で「虚偽」が議論される全般的文脈や「虚偽をなすこと（ψεύδομαι）」というギリシア語の意味に注目した稀有な研究として、納富（2021）参照。
2 この物語は第八巻 546d7–547c4 でも回顧的に言及される。
3 納富（2021）、1 は「高貴な嘘」のもう一つの例として、守護者の間で優秀な男女を結婚させ子供をもうける方途として、公平を装った操作的な籤引きが提案される、第五巻 459c–460a の箇所にも言及する。この箇所ではたしかに優生学的な議論がなされており、現代のわれわれには受け入れがたい。だが、ここでソクラテスは主として、守護者階層内部での内部分裂を避けるための方途について論じているのであり、全市民を巻き込むものと解し得る第三巻の「高貴な嘘」とは議論の位相が異なる点に注意すべきである。筆者は本章で、第三巻の「高貴な嘘」を、できる限り現代のわれわれにも受け入れ可能な政治的提案となるように解するが、プラトンが『国家』で行っている（と解し得る）政治的提案を、すべて取り入れるべきである、と主張しているわけではない。
4 以下で紹介する Popper のような批判からプラトンを救う意図のもと、『国家』でプラトンは真剣な政治的提案をそもそも行っていないと解する論者もいる。例えば、Annas（1999），72-95 は『国家』は個人の魂の正義について論じている倫理学の著作であり、国家論はそのためのアナロジーに過ぎないと考える。また、Strauss（1964），ch. 2；Bloom（1968），407-12 などは、ソクラテスの言葉に反して、カッリポリス構想の要である哲人王の統治は実現不可能であると考える。彼らによれば、哲学者の関心はあくまで哲学することにあり、統治の任に就こうという意欲をそもそももたないはずである。したがって、プラトンは『国家』で政治的提案を行っているわけではない、と解されることとなる（Strauss

派を批判する比較的最近の論考として、Morrison, D. R.（2007）, 235-44 も参照）。Ferrari は解釈上の方法論の点で Strauss の影響を強く受けているものの、このような「非政治的」解釈の陣営には属していない（特に Ferrari（2013）を見よ）。Popper への別の角度からの応答として、Bluck（1955）, 69-71 も参照。

5 Popper のプラトン解釈は誤解と偏見に満ちており、そもそも検討に値しないと思われるかもしれない。しかし、納富（2012）, 32-43 が正しく指摘するように、Popper の問題提起そのものは哲学的に重要であり、それとして応答する必要がある、と筆者は考える。プラトンが二十世紀の前半頃から自由主義・民主主義の敵対者としてどのように読まれてきたかに関しては、佐々木（2000）第二部の論述が極めて有益である。佐々木はここで、Fite（1934）, Crossman（1937）, Popper（1945）ら英米の代表的なプラトン批判の議論を詳しく紹介する。佐々木（1984）, 3-25 も参照されたい。

6 佐々木（1984）, 178-79 が正しく指摘するように、生産者階層をどのように扱うかは、カッリポリスの統治政策の核心の一つをなす。これは 421d-422a で、生産者階層における富と貧乏の発生の防止が守護者の重要な役目とされている点からも明らかである。

7 Popper（1945）, 138-44 ［邦訳：141-46］；Annas（1981）, 167. Popper（1945）, n. 10, 271-72 ［邦訳：298-99］は『国家』の他の諸箇所も典拠に挙げるが、朴（2010）, n. 53, 179 が正しく指摘するように、「高貴な嘘」以外の参照箇所は、Popper の主張を裏付ける証拠にはほとんどならない。同箇所で Popper は、「説得」が「(a) 公正な説得」と「(b) 邪な手段に訴えた説き伏せ」のいずれも意味し得る点を指摘し、『国家』その他の対話篇で (b) の意味での「説得」が話題になっていると解し得る箇所を列挙し、自説をサポートしようとする。しかし、そもそも問題は、プラトンが対話篇中で (b) の意味での説得を話題にしているかどうか、ではない。『国家』のカッリポリス構想がそれにもとづいている「説得」は (a) なのか (b) なのか、のはずである。

8 Crossman（1937）, 158-171 では、ナチス・ドイツの集会を訪れたプラトンがアリストテレスに書簡を送るという設定で叙述がなされるが、ここで想像上のプラトンが何度も話題にする「高貴な嘘」は、大衆を洗脳するためのプロパガンダと同義である。同じく Neumann（1967）, 328-30 も「高貴な嘘」は大衆に真理を隠蔽し「独断のまどろみ」に留めておくための手立てであると解し、Popper 同様、カッリポリスは実質的にはディストピアであると断ずる。

9 同じく、哲学者は何らかの「強制」を強いることで市民を従えるとも筆者は解さない。藤沢は Burnet（1902）の底本に従って、499b5-7 を「［哲学者たちが］、何らかのめぐり合わせにより、欲すると欲しないとにかかわらず国のことを配慮するよう強制され、国の方も彼らの言うことを従順に聞くように強制されるのでなければ…」と訳す（女性・単数・与格の "κατηκόῳ" と読む。Shleiermacher の提案で、Adam や Chambry もこれに従っている）。しかし筆者は、諸写本のま

ま男性・複数・主格の"κατήκοοι"と読み（Slings もこの読みを採用）、Ferrari (2013), n. 3, 136［邦訳：n. 3, 114］に従って、同箇所を以下のように解する。「［哲学者たちが］、何らかのめぐり合わせにより、欲すると欲しないとにかかわらず国のことを配慮するよう強制され、また、国の声に耳を傾けるように強制されるのでなければ…」。Jowett and Campbell (1894), 292；Adam (1902), 38 は"κατηκόῳ"の読みを擁護するが、あまり説得的ではない。また、540e4-541a7 でソクラテスは、カッリポリスの実現可能性に関して語る際、十歳以上の者を田舎に送り、残った子供を最善の法のもと教育することに言及するが、第一に、Ferrari (2013), 139［邦訳：110］が指摘するように、これが真剣な政治的提案とは考えにくい。第二に、たとえこのような方法をカッリポリス実現のための手立ての一つとしてプラトンが本気で考えていたにせよ、哲学者は強制的に市民を従えることにはならない。子供と親の引き離しは、親をきちんと説得することなしには実現し得ないと考えられるからだ。

10　この点について、第二章第三節の議論も参照。
11　Wardy (2013), 133-34. この論文が比較的最近の 2013 年のものである点にも注意。少なくとも「高貴な嘘」の箇所に関しては、Popper 流の解釈がいまだ根強いことを示唆する。「高貴な嘘」の目的には、生産者を欺いてカッリポリスの政治体制の正しさを信じ込ませることが含まれるとする比較的最近の解釈として、Meyer (2005), 240-43 も参照（Meyer への有効な反論としては、Brennan (2004) を見よ）。Vlastos (1995) は Popper のアナクロニズムを批判し、可能な限り歩み寄ってプラトンの政治哲学を理解しようと努めるが、プラトンは「高貴な嘘」などの箇所で、統治者に生産者を文字通りの意味で欺くことを許していたと解する点では、Popper に同調してしまう。特に Vlastos (1995), n. 97, 91 参照。
12　Rowett (2016), 68.
13　Rowett (2016), 85-87.
14　Hahm (1969), 224-25；Kochin (2002), 53-54 も参照。
15　Schofield (2006), 287-88. この点について、Schofield (2007a), 159 では立場を変更した可能性がある。
16　Page (1991), 21, 25 は「ポイニケ風」という言葉が、金銭への愛との結びつき（第四巻 436a 参照）を示唆している可能性を指摘する。すなわち、プラトンはここで、守護者の市民としての徳の発展が、物質的な自己利益の追求によって頓挫する可能性を示唆している、と解するのだ。
17　カドモスは、ポイニケのテュロスの王アゲーノールとその妻テーレパッサの子である。
18　カドモスの神話については『法律』第二巻 663e-664a も参照。
19　『国家』の政治哲学に関して他の点ではすぐれた着眼を見せる佐々木も、「高貴の嘘」を一種の建国神話と解してしまっている。佐々木 (1984)、168-69 参照。
20　Rowett (2016), 90-91. Adam (1902), 196 も参照。

21 Klosko（2006）、156-61 は、ある集団を関連する点に関してすぐれた特徴を示すという理由で優遇する「経験的人種主義（empirical racism）」と、関連する点に関して仮にすぐれた特徴を示さないとしてもとにかく優遇する「規範的人種主義（normative racism）」とを区別し、プラトンは「経験的人種主義」にはコミットしているが、ナチスのように「規範的人種主義」にはコミットしていない、と論じる。Klosko は「こうして君たちのすべては互いに同族の間柄であるから、君たちは君たち自身に似た子供を生むのが普通ではあろうけれども…（415a7-b1）」とのソクラテスの発言から、統治者階層内ではすぐれた統治能力が多くの場合子供に遺伝するとの考えにプラトンがコミットしている、と解する。「経験的人種主義」という呼称が相応しいかどうかは措くとして、Klosko の読みは的を射ている。しかし、Rowett（2016）、88-89 が指摘するように、プラトンにとってより一層重要だったのは、この事実の裏側、すなわち、統治者階層内ですぐれた統治能力が子供に遺伝しないことがあり得るという点の方であろう。

22 生物学的な誕生の時点で有している素質によって、社会的な役割が決められるのではない点に注意。「高貴な嘘」に関するこのような「誤解」は、少なくともアリストテレスまで遡る。『政治学』1264b10-16 参照。

23 齊藤（2008）、175-77 は、『法律』とは異なり『国家』においては、統治者が善に関する完全な知識に基づいて支配することが前提されているため、市民に同意を求める説得を行う必要がほぼ生じないと解する。しかし、統治者が善に関する完全な知識をもっていることは、特に哲学的な認識に与らない大多数の市民にとっては明らかではないため、統治の正当性に関して市民を説得することが要請されるはずだ。さもなければ、Popper のようにある種の「洗脳」や「欺き」に訴えた解釈をとるか、『国家』を真剣な政治的提案を行っている著作としてみなさない「非政治的」解釈をとるかのいずれかになってしまうだろう。

24 ソクラテスは第二・三巻で教育について語る際、教育を受ける者として主として守護者階層を念頭に置いて語ってきたのは間違いない。しかし、「高貴な嘘」で、教育を受ける者の範囲を全市民へと事実上拡張していると解することができる。Hourani（1949）、58-60 ; Reeve（1988）、186-91 ; Meyer（2005）、229-30 らに反して、第二・三巻の初等教育に与るのは守護者と補助者だけであるとは考えない。この点について、筆者と同様に解する論者として、Vlastos（1981）、137 ; Brennan（2004）、252-57. 第二・三巻の初等教育の議論に関しては、特に、そこで追放の対象とされる詩の範囲と、第十巻で追放される詩の範囲との間に違いがあるかどうかに関して、論争がなされてきた。論争状況の有益なまとめとして、小池（2005）、n. 3, 164-65 参照。両箇所で追放される詩の範囲には違いはないとする解釈が近年では優勢である。そのような解釈として、Belfiore（1984）、126-27 ; Ferrari（1990）、92-93 ; Burnyeat（1999）、289-92 ; 関村（1997）、126-50 ; 小池（2005）、140-56. 両箇所で違いがあるとする比較的最近の解釈として、Murray（1997）、186-87.

25 説得のために物語が有効である点について『法律』903a–905d も参照。
26 Rowett（2016）, 82–83.
27 Rowett（2016）, 82–83.
28 もちろん、理由を明示しない以上、この点に関して Rowett の解釈を優先すべき必要はそもそもない、と断ずるのも一つの可能な応答である。だが、筆者は以下で、まさに「好意の原則」に訴えてできるだけよい立場を Rowett に帰し、その上で、彼女の解釈はやはり受け入れがたいことを示したい。
29 414e6 でグラウコンが驚きを見せているのも同様に、ソクラテスの話のポイントを理解し損なっているからであると解する。*Pace* Smith（2019）, n. 45, 54.
30 比較的新しい翻訳ながら、Rowe（2012）は "σχεδὸν...τι" を事実上無視して "I see what you're saying" と訳す。"σχεδὸν...τι" のニュアンスを何らかの形で反映させている翻訳として、Schleiermacher（1828）; Cornford（1941）; Baccou（1963）; Bloom（1968）; Lee（1987）; Grube and Reeve（1992）; Griffth（2000）; Vegetti（2006）など参照。
31 Cross and Woozley（1996）, 323–24 は統治者が「高貴な嘘」を信じるのは欺きによってであると解するが、第三巻での統治者の扱いが、第七巻の「洞窟の比喩」まで議論が進むと、実質的に変化する可能性を指摘する。洞窟に帰還した（元）囚人の魂にどのようなことが生じると考えられるかに関する議論として、Nightingale（2004）, 131–37 参照。この点についてのフェミニズムの立場からのユニークな議論として、Krumnow（2009）による Irigaray（1985）の解説論文も参照。
32 それならば、どうしてそもそもこの疑似問題を、ソクラテスとグラウコンの対話においてプラトンは話題に上らせたのだ、と思われるかもしれない。筆者はこれを、注意深い読者に向けられたプラトンによる促しであると解する。ソクラテスとグラウコンで「高貴な嘘」の理解が食い違っている可能性に気付かせることによって、プラトンは読者自身がこの箇所をどのように理解するかを試している（このような読者への「試し」が『国家』の他の諸箇所にも見られる点については、第六章でも議論する）。この点について、Charalabopoulos（2013）, 323–24 も参照。筆者が議論した箇所の直後、415d4 でソクラテスは突然 "ἡ φήμη（通常「民の声」などと訳される）" に言及するが、Charalabopoulos はここに著者プラトンからのメッセージを読み込む。
33 Ferrari（2013）, 139–40 ［邦訳：111–13］.
34 そもそもソクラテスは当初、カッリポリスの統治者が哲学者であることさえ明かすつもりはなかった。にもかかわらず、後の第六巻「線分の比喩」ではじめて出てくるような哲学的問答法の構想（幾何学とは異なり、感覚的事物を補助的に用いることは一切せず、イデアそのものを通じて「仮設されたのでない原理」に赴くとされる）を、第三巻「高貴な嘘」の箇所ですでに明瞭な形で心に抱いており、そのような哲学的問答法に通じた者の認識状態についても考えを巡らせていたと解するのは、(不可能ではないものの)やや強引であると思われる。

第四章　第六巻 505e1-2 における〈善〉の描写
　　　──「すべての魂が追い求め、そのために何でも行う」

第一節　問題提起

　筆者のこれまでの議論によれば、プラトンにとって、知識をはじめとした認識状態は、ある命題を知ったり信じたりすることには還元できない。哲学者がもつとされる知識も、非哲学者がもつとされる思いなしも、その意味で非命題的な認識状態である。第六巻 505a2 で統治者たるべき者が「学ぶべき最大の事柄（μέγιστον μάθημα）」とされる「〈善〉のイデア」に関する認識状態についても同様である、と筆者は主張したい。〈善〉のイデアに関しては、「太陽」「線分」「洞窟」の三つの比喩が最重要の箇所であり、これらについては第五章から第七章で詳しく議論する。本章では、これら一連の比喩の導入部にあたる第六巻 505e1-2 に注目し、ソクラテスがここで〈善〉に対して与える描写について考察する。この考察によって、『国家』の魂論のある側面に光を投げかけるとともに、ここでも、〈善〉に関するある非命題的な認識状態が問題になっていることを確認したい。

　『国家』第六巻 505a2 で「学ぶべき最大の事柄」が〈善〉のイデアに他ならないと述べたあと、ソクラテスは〈善〉について語る。ソクラテスは続く 507a7-509b9 の「太陽の比喩」で〈善〉を太陽になぞらえるが、その前置きとして、〈善〉を以下のように特徴づける。

　　「すべての魂がそれ[〈善〉]を追い求め、そのために何でも行う（ὃ δὴ διώκει μὲν ἅπασα ψυχὴ καὶ τούτου ἕνεκα πάντα πράττει, 505e1-2）。魂は、それ[〈善〉]が何かであると予感しながらも（ἀπομαντευομένη τι εἶναι, e2）、困惑して（ἀποροῦσα δέ, e2）それが一体何であるか十分に把握することが

できない（καὶ οὐκ ἔχουσα λαβεῖν ἱκανῶς τί ποτ᾽ ἐστὶν, e2-3）…」

　本章の目的は、以上で引用した、しばしば議論の的となる箇所に解釈を与えるとともに、関連するいくつかの問題を考察することである。この作業を行うための出発点として、2013 年に発表された、ファーバーの解釈を検討する[1]。ファーバーは、当該箇所の 505e1-2 でプラトン（あるいは登場人物ソクラテス）は、「主知主義的」モラル・サイコロジーへのコミットメントを事実上表明している、と考える。しかし、結論を先取りして言うなら、筆者はこう考えない。なぜなら、問題の 505e1-2 をファーバーの様に解する必要はなく、むしろ別の仕方で解するほうがよいからだ（後述する）。

　だが、ファーバーは次の一般的主張を行う点では正しい。すなわち、プラトンは『国家』である種の「主知主義的」立場にコミットしている、と主張する点では正しい。筆者の考えでは、そのような立場がアクラシア（ある行為を、それを行ってはいけないと分かっているのに行ってしまうこと）の存在を認めることと整合的である点を示すためには、——ファーバー自身がそうしているように——プラトンに次の見解を帰するだけで、実は十分である。すなわち、ひとの行為におけるあらゆる意図は〈善〉に向けられている。たとえ現に向けられているのでないにしても、少なくとも事実上は向けられている、との見解である。この見解をプラトンに帰することが、第六巻 505e1-2 及び e2-3 を理解するための鍵である。筆者は以上のように論じたい。

第二節　"πάντα πράττει" の二つの可能な訳とファーバーの読み

　本節で筆者は、ファーバーが、505e1-2 の "τούτου ἕνεκα πάντα πράττει"（[〈善〉]のために［すべての魂は］何でも行う）をいかに解しているかを説明する。ファーバーによれば "πάντα πράττει"（筆者が先に掲げた翻訳で「何でも行う」とした箇所）を訳すための二つのやり方がある。

すなわち（一）「（文字通り）すべてのことを行う」の意味で訳すか[2]、あるいは（二）「いかなる苦労も惜しまない」の意味で訳すか[3]、である（第三節も参照）。

"τούτου ἕνεκα πάντα πράττει" の語句全体は、（一）と（二）の読みのそれぞれで、どのようなことを意味するか。まず(一)の読みを見よう。問題の語句は、すべての魂はそれが行う（文字通り）すべてのことを〈善〉のために行う、という意味になる。すなわち、誰もが自分が行うすべてのことを〈善〉のために行う、ということである。この場合ソクラテスは、人の行為に関するある一般的説明を与えていることになる。すでに述べたように、ファーバーはこの路線で問題の語句を理解する。

この説明は、『プロタゴラス』358c6–d2、『ゴルギアス』468b7–8、『メノン』78b1–2 などの初期対話篇でソクラテスによって支持された、主知主義的考えを強く思い起こさせる。すなわち、ひとが悪をなすときはいつも、何が善いかについての無知ゆえにそうするのであり、悪を自らすすんで行う者は誰もいない、との考えである。ではこれは、中期対話篇である『国家』第六巻の当該箇所まで、プラトンが初期対話篇で表明された主知主義を保持し続けてきたことを意味するのか。

それはあり得ないと考える論者もいる。『国家』の先立つ第四巻 439d4–440a8 で、ソクラテスは、魂には三つの部分（ないしは要素）があると語っていた。すなわち、互いに衝突し合う可能性をもつ、理性、気概、欲求の三つである[4]。例えば、欲求は行為者を飲むことへ向けて引っ張るが、理性はそうしないよう行為者を制止する、というように。このような衝突の結果、アクラシア的行為、例えば、飲むのは控えようと考えているのに、欲求に負けて飲んでしまうといったことが、生じることもある。したがって、『国家』第四巻でプラトンは、初期対話篇でとっていた主知主義から離反しているようにも見える[5]。

しかし、ファーバーは次のように考える。すなわち、プラトンが『国家』第六巻に至るまで、そしてさらにその後も、主知主義を——初期対話篇に見出されるのとまったく同一のものでないにしても、少なくとも、

主知主義の基本的洞察と呼び得るものは——保持し続けていたと解することは可能である、と[6]。ファーバーは、この点を示すために、すべての魂が〈善〉のためにすべてのことを行うという問題の論点を、魂の各部分に当てはめて理解する。すなわち、各部分が、何が善いかについての自らの考えに基づいて、すべてのことを行う、というわけだ。理性は、本当に善いものを善いものとみなし、気概は名誉をもたらすものを、欲求は快を与えるものを善いものとみなす。したがって、ファーバーによれば、プラトンは初期、中期、後期を通して、次のような主知主義的な基本的洞察を保持し続けていたことになる。すなわち、すべての魂、あるいは、少なくともその各部分は〈善〉を目指している、との洞察を保持し続けていたことになる。ファーバーは、プラトンのモラル・サイコロジーのこの「ユニタリアン（統一派）的」解釈をサポートするために、『国家』の後の箇所（第九巻589c6）や後期の諸対話篇（『ピレボス』22b6-8,『ティマイオス』86d7-e3,『法律』第五巻731c3-5, 第九巻860d1-2）で、主知主義的見解が表明されている点に訴える[7]。

　次に、問題のフレーズ "τούτου ἕνεκα πάντα πράττει" が、（二）の読みでどのような意味になるのか見よう。すなわち、すべての人間の魂が〈善〉のために「いかなる苦労も惜しまない」とはどのようなことか。ファーバーによれば、これが含意するのは、すべての人間の魂（あるいは、ファーバーのために補えば、人間の魂のうち最善の判断を有する部分、すなわち、理知的部分）は、〈善〉のために「あらゆる手を尽くす」ということである。ファーバーが言うように、もし問題の箇所をこのように読むとするなら、プラトンは初期の主知主義から離れていることになる。また実際、第四巻でプラトンがアクラシア的行為を認めていることが、そうした離反を示している、ということになる。そして、われわれが問題にしている第六巻のこの箇所自体も、そうしたら離反を表明しているもう一つの箇所である、と解されることになるだろう。なぜなら、実際問題として、欲求によって理性が打ち負かされるといった事態は存在するのであり、その意味で、アクラシア的行為は存在する。したがって、も

しすべての人の魂の理知的部分が、それが善いとみなすもののために「（文字通り）あらゆる手を尽くす」のであり、それでも、アクラシアが生じるというのならば、これは、いかなる人の最善の判断であっても衝動によって覆され得る[8]、ということを意味するはずだからである。（二）の読みをとる場合、プラトンはこのような仕方でアクラシアに魂論的説明を与えていることになるだろう。プラトンのモラル・サイコロジーにこのような「発展」を見出す解釈者は少なくない。ヴラストス、デイヴィッドソン、ペナー、ロウ、バーニェトらがその代表である[9]。

第三節 （二）の読みをとることと、プラトンが主知主義の基本的洞察を保持していると主張することは、両立可能である

　筆者は、次の点ではファーバーに同意する。すなわち、『国家』でプラトンは、主知主義の基本的洞察とでも呼び得るものを保持していると考える点で、ファーバーは正しいと考える。ただし、筆者がプラトンの主知主義の基本的洞察と呼ぶものは、ファーバーのそれとは完全には重ならない（後述する）。筆者のこの想定は、前節でファーバーが参照しているのを見た、後期対話篇の諸箇所によって支持される[10]。しかし、筆者は、ファーバーのように、505e1-2 の "πάντα πράττει" を「（文字通り）何でも行う」の意味で（つまり（一）の読みに従って）解するのには反対である。なぜなら、プラトンにおいて、"πάντα πράττειν" や "πάντα ποιεῖν," "πᾶν ποιεῖν" など類似の表現は、「行為者が行うすべてのことを行うこと」ではなく「関連する目的を達成するためにすべてのことを行うこと」（すなわち「苦労を惜しまない」あるいは「努力を尽くす」）を多くの場合、意味するからである（『弁明』39a1、『メノン』89e7、『パイドン』114c3、『国家』488c2, 540d8-9、『ピレボス』58d5 参照）[11]。もちろん『ゴルギアス』468b7-8 のような例外もある。ここでは行為の一般的説明が問題になっている。

さて、ファーバーは、505e1–2 を「いかなる苦労も惜しまない」と訳すことが、あたかも彼の「ユニタリアン的」解釈と両立不可能であるかのように語っている[12]。これはファーバーが、問題の箇所を「いかなる苦労も惜しまない」と訳すことは、紛れもなく次のことを意味すると解しているからと考えられる。すなわち、すべての魂――つまり、すべての人の魂の最善の部分――は、〈善〉のために「（文字通り）あらゆる手を尽くす」ということを。しかし実は、問題の箇所を「いかなる苦労も惜しまない」の路線で訳すことそれ自体に、二通りのやり方があり、ファーバーの訳（以下この読みを（二・A）と呼ぶ）はそのうちの一つに過ぎない。もう一つのやり方は、単に「すべての魂は、懸命に努力する」と解することである。この場合 "πάντα（すべてのこと）" は誇張的に用いられているに過ぎないことになる[13]（この読みを（二・B）と呼ぶ）。505e1–2 の文言を「すべての魂は〈善〉のために懸命に努力する」[14]と解することはたしかに可能であり、そのように解することには一定の説得力がある、と筆者は考える。このように読む場合、問題の 505e1–2 の箇所それ自体は、ソクラテスを反主知主義的モラル・サイコロジーにコミットさせるものでもなければ、主知主義的モラル・サイコロジーにコミットさせるものでもない。以上を踏まえ、筆者がこの箇所を結局どう読むかを、次節で詳しく論じる。

第四節　アクラシアを認めることと主知主義的洞察とはいかに両立し得るか

　すでに見た通り、ファーバーは（かなり慎重な言い回しでではあるが）[15]次のような示唆を行っていた。すなわち、『国家』第四巻でプラトンがアクラシア的行為を認めていることと主知主義の基本的洞察とが両立可能であることを示すために、505e1–2 での魂全体についてのソクラテスの言明――ここでファーバーは主知主義へのコミットメントがなされていると解する――を、魂の各部分にも当てはめて解することができ

る、と。しかし、問題のソクラテスの言明を、このように拡大解釈して魂の各部分に当てはめることには、やや無理があると筆者は考える。なぜなら、一般に、魂全体について何が言い得るかということと、魂の各部分について何が言い得るかということは、区別されるべきだからである[16]。また、ソクラテスは『国家』中心巻では、魂の三部分説を用いた説明を意図的に避けていると考えられるからである[17]。

　しかし、ファーバーのようなリスキーな解釈路線をあえてとる必要はない。実は、主知主義の基本的洞察と、アクラシアの存在を認めることとが両立可能であるのを示すには、ファーバーの論点のうち次の一つに訴えるだけで十分なのである。ファーバーは 505e1-2 が以下のことを含意すると解する。すなわち、すべての魂はそれが行うすべてのことを、「現に（actually）」ではないにせよ、少なくとも「事実上は（virtually）」〈善〉のために行っている、ということを含意すると読むのだ[18]。言い換えるなら、われわれは〈善〉についていつも明示的な仕方で思考し、それを意識して行為しているわけではないが、われわれのあらゆる意図は、〈善〉に対するわれわれの関心によって事実上統制されている。そしてこの関心は、われわれの魂の少なくとも深層では常に働いている、ということである。

　ファーバーはこの考えを説明するために、トマス・アクィナスの次の論点に言及する。すなわち、「究極目標に関するわれわれの第一の意図の力は、ありとあらゆる欲求の内に——たとえ究極目標について現に考えていないときであっても——存している」[19]との論点である。このような、〈善〉に対するわれわれの関心が常に少なくとも事実上働いているというアイデアを例証するために、ファーバーは、第七巻 518c4-519b5 に言及することもできたはずである。ここでソクラテスは言う。すべての人間の魂は、真実在を見るための能力（δύναμις）を生まれながらに有しているが、この能力は、魂がどの方向を向いているかによって、現に働いていることも働いていないこともあり得る[20]、と。もちろん、第七巻のこの箇所で明示的に話題になっているのは、ものを知る魂の働

きであり、行為や意志ではない。他方、第六巻505e1-2で主として話題になっているのは、ひとの行為や意志（ものを知る働きも含意されている可能性はある）であるため、文脈の違いはある。しかし、ファーバーの読みによれば、両箇所とも魂の深層に関わっている点では同じである。

すでに見たように、筆者は、505e1-2の"πάντα πράττει"のファーバーの解釈（（一）の読みによるもの）には反対するが、次の点ではファーバーに従う。すなわち、主知主義の基本的洞察と呼び得るものを、この505e1-2の箇所に見出す、という点では同意する。この点は以下で再び論じるが、差し当たり、ファーバーに賛成して筆者も、その基本的洞察と呼び得るものを『国家』のプラトンに帰する旨を確認しておく。ファーバーと筆者がプラトンに帰するような考え——〈善〉に対するわれわれの関心は、常に、少なくとも事実上働いている——に通じる考えをプラトンが保持していることの典拠として、筆者は、先に紹介した第七巻518c4-519b5を挙げる。この種の考えも、主知主義的モラル・サイコロジーの基本的洞察と呼ばれ得るだろう（もう一つそのように呼ばれ得るのは、すべての人間の魂、あるいは少なくともその各部分は、〈善〉を目指すとするファーバーの考えであろう）。

以上の議論によって、プラトンにとって、アクラシアを認めることと主知主義的洞察とがいかに両立可能であるかが説明できるようになる。主知主義のこの基本的洞察は〈善〉に対するわれわれの少なくとも事実上の関心に関わっている。この関心は、ひとが現に何らかの行為を行っているかどうかにかかわらず、常に働いている。また、ひとが現に行為を行っている場合も、その行為がアクラシア的であろうがなかろうが、常に働いているものなのである。

第五節　どうして魂は困惑するのか

筆者が前節までで集中的に論じたフレーズ"τούτου ἕνεκα πάντα πράττει (505e1-2)"のあと、"ἀπομαντευομένη τι εἶναι, ἀποροῦσα δὲ καὶ οὐκ ἔχουσα λαβεῖν ἱκανῶς τί ποτ᾽ ἐστὶν"（「魂は、それ［〈善〉］が何かであると予感しながら、困惑してそれが一体何であるか十分に把握することができず」e2-3）とソクラテスの台詞は続く。本節で筆者は、この部分に解釈を与える。その際筆者は、前節までで行った示唆——プラトンにとって、われわれの魂の少なくとも深層には、〈善〉を目指して常に働いている関心がある——に訴える。このようにして、第四節までの議論と本節の議論は関連付けられる。筆者の解釈によれば、同種の洞察が505e1-2とe2-3の両箇所の背後にはあるのだ。

　ソクラテスが、すべての人間の魂は「〈善〉が何かであると予感する」と言うとき、彼が言わんとしているのは、誰もが〈善〉についてある不明瞭な理解ないしは予感をもっている、ということだ。前節で見たように、ソクラテスは後に第七巻518c4-519b5で、すべての人間の魂は、真実在を見るための能力を生まれながらにもっている、と言う。真実在の全体（そこには〈善〉も含まれる）に関するある潜在的な知が、すべての人に〈善〉についての不明瞭な理解をもたらす、とソクラテスは（そしてプラトンも）考えている。

　ソクラテスが続けて505e2-3で、すべての人間の魂は「困惑して〈善〉が一体何であるか十分に把握することができない」と言うとき、彼が念頭に置いているのは、ひとが〈善〉についての自らの不明瞭な理解を言葉で表わそうとするとき、あるいは、そうするよう強いられるときに起こることであると思われる[21]。"ἀποροῦσα（困惑して）"という語は、ソクラテスの論駁問答（エレンコス）を受けた者が陥る、特徴的な状態を思い起こさせる[22]。われわれはすでに〈善〉をある仕方で把握しているが、この把握は「弱い」ものであり、ソクラテスによる吟味がそれを明らかにする。この把握は、ソクラテスに強いられることによって、はじめて（そして、多くの場合、不十分な仕方で）言語化されるようなものである。したがってそれ自体としては、命題の形で分節化されていない、非命題的な把握であるのは言うまでもない。

　われわれが〈善〉の認識に関してこのような中間的な状態にあること

によって、魂がどうして「困惑する」かが説明される。仮に〈善〉について何も予感していないのだとしたら、あるいは〈善〉について明瞭な理解をすでにもっているのだとしたら、われわれの魂は困惑することはないだろう。われわれが困惑するということが、〈善〉に関する何らかの把握がわれわれの内に存していることの認識根拠（*ratio cognoscendi*）なのである。

　〈善〉に対する少なくとも事実上の関心という考えが 505e2-3 の背後にあるとする筆者の解釈が正しいならば、これによって、それと同じような考えが 505e1-2 で（すでに）打ち出されているとするファーバーの見解にも、一定の支持が与えられるはずである。筆者がファーバーの見解を支持するのは、このような解釈の筋道を通ってのことであり、"πάντα πράττει" に関する、解釈上のリスクが高い彼の読みをとることによってではない。

第六節　結びに代えて

　本章を閉じるにあたって筆者は、関連する一つの問題に触れる。筆者が本章で冒頭部分を議論した、ソクラテスによる〈善〉の描写は、「［魂は］他の事柄の場合のように、動かぬ信念（πίστις）をもつこともできない（505e3-5）」と続く。多くの解釈者同様、筆者は「他の事柄」が指すのは〈正義〉や〈美〉などのことであると解する。したがって、ここでソクラテスは、〈善〉に関するわれわれの信念は〈正義〉や〈美〉に関する信念より不安定だ、と言っていることになる。〈善〉の場合と〈正義〉や〈美〉の場合とで、どうしてこのような違いが生じるのか。

　筆者は次のように解する。〈正義〉や〈美〉の場合、われわれは社会で正しいとか美しいと一般に認められているものにとかく満足しがちである。〈正義〉に対するわれわれの関心は、その多くが、罰せられることへの恐怖、あるいは、他人の悪行によって社会秩序が乱されることへの恐怖によって形作られている。〈正義〉に関してわれわれがもつ慣習

的理解さえあれば、こうした関心はほとんどの場合満たされる。同様に、〈美〉に対するわれわれの関心は、美しいものを見て楽しみたいという欲求、あるいは、他人に対して自分を美しく見せたいという欲求に多くの場合由来する。いずれの場合であっても、通常問題になるのは、社会で共有されている美の感覚である[23]。

では、〈善〉についてはどうか。たしかに、われわれのそれぞれにとって何が善いのかについての信念、あるいはわれわれの幸福についての信念もまた、その大部分が、社会が何を幸福とみなすかによって形作られている。第六巻492b1-4でソクラテスは、大衆が自分たちの思い通りの人間に仕上げるべく、あらゆる人びとを教育していく様を叙述する。これは、〈善〉に関するわれわれの信念もまた、相当程度、社会によって作り上げられていることを示唆する[24]。しかし、〈正義〉や〈美〉に関する信念と比べると、〈善〉に関するわれわれの信念は、それが揺らぐ可能性をより多くもつと考えられる。なぜなら、われわれの関心は、本当に幸福になることである。その限りにおいて、単に社会において幸福とみなされているものと、自身の抱く幸福の像とが重ならなくなることも、当然起こり得ると考えられるからである。

本章での筆者の議論を要約する。ファーバーは、第六巻505e1-2の"τούτου ἕνεκα πάντα πράττει"を「すべての魂——あるいは、少なくともその各部分——は、それが行う文字通りすべてのことを〈善〉のために行う」と解し、したがって、ここでプラトンは主知主義的モラル・サイコロジーにコミットしていると解する。これに対して筆者は、このフレーズを「すべての魂は〈善〉のために懸命に努力する」の意味で解し、したがって、この箇所でプラトンは、主知主義的モラル・サイコロジーにコミットしてはいないと解する。しかし、誰もが事実上、〈善〉のためにすべてのことを行っている、との考えをプラトンに帰する点では、ファーバーは正しい。この意味での主知主義——いわば、主知主義の基本的洞察——は、第四巻でプラトンがアクラシア的行為を認めているこ

ととと両立可能である。そしてこの洞察こそが、505e1-2 と e2-3 の両箇所を理解するための鍵なのである。

注
1 Ferber (2013).
2 Shorey (1937); Cornford (1941); Griffith (2000); Waterfield (2008) 参照。
3 Apelt (1923); Wiegand (1940); Gabrieli (1981). Irwin (1977), 336; Burnyeat (2006), 14 も参照。
4 『国家』における魂の三部分説については、補論も参照。
5 他方、Anagnostopoulos (2006), 180-83 は初期から中期にかけてのモラル・サイコロジーの変化を次ようにまとめる。すなわち、(初期対話篇に描かれる) ソクラテスは、ひとは善いものしか欲し得ないと考えるが、これに対して『国家』などのプラトンは、ひとは善いと (誤って) 思い込んでいるものを求めることがあり得ると考える、と。
6 Ferber (2013), 236.
7 Ferber (2013), 236.
8 Ferber はこう考える。しかし、有徳なひとの最善の判断は、衝動によって覆され得ないとも考えられる。
9 Vlastos (1991), 45-80; Davidson (2005), 225-26; Penner and Rowe (2005), 222; Burnyeat (2006), 18-19 参照。
10 さらに『法律』第九巻 860d5-e4 を加えることもできる。
11 この用法について、Irwin (1977), 336 参照。
12 Ferber (2013), 234-35.
13 「何でも欲しいものを買ってあげるから」と親が子に言うときの「何でも」のように。
14 Gabrieli (1981) 参照。
15 Ferber (2013), 236 は言う。「われわれは次のように言うことができるかもしれない。それぞれの魂だけでなく、魂の三部分のそれぞれも、善のためにあらゆることを行うのだ、と。」(引用者強調)
16 Stalley (2007), 63-64 は、Bobonich (1994) その他の論者が、魂のそれぞれの部分を「行為者のように (agent-like)」、すなわち、それ自身の欲求と (信念やある種の推論形成のような) 認識能力をもつと解してきた点を問題視する。Bobonich 自身が認めているように、このような考えをとる場合、アクラシアをどう説明するかに関する深刻な問題が生まれてしまう。もし魂のそれぞれの部分が、それ自身の欲求と信念をもつならば、それぞれの部分の内部でアクラシアが再び起こり得ることになるだろう。Stalley は、善についての信念をもつことができるのは、欲求でも、気概でもなく、理性のみであると解することで、

第四章　第六巻 505e1-2 における〈善〉の描写

　　この問題を回避する。
17　中畑（1992）、48-51 参照。理知的部分が、中心巻で話題になる知性（νοῦς）と強い関連があるとは言えるかもしれないが、他の二部分については、少なくとも明らかでない。
18　Ferber（2013）, 239-40.
19　"...virtus primae intentionis, quae est respectu ultimi finis, manet in quolibet appetitu cujuscumque rei, etiam si de ultimo fine actu non cogitetu..." *ST*, 1a2ae, q. 1, art. 6.
20　Harte（2008）は、同様の考えを（彼女の解釈のもとでの）次の事実の内に見出す。すなわち、洞窟の比喩（第七巻 514a1-517a7）において、影しか見たことがないにもかかわらず、囚人は自らが発する言葉によって、洞窟外の実物を指示することに成功しているはずである。Harte は、この謎めいた状況を説明するためには、囚人は、洞窟外の実物についてのある暗黙の認知的把握をはじめからもっていると想定しなければならない、と考える。Harte 自身が指摘するように、この考えは想起説に通じるものがあろう（『メノン』81c5-e2、『パイドン』72e1-73b2、『パイドロス』249b5-250c4 参照）。
21　Ferber（2013）, 236-37 は、〈善〉についてのソクラテスの認識状態は、「思いなし」と「知識」の間に位置づけられると論じる。同様の解釈として、Smith（2019）, 84-87 ; Moss（2021）, 187.「思いなし」の一種とする解釈として、Gonzalez（1996）, n. 50, 273 参照。
22　ソクラテスが引き起こす困惑の描写として、特に『ラケス』200e1-201b5、『ゴルギアス』522b2-c3、『メノン』79a3-80d4、『テアイテトス』149a6-10, 150b6-151d6 など参照。第七章第二節も参照。
23　もちろん、プラトンにとって、美しいものに関する社会通念を越えたところに成立する〈美〉もまた存在するだろう。そのような〈美〉のあり方については『饗宴』を参照せよとの暗黙の促しを、この箇所から読み取ることも可能である。
24　493a6-c8 参照。この点に関して、第七章第二節も参照。

補論　第四巻の魂の三部分説と第九巻の魂の三部分説はいかなる関係にあるか

　前章で筆者は、ソクラテスが第六巻505e1-2で〈善〉に対して与える描写を検討する際、『国家』の魂の三部分説に関するある問題に触れた。これと関連して、補論である本章では、次の問題に取り組みたい。すなわち、ソクラテスは第四巻434e4-444e5、第九巻580c10-588a10のそれぞれで、魂の三部分説に言及するが、これら二つの箇所の関係をいかに解するべきか、という問題だ。この問題はそれ自体が巨大な解釈論争を巻き込むものであり、十分に論じるためにはゆうに一冊の著書を要する。したがって、本章で筆者が与える解釈は、あくまでスケッチに留まる。『国家』の魂論に関してある問題提起ができれば、本章での目標は果たされる。

　さて、第四巻の箇所で言及される魂の三部分とは、（一）理知的部分（λογιστικόν, 439b5）、（二）気概的部分（θυμός, 439e2, θυμοειδές, 440e1-2）、（三）欲求的部分（ἐπιθυμητικόν, 439d8）である。これに対して、第九巻でソクラテスは、魂の内の（a）知を愛する部分（φιλόσοφον, 581b10）、(b) 名誉を愛する部分（φιλότιμον, 581b3）、（c）金銭を愛する部分（φιλοχρήματον, 581a6）について語る。その際のソクラテスの語り口は、第四巻の三部分と基本的には同じ三部分について、彼が議論していることを示唆する（580d6-581b12）。しかし実は、第四巻と第九巻の三部分説が一体どのように関係しているかは明らかではない。

第一節　第四巻の魂の三部分説

　まず、第四巻の三部分説を見てみよう。第四巻435b9-441c7でソクラテスは、魂には、理知的部分、気概的部分、欲求的部分[1]の三つがあることを示す。そのために、これら三つのうちのいずれの二つについても、

互いに争い合うことが時折見られる、という事態に訴える。第四巻でソクラテスが区別する、魂のこれら三部分はどのようなものか。二つの異なる解釈を比較しよう。

　一方の解釈によれば[2]、理知的部分とは、それによってひとが思考する部分、気概的部分とは、それによってひとが気概に駆られる部分、欲求的部分とは、それによってひとが欲求する部分である（以下、これを（A）解釈と呼ぶ）。他方の解釈によれば[3]、理知的部分とは、ひとがそれによって善いものについて思考する部分、気概的部分とは、ひとがそれによって自尊心を満たすために気概に駆られる部分、欲求的部分とは、ひとがそれによって身体的快楽を欲求する部分である（これを（B）解釈と呼ぶ）。

　（A）解釈では、三部分は、魂のもつ異なる機能によって区別される。すなわち、（一）思考すること、（二）気概に駆られること、（三）欲求することという、三種類の心的機能によって区別がなされる。したがって、ひとが思考する場合はいつも、その内容のいかんにかかわらず、それは理知的部分の機能の現れであることになる。同じように、ひとが気概に駆られる場合はいつも、気概が向けられている対象が何であれ、それは気概的部分の機能の現れとなる。同じく、ひとが欲求する場合はいつでも、欲求の対象が何であるかにかかわらず、それは欲求的部分の機能の現れとなる。これに対して（B）解釈では、三つの部分は、魂の機能の種類によってだけはなく、関心を向ける対象の種類によっても特定される。すなわち、（一）善いもの、（二）自尊心、（三）身体的快楽の三つによっても、特定されるのである。

　以上で紹介した二つの解釈の違いを際立たせる一つのやり方は、哲学に関する欲求がどう扱われることになるかを見てみることだ。（A）解釈では、哲学に関する欲求も、それが欲求である以上、他の欲求と同じく、欲求的部分の機能の現れであり得ることになる。しかし（B）解釈では、これは明確に否定される。

　（A）解釈は、理知的部分が単に「それによって魂が思考するもの（τὸ...

補論　第四巻の魂の三部分説と第九巻の魂の三部分説はいかなる関係にあるか

ᾧ λογίζεται, 439d5-6)」として、気概的部分が「それによってわれわれが気概に駆られるもの（τὸ...ᾧ θυμούμεθα, 439e2)」と語られていることによって、支持される。

他方（B）解釈は、439d6-7 で欲求的部分が「それによって魂が愛欲、飢え、乾きを覚え、その他もろもろの欲求を感じて興奮するもの（τὸ... ᾧ ἐρᾷ τε καὶ πεινῇ καὶ διψῇ καὶ περὶ τὰς ἄλλας ἐπιθυμίας ἐπτόηται)」と描写されているによって支持されるように見える。

しかし、欲求的部分がこのように描写されていることは、（A）解釈でも説明できよう。すでに見たように、435b9-441c7 でソクラテスは、魂には三つの部分があることを、これら三つのうちのいずれの二つに関しても、互いに衝突し合うことが時折見られる、という点を示すことによって確認する。欲求的部分についての先程引用した描写が出てくるのは、ソクラテスが理知的部分と欲求的部分の衝突について語る文脈においてなのだ。ここでソクラテスは、これら二つの部分を描写するにあたって、次のいずれの方法をとることもできたはずだ。すなわち、理知的部分と欲求的部分が衝突する際のある典型的な文脈に着目することもできたし、これら二つの部分の機能の現れが多様であり得る点をより尊重するようなやり方で[4]衝突を描くこともできたはずだ。このうち、ソクラテスが実際にとったのは、前者の方法である。つまり、第四巻で欲求的部分を描写する際、ソクラテスは、理性と身体的欲求の間の争いという、二部分間の衝突の典型的な文脈に着目し、両部分を特徴づけているに過ぎないと考えられる。言い換えるなら、欲求的部分の機能のすべての現れが、この文脈で与えられた描写で尽くされるわけではないのである[5]。

筆者は（A）解釈を支持する。第一に、この解釈をとった場合の方が、ソクラテスが魂を部分に分ける際にどのような原理を用いているかが明確になる。第二に、（A）解釈は、第四巻の三部分説の箇所の冒頭部 436a9 に説得力のある読みをもたらすことができる点でも、より望ましい。この箇所でソクラテスは、理知的部分を「それによってわれわれが学習する部分」と呼ぶ。もし（B）解釈をとるなら、ソクラテスは理知的部

分は「善を達成するために、それによってわれわれが学習する部分」である、とすでにこの段階でみなしていることになる。しかし、これはやや強引な読みであるように思われる。理知的部分が、何が善いかについて思考した結果、ある行為を禁止したり命じたりする云々の話が出てくるのは、魂の諸部分間の衝突の文脈においてだが、理知的部分を「それによってわれわれが学習する部分」と語る 436a9 の段階でソクラテスは、魂の諸部分間の衝突の話をまだ一切していないからである。つまり（B）解釈をとる場合、ソクラテスは 436a9 で、よくない議論をしていることになってしまう。これに対して（A）解釈なら、ここでソクラテスが学習に言及している理由をより自然に説明できよう。すなわち、学習に言及したのは、それが計算や推論と並び、理知的部分の機能の典型的な現れであるからだ、と解することができるのだ。

　第四巻の三部分説についての筆者の解釈によれば、理知的部分とは、魂がそれによって思考する部分のことである。しかしこれは、この部分が狭義の思考の他は何ら機能を持ち合わせていない、ということを意味しない。理知的部分は、一つには、ひとが何を行ったらよいか（あるいは悪いか）についての思考の結果として、一連の行為を命じたり禁じたりする（439c6–d1, 440b5, 441b7–c2）。同じように、気概的部分は、気概に駆られて何かをしようとする際、あるいは差し控えようとする際、ひとを一定の方向に動機づけることができる[6]。われわれは「x をするよう動機づけられる」を「x をしたいという欲求をもつ」と言い換えることもできる。しかしその場合、このより一般的な意味での「欲求」と、欲求的部分のみが惹起する、狭い意味での欲求とを区別する必要があろう。筆者はこの区別について次のように提案したい。すなわち、狭い意味で何かを欲求するとは、それが快をもたらすという理由で、それを獲得しようと動機づけられることである、と。もしひとが哲学しようと思う理由が、哲学が（例えば、パズル解きのような）快を与えるからなのだとすると、そのひとは、この狭い意味での（すなわち、欲求的部分に由来する）欲求をもっていることになる。ここで哲学は、快を獲得する

ための手段と化している。他方で、ひとが知の獲得それ自体のために哲学をしようと思う場合、この「欲求」は、筆者の解釈では、欲求的部分の働きによるものではなく、理知的部分の働きによるものである。

　以上見たように、筆者は、少なくとも若干の動機づけの働きを、欲求的部分のみならず他の二つの部分にも帰するが、同様に、少なくとも若干の識別能力を、理知的部分のみならず他の二つの部分にも帰する。気概的部分が何かに対して憤慨するとき、この怒りは単なる盲目的な興奮ではなく、特定の対象に向けられている。したがって、気概的部分は、このような対象をある仕方で「特定」できるに違いない。同様に、欲求的部分の欲求も単なる盲目的衝動ではなく、特定の対象に向けられている。したがって、欲求的部分も、その対象を「特定」できるに違いない[7]。しかし、これら二つの部分が自らの対象を特定する働きは、判断と呼び得るほどには認識的に発達していない。判断はやはり理知的部分に固有の働きである、と筆者は考える[8][9]。

　事態を複雑にするこれらの要素があることは、筆者の次の主張と矛盾しない。すなわち、第四巻で言及される魂の三部分は、主として、魂の三種類の機能によって特定されている。すなわち、（一）思考すること、（二）気概に駆られること、（三）（狭い意味で）欲求すること、によって特定されているのである。

第二節　第九巻の魂の三部分説

　前節で議論した第四巻の三部分説は、第九巻の三部分説といかなる関係にあるのか。

　まず、第九巻の三部分説をそれ自体として見てみよう。第九巻580c10–588a10でソクラテスは、様々な種類の欲求と快楽について議論するために、再び魂の三部分説に訴える。ここでソクラテスは、理知的部分は知へ、気概的部分は名誉へ、欲求的部分は金銭ないしは利得へと駆り立てられると言う。ここで問題になっているのは、三種類の人びとの比較

である、と言うこともできる。すなわち、知を愛する者（哲学者）、名誉を愛する者、利得を愛する者の三種類である。彼らは、それぞれの主な関心によって特徴づけられる。知を愛する者は知の追求によって、名誉を愛する者は名誉の追求によって、利得を愛する者は金銭で買うことができる身体的快楽の追求によって特徴づけられる。ソクラテスは魂の三部分説を用いて、これら三種類の人びとの魂の状態について語る。(a) 知を愛する部分が、知を愛する者の魂を支配している、(b) 名誉を愛する部分が、名誉を愛する者の魂を支配している、(c) 利得を愛する部分が、利得を愛する者の魂を支配している、というように。

ソクラテスの語り口は、ここで問題になっているのは、第四巻の三部分説と少なくとも基本的には同じ三部分説であることを強く示唆する。しかし、第四巻と第九巻の魂論にはある違いがある。これは、第四巻の三部分説に関して（A）解釈をとろうが（B）解釈をとろうが、いずれにせよ生じてくる違いである。一つには、知——第九巻では、魂の中で最善の部分が追求する対象として特定されるもの——は、第四巻では（少なくとも明示的には）言及されない。この点は、第四巻の理知的部分を「それによって魂が思考する部分」と解する場合であっても、「それによって魂が善いものについて思考する部分」と解する場合であっても、変わらない[10]。では、第四巻の三部分説と第九巻の三部分説の関係を、一体どのように理解するべきか。

筆者は、これら二つの箇所での三部分説の間には、以下のような幾分「緩い」繋がりがある、と提案したい。すなわち、知を愛する者の魂が、（一）それによって魂が思考する部分によって「支配」されていると言われるのは、この人は、知の追求のために、大いに思考するのが必然だからだ。同じように、名誉を愛する者の魂が、（二）それによって魂が気概に駆られる部分によって「支配」されていると言われるのは、この人は、名誉の追求のために、大いに気概に駆られるのが必然だからだ。また、利得を愛する者の魂が、（三）それによって魂が（狭い意味で）欲求する部分によって支配されていると言われるのは、身体的快楽の

補論　第四巻の魂の三部分説と第九巻の魂の三部分説はいかなる関係にあるか

――また、それゆえ金銭の――追求のために、多くの快楽に対して強い欲求を抱くのが必然だからである、と[11]。

　筆者が、両箇所での三部分説のこの結びつきが「緩い」ものであると考えるのは、例えば、たくさん思考する人間は必ず、知を愛する者であると言うのは正しくないからだ。名誉を愛する者や金銭を愛する者も、名誉や金銭の追求に際してたくさん思考を働かせ得るだろう。また、魂を支配しているのは欲求的部分であるが、金銭や利得を愛する者とは呼びがたい者も存在するだろう。例えば、第五巻で登場した見物好きの者である[12]。彼らの絶えざる関心は、快をもたらしてくれる演劇の上演をできるだけたくさん見ることにある。その限りで、彼らの魂は欲求的部分によって支配されていると言えよう。しかし、彼らが金銭を絶えず追い求めていると言うのは、少なくとも不正確だろう。彼らは金銭を、お気に入りの活動である観劇を続けるための単なる一手段とみなしているはずだからである。これはちょうど、哲学者にとって金銭が、哲学を続けるための単なる手段とであるのと同じである。実際、第五巻475e2で見物好きの者は、哲学者に似ている者と言われるのである。

　したがって、ある解釈者のように[13]、第九巻の三部分説の箇所を、第四巻の三部分説に関する（B）解釈を擁護するための典拠として扱うのは適切ではない、と筆者は考える。『国家』においてソクラテスは、概して、魂を分割するためのある単一の方法に固執してはいない。むしろソクラテスは、自身の議論の当座の目的を達成するために、関連するがそれぞれ異なる原理を用いながら、柔軟な仕方で魂の分割を行っている、と考えられるのである。

　このように言うと、『国家』のソクラテスは、魂について、きちんと統合された単一の説明を与えるのに失敗していることになるではないか、との疑義が呈されるかもしれない。しかし、435c8-d4でソクラテス自身が、魂に関する自らの説明に正確さが幾分欠けていることを、グラウコンに対して（そして、そのようにソクラテスに言わせることで、著者プラトンは読者に対して）示唆している。魂に関する事柄を十分な

111

仕方で考察するためには、「別の、より長い道」を進まなければならない、とソクラテス自身が告げているのである[14]。

第三節　浄化された魂

　最後に、第十巻611a10-612a6の魂論を考察したい。本章のこれまでの議論が、この箇所で与えられる魂の描写を理解するために役立つからだ。ここでソクラテスは次のようなことを言う。すなわち、われわれが観察してきた魂は、肉体との結びつきやその他の様々な禍のために損なわれ、また、雑多な付着物がその一部となってしまっているため、その本来の姿が見極めがたい、海神グラウコスに比すべき状態にある。われわれが魂の真の姿——その姿が単一なのか複数の部分をもつものなのか——を見てとることができるのは、それが、真剣な熱意をもって哲学へと赴き、身体的快楽や禍から浄められたときの姿を見ることによってのみである、と（612a3-4）。

　筆者の理解では、プラトンはここで、純粋な状態における魂が、単一なのか複数の部分をもつのかという問題を未決のままに留めている[15]。また、ここで言及されている魂の浄化の過程は、現世で哲学をする際にすでに始まってはいるが、それが完成するためには、人間としての死を迎え、魂が肉体を離れなければならないとされている、と解する[16]。

　プラトンは、先に述べた二つの可能性——純粋な状態における魂は単一である可能性と、それが複数の部分をもっている可能性——として、いかなる事態を念頭に置いているのか。筆者の考えでは、プラトンは、純粋な状態における魂は、いずれにせよ、欲求的部分を失うことになるとみなしている。つまり、哲学に専心してきた者の魂が肉体から離れたときには、もはや何も快楽目当てに欲することはなくなる。もしその状態の魂が何かを欲するとしたら、その何かが、自らの哲学の営みを促進させてくれる場合だろう。

　しかし、気概的部分がどうなるかについて、事情はやや複雑である。

筆者は次のように解する。気概的部分は、肉体を離れた哲学者の魂にもなお残っている可能性もあれば、そうでない可能性もある[17]、と当該箇所でプラトンは考えている。もし、哲学者の魂が、肉体を離れてもなお気概に駆られ得る——例えば、哲学への気概に駆られ得る（534b8-c8）[18]——なら、そして、魂が気概に駆られ得るという事実そのものが、気概的部分がそれとしてあることを保証するなら、気概的部分は、純粋な状態の魂にもなお残っていることになるだろう。しかし、肉体を離れた哲学者の魂では、思考の働きと気概の働きとの間に完全な調和が成り立っており、かつ、それら二つの働きの間に衝突が原理的にあり得ないという事実が、魂に別個の部分があると語るいかなる理由も失わせる、という可能性もある。その場合、純粋な状態の魂は単一であり、もはや異なる諸部分をもっていないことになるだろう[19]。

したがって、ソクラテスが『パイドロス』のミュートス（神話）で、ハデスにおける魂を三つの部分をもつものとして語るとき（246a3-250c6）、彼は、現世において成り立っている事態を、ハデスの世界に関する神話的表象に投影して語っている可能性が高い[20]。このミュートスでソクラテスは、ハデスにおける哲学者の魂も、馭者、白い馬、黒い馬が象徴する三部分（すなわち、それぞれ、理知的部分、気概的部分、欲求的部分）を有しているかのごとく語っているからだ。いずれにせよ、筆者の理解では、『国家』の魂の三部分説の主たる目的は、肉体の内にある魂がいかなる状態なのかを説明することにある。

本章での筆者の議論を要約する。筆者は、第四巻で魂の三部分は、主として、魂の三種類の機能によって区別されていると解する。すなわち、魂が（一）それによって思考する部分、（二）それによって気概に駆られる部分、（三）それによって欲求する部分、として区別されている。他方、第九巻の魂の三部分説は、三種類の人びとに関わっている。すなわち、それぞれの主たる関心が（a）知の追求、（b）名誉の追求、（c）身体的快楽の追求であるような三種類の人びとである。両箇所の三部分

説は、一方を他方に還元できるような関係にはなっていない。最後に筆者は、第十巻611a10-612a6の魂論に関して次のように考える。すなわち、ここでソクラテスが魂の純粋な状態について語るとき、いずれにせよ、魂を三つの部分から成るものとはみなしていない、と。

注

1 第十巻602c-607bで話題になる「魂のうち、測定に反した思いなしをもつ部分」に関しては、これを欲求的部分と（大まかに）同じものであると解するべきかを巡って論争がなされてきた。両部分を同一視する解釈として、Moss（2007）, 438-44 ; Barney（2016）, 80 ; Kamtekar（2017）, 141-46 ; 高橋（2010）、233-38 ; 田中（2015）、147-54. Larsen（2017）, 93-99 も参照。両部分を同一視すべきではないとする解釈として、Murphy（1951）, 239-41 ; Kenny（1973）, 22 ; Nehamas（1982）, 65-66 ; Burnyeat（1999）, 222-28.
2 特にSantas（2010）, 81-85 ; Stalley（2007）, 68-80 参照。
3 Gosling（1973）, 52 ; White, N. P.（1979）, 125, 226 ; Kahn（1996）, 276-77 ; Cross and Woozley（1996）, 118 ; Cooper（2001）, 93-95 ; Lorenz（2008）, 260 参照。
4 例えば、翌日の体調に配慮して、もっと研究したいという欲求を抑えて休息をとる、といった事例に訴えることによって。
5 ソクラテスが身体的な種類の快楽にのみ言及しているのは、「それによってわれわれが思考する部分」と「それによってわれわれが欲求する部分」とを区別するという当座の目的を達成するために、単にその方が都合がよいからであるとも考えられる。もしソクラテスがここで、例えば、哲学したいという欲求に言及していたら、議論が必要以上に複雑になる恐れがある。この欲求が、理知的部分に帰せられるべきものなのか、それとも欲求的部分に帰せられるべきものなのかは、明らかでないからである。哲学の営みは理知的活動なのだから、それをしたいと思う欲求もまた理知的部分に帰せられるべきである、と言う余地は十分あるだろう。
6 だからといって、気概的部分は、他の二つの部分の機能にまったく言及することなく、それら二つの部分から概念的に区別可能だ、ということにはならない。Renaut（2013）, 181-88は正しくも、次のように論じる。すなわち、たしかに気概的部分は、理知的部分や欲求的部分とは異なり、行為や感情をもたらす独立の原理ではないかもしれない。しかし、Penner（1971）, 111-13に反して、このことは、気概的部分が、理知的部分と欲求的部分の両方あるいはそのどちらかに還元できる、ということを意味しない。何かに対して憤慨するといった、気概的部分の機能は、ひとがすでにコミットしているある価値の体系──典型的にはポリスのような共同体──の存在を前提にしている。その意味で、魂の三

補論　第四巻の魂の三部分説と第九巻の魂の三部分説はいかなる関係にあるか

部分説を魂の「政治化（politisation）」とは独立の、純粋に魂論的な企てと解することは意味をなさない、と。気概的部分が果たし得る魂の機能に関しては、Ludwig（2007）, 222-30 も参照。

7　そのような「特定」が可能だからといって、知覚の主体が欲求的部分それ自体でなければならない、ということにはならない。同様に、知覚の主体が、理知的部分と気概的部分のいずれかでなければならない、ということにもならない。Larsen, 69-70（2017）に反して、筆者は、魂の三部分説の枠組みを用いて知覚主体を特定しようとする試みには説得力が乏しいと考える。『国家』において、知覚主体は何か強いて答えようとするなら、それは魂全体、ということになるだろう。この点について、プロクロス『プラトン『国家』注解』第七論文 232.15-233.28 の議論が有益である。現代の解釈として、中畑（1992）、48-51 も参照。

8　Pace Annas（1981）, 128-31；Bobonich（1994）, 204；Irwin（1995）, 217-18；Lorenz（2017）, 256. この点について、筆者は Kamtekar（2006）, 187-96；Anagnostopoulos（2006）, 176-77；Stalley（2007）, 73-78；Santas（2010）, 84-87；高橋（2010）、156-168 らに賛成する。

9　事態を複雑にする要素は他にもある。三部分は、それぞれに相応しい仕事を課されもする（441d11-442d10）。相応しさのこの概念は、魂の健全な状態がいかなるものかに関する概念に由来すると考えられる。さらに、三部分は、相互に協調し合うこともそうしないこともあり得る（443c9-444a2, 444b1-8, 444d7-10）。協調のこの概念は、魂の相応しい働き──これは三部分間の適切な相互協力を含む──の概念に由来すると考えられる。

10　Ferrari（2007）, 165-66 参照。ソクラテスは、これら三部分のそれぞれに特定の種類の快楽を割り当てもする。しかし、例えば、われわれが名誉をそれがもたらす快楽ゆえに追い求めるとき、厳密に言って、われわれがそうするのは気概的部分によってである、とソクラテスは本気で言いたいのか、この点は筆者には明らかでない。この文脈でのソクラテスの主たる関心は、三種類の人・び・とを比較することであり、人間の魂一般の構成要素としての三部分を、それ自体として取り出して比較することではない、と考えられるからだ。

11　これら二つの魂論の緩い結びつきは、すでに第四巻 442a4-7 に見られる。ここでソクラテスは、欲求的部分を「その本性によって、飽くことなく金銭を渇望する部分」として描く。このような仕方でソクラテスは、金銭を愛する部分として欲求的部分を特徴づける第九巻の議論を先取りしている、と考えられる。

12　見物好きの者について、第一・二章を参照。

13　Annas（1981）, 131；Bobonich（1994）, n. 3, 230.

14　同様の注意は 504a4-e2 でも繰り返される。Smith（2019）, ch. 2 はここに著者プラトンからのメッセージを読み込む。すなわち、魂の三部分説は国家と魂のアナロジーを前提にしたものだが、このような比喩に依拠した考察はあくまで次善の探究方法であり、最善の探究方法である問答法と同一視してはならない、

との促しである。

15 Pace Adam（1902）, 427；Guthrie（1971）, 233；Sedley（2013）, 88-89. 彼らは、プラトンがここで次のように考えるよう促していると解する。理想的状態における魂は気概的部分も欲求的部分も捨て去り、理知的部分だけになるのだ、と。

16 プラトンが、純粋な状態における魂が単一なのか複合的なのかの問いを未決のままに留めていると解する点で、筆者はLorenz（2008）, 253-54に同意する。しかし、Lorenzは、ここで問題になっている純粋な状態とは、肉体を離れた魂の状態——その魂が哲学者のものか否かを問わない——であると想定している（彼は『ティマイオス』69c-dを参照するが、この箇所でプラトンは、肉体を離れた魂一般について議論しているからである）。しかし、この想定には同意できない。プラトンにとって、肉体から魂が単に離れたという事実は、魂がすぐれた状態にあることを保証しはしないからだ（『パイドン』81b1-82e4, 107c1-108c5、『ゴルギアス』524a8-526d2参照）。Gill（2013）, 113-14も参照。プラトンにおいて、魂が身体を離れたあとも身体的欲求を抱き続ける可能性がある点を、Reed（2021）は、死後の神話において浄化されざる魂が受けるとされる「罰」と関連付けて論じている。

17 この可能性は、第四巻の三部分説について（B）解釈をとり、気概的部分とは、ひとがそれによって自尊心を満たすために気概に駆られる部分であると解した上で、この解釈を第十巻の当該箇所にも読み込んだ場合、そもそも成り立たなくなる。肉体を離れた真正の哲学者の魂が、自尊心を満たすことに拘泥するとは考えられないからだ。

18 この箇所でソクラテスは、問答法の実践との関連で、次のように述べる。すなわち、ひとが何かについて知識を得ようとするなら、あらゆる論駁を「あたかも戦場におけるがごとく（ὥσπερ ἐν μάχῃ）」くぐり抜け、自分の提示する言論を実在を基準に吟味することに「熱心につとめる（προθυμούμενος）」必要がある、と。肉体の死を迎えた途端、哲学の実践は容易になり、こうした熱意や努力はもはや必要なくなると考える理由は乏しいと思われる。

19 Shields（2001）, 149参照。プラトンは、どちらかといえば、この後者の選択肢の方に傾いているのかもしれない。『国家』では、魂を諸部分に分割するための主たる論拠は、相互に衝突する可能性があることだと思われるからだ。すなわち、同じものが、同じ観点に即して、同時に反対のことをすることはできないのだから（第四巻436b9-10、第十巻604b1-2）、内的衝突が魂において生じるとき、そこに複数の部分がなければならない、とされるのだ。しかし、そうだとしても、理想的状態における魂を、概念的に諸「部分」に分割することは可能かもしれない。ちょうど、あるイデアを、それを構成するより小さな種に分割可能なのと同じように（第五章第三節も参照）。純粋状態にある魂の善さを説明するのは、こうした概念的な意味での「諸部分」の統一かもしれない。

20 『パイドロス』270b-271dも参照。ここでも魂の本性が単一なのかどうかが話題になる。

第五章　第六・七巻における「〈善〉のイデア」と「仮設されたのでない原理」

　第一章で筆者は、『国家』第五巻 476d7-480a3 の議論を解釈する際、こう主張した。すなわち、プラトンにとって、知識はイデアとの見知りによってもたらされるが、それはロゴスのやり取り（すなわち、問答法の実践）のただ中で獲得されるものである、と。本章で筆者は、『国家』における問答法の描写を見ていくことで、この主張を肉づけしていく。

　さて、『国家』における問答法は、「〈善〉のイデア」に関する三つの比喩のうち、特に「線分の比喩」の中で叙述される。そのため、問答法の内実に関して議論するためには、これによって目指される〈善〉のイデアに関しても、一定の解釈を示す必要があるだろう。この作業に取り組むにあたって、筆者はまず、〈善〉のイデアに関する、無視されがちなある問題に取り組みたい。それは、『国家』をはじめとする対話篇中には、「〈善〉のイデア」（=「〈善〉（τὸ ἀγαθόν）」、「〈善〉そのもの（αὐτὸ τὸ ἀγαθόν）」）の二つの異なる語り方が見られるが、これら二つの語り方の関係をどのように理解するべきか、という問題である。準備として、ソクラテスが『国家』で〈善〉について語る文脈全体を簡単に確認しておこう。

　第六巻 503e1-505a3 でソクラテスは、彼が描く理想国家（カッリポリス）の統治者となるべき者は、諸徳の、第四巻 442b10-444a9 で与えられた定義を学ぶだけでは不十分であり、「別の、より長いまわり道（ἄλλη μακροτέρα περίοδος, 504b2）」を進まなければならない、それは「学ぶべき最大の事柄」としての「〈善〉のイデア（ἡ τοῦ ἀγαθοῦ ἰδέα, 505a2）」に到達するためだ、と言う。〈善〉の学習の重要性と困難についていくつかの指摘（505a3-506d7）を行ったあとソクラテスは、（ア）「太陽」、（イ）「線分」、（ウ）「洞窟」の比喩を用いながら、〈善〉とその学習につ

いて説明する。

　(ア) 可視的なものの領域においては太陽が、一方では、目が可視的なものを見ることを可能にし、他方では、可視的なものに生成・成長をもたらす。それと同じように、可知的なものの領域において〈善〉のイデアは、一方では、魂が可知的なもの（イデア）[1]を知ることを可能にし、他方では、イデアに実在性をもたらす、とソクラテスは言う（507a7-509b9）。

　(イ) 可視的なものへの認識的関わりに、実物の認識と、(明確さにおいてこれに劣る) 実物の映像の認識とがあるように、可知的なものへの認識的関わりに、問答法と、(明確さにおいてこれに劣る) 数学的諸学問とがある、とされる（509d1-511e5）。問答法が数学に優る理由は二つ。第一に、幾何学は可視的な像を補助に用いるが、問答法はそれをしないからである[2]。第二に、数学的諸学問は仮設（ὑποθέσεις）から出発し、仮設自体の説明は与えないが、問答法は仮設を次々に廃棄し、「仮設されたのでない原理（ἀρχὴ ἀνυπόθετος, 510b6-7）」に至るからである。

　(ウ) 教育に関して、われわれははじめ、洞窟の底で縛りつけられ、洞窟の壁に映る影しか見たことのない囚人のような状況にあるが、縛めを解かれ、洞窟の外（可知的なものの領域）に出て、そこにある事物を目にし、最終的には太陽を直視することができる、とされる（第七巻514a1-516c2）。しかし、カッリポリスで統治者たるべく教育を受けてきた者は、そうして〈善〉のイデアを見た後、観想の生活に留まってはならず、洞窟に戻って囚人たちを統治しなければならない、とも言われる（519c8-521b11）。

　続いて第七巻521c1-541b5で、主な話題は、統治者・戦士となるべき者の教育のプログラム、そして、教育完了後の統治者の任務に移るが、そこでも、統治作業の方法との関連で〈善〉への言及がなされる（540a8-b1）。

　本章で筆者は、以上で概観した第六巻503e1から第七巻541b5の箇所で示されているプラトンの認識論・形而上学に一つの解釈を与える。結

第五章　第六・七巻における「〈善〉のイデア」と「仮設されたのでない原理」

論を先取りすれば、プラトンにとって、ある事物が善いとは、その事物の構成要素が統合されているということである。「仮設されたのでない原理」とは、すべてのイデアから成る体系であり、この体系は〈善〉のイデアによって統合されている。以上の解釈を説明・擁護することが、本章で筆者が、問答法の描写に肉付けをしていく作業の実質をなす。

　本章がとる解釈上の方法に関しては、あらかじめ注意しておくべき点がある。筆者は本章で、『ゴルギアス』や『メノン』などの初期対話篇、あるいは『ピレボス』などの後期対話篇の諸箇所を、『国家』の認識論・形而上学についての解釈を説明・擁護するための典拠として用いる。この取り扱いは、プラトンが関連するある点について、初期、中期、後期を通じて、大まかに言って同じアイデアを抱き続けていたとする前提の上に立っている。このようなプラトン理解については、異論もあるかもしれない。しかし、筆者のこの前提それ自体を十全に擁護することは、本書の主題から大きく逸脱すること抜きにはなし得ない。そのため本書においては、この前提そのものの擁護は行わない。

第一節　「〈善〉のイデア」の二つの語り方と、問題提起

　まず確認しておきたいのは、『国家』などの対話篇中に「〈善〉のイデア」の二つの語り方が見られる、ということだ。「〈善〉」は、あるときは（一）〈美〉や〈正義〉など他のイデアと並ぶ一つのイデアとして、あるときは（二）他のすべてのイデアの上位に立つ特別のイデアとして語られる[3]。（一）については、『パイドン』65d4-8, 75c9-d4, 76d7-9, 77a3-5, 100b5-7,『クラテュロス』439c7-d2,『国家』476a1-6, 507b4-7,『パルメニデス』130b3-10, 134b14-c2, 135c9-d1 を参照。（二）については、『国家』第六巻の「太陽の比喩」の箇所中で（509b7-9）、「〈善〉は実在ではない。いな、位においても力においても、実在のさらにかなたに超越している (οὐκ οὐσίας ὄντος τοῦ ἀγαθοῦ, ἀλλ' ἔτι ἐπέκεινα τῆς οὐσίας πρεσβείᾳ καὶ δυνάμει ὑπερέχοντος)」と言われる（「実在（οὐσία）」はイデアの総称

と解する)。

　「〈善〉のイデア」がこのように二つの異なった仕方で語られることは、何を意味するのか。後五世紀のアカデメイアの学頭プロクロスは、『プラトン『国家』注解』第十一論文で次のような解釈を示した[4]。すなわち、個々の善い事物の善さの原因・根拠である〈善〉(=「実在的な(οὐσιῶδες)善」)と、諸イデアを統合するものとしての〈善〉(=「超実在的な(ὑπερούσιον)善」)は、異なるものとして区別されるべきである[5]。つまり、プロクロスによれば、同じく「〈善〉」と言われているものの、実際には、(一)の仕方で語られる「〈善〉」と(二)の仕方で語られる「〈善〉」とで、それぞれ二つの異なるアイテムが名指されている、ということになる。同じく藤沢は、(一)の仕方で語られる「〈善〉」を、〈悪〉と相関し対立するイデアとして解する一方、(二)の仕方で語られる「〈善〉」を「《善》」と表記し、通常の善悪の区別を越えて両者を根拠づける、より根源的な究極的価値として解している[6]。しかし筆者は、プロクロスや藤沢に反して、二つの仕方で語られているのは同じアイテムであり、語り方の違いは、語られるその側面の違いにすぎない、と解する。理由は以下の通り。

　『国家』第六・七巻の一連の考察(502c9–541b5)の主要な話題は間違いなく、「学ぶべき最大の事柄(505a2)」としての〈善〉という単一のアイテムである。こう言うとき筆者は、この考察において、それとは別のものとしての〈善〉が、主要でない話題として登場している、という可能性を排除していない。特に、507a7–b7で(一)の語り方にしたがって〈美〉と並んで名指されるのは、主要でない話題としての〈善〉であり、これは主要な話題としての〈善〉とは別のアイテムだ、という可能性を排除していない(その意味で筆者は論点先取を行っていない)。さて、508a4–509b9で(二)「他のすべてのイデアの上位に立つ特別のイデア」として語られるのは明らかに、一連の考察の主要な話題としての〈善〉である。いま筆者自身の見解に反して、ソクラテスは(一)の意味での〈善〉と(二)の意味での〈善〉を別のアイテムとして区別して

第五章 第六・七巻における「〈善〉のイデア」と「仮設されたのでない原理」

いる、と仮定しよう。すると、一連の考察の主要な話題は、(一)の意味での〈善〉と区別されるような、(二)の意味での〈善〉であることになる。そのような〈善〉とは、ひとえにイデアの可知性と実在性との原因・根拠（509b5-7）であることになる。したがってそのような〈善〉は、イデアの領域をそれとして措定しその内部の事情を問題にする視点に立ってはじめて理解できるものであるはずだ。これに対して、(一)の意味での〈善〉ならば、そのような視点に立たなくても、例えば、善いということについてのわれわれのいわば日常的な了解と、「Fである多くのものに対して〈F〉のイデアを措定する」というイデア措定の一般的原則だけに基づいて理解できよう。

ところがソクラテスは 504a4-507b10 で、その主要な話題を導入するにあたって、善いということについての、われわれのいわば日常的理解に訴えてこれを特徴づけている。すなわち、イデアの領域をそれとして措定しその内部の事情を問題にする視点を、特に前提しないような理解に訴えているのである。例えばソクラテスは、〈善〉を快と同一視する者も、知と同一視する者もいる（505b5-d4）とか、ひとは、正しいことや美しいことについてならば、そう思われるもので満足するが、善いことについては、そうであるものを求める（505d5-506a3）[7]、というように特徴づけている。これは、(一)の意味での〈善〉ではないところの、(二)の意味での〈善〉を導入するやり方として、決定的にミスリーディングであろう。だがここでソクラテスが、そのようにミスリーディングな語り方をしていると解する必要はない、と筆者には思われる。したがって先の仮定が間違っていたと考えられる。つまり、同じく〈善〉と呼ばれる二つの異なるアイテム(一)・(二)があるのではない。むしろ(一)と(二)は〈善〉という同じアイテムの二側面であると解するべきだと思われるのだ。

では、どうすれば(一)と(二)を同じアイテムの二側面として理解できるのか。

第二節　筆者の答えの素描

　この問いへの答えとして筆者は、次のように理解することを提案したい。まずは大まかな素描を示す。

　すなわち、一般に〈F〉のイデアは、Fであることの原因・根拠（αἰτία）である（『パイドン』100b1-101d3）。すなわち、事物が〈F〉のイデアを分有していることが、その事物をFにしているのである。その意味で、〈善〉のイデアは、善い事物を善くしている原因・根拠である。この点は〈善〉のイデアの二側面のうち、（一）に関わる。

　さて、可知的なものの領域、あるいは、すべてのイデアから成る全体は、一つの（おそらく極めて）善いものである（後に説明する）。これを善くしている原因・根拠も、もちろん〈善〉のイデアである。そして、〈善〉のイデアは、すべてのイデアから成る全体を善くしていることによって、さらに、個々のイデアにその実在性と可知性を与えてもいる（この点も後に説明する）。この点は〈善〉のイデアの二側面のうち、（二）に関わる。

　「〈善〉は実在ではない（509b7-8）」というのは、イデアの全体を善くしている原因・根拠たる限りの〈善〉についての、すなわち、〈善〉のイデアの（二）の側面についての話である。およそ善いものの善さの原因・根拠たる限りにおいては、すなわち、（一）の側面について言えば、〈善〉は「実在」に属する。

　以上のように考えれば、（一）と（二）を〈善〉という同じアイテムの二側面として理解できよう。実際筆者は、そのように理解することを提案したい。その一つの理由は、まさにいま見ているように、（一）と（二）を同じアイテムの二側面として理解できるというメリットがあるからである（そう理解すべきであることについては第一節で論じた）。だがそれだけではない。筆者のこのような理解は、これから見ていくように、適切に肉づけされるなら、プラトン哲学の根本的洞察と合致し、

第五章　第六・七巻における「〈善〉のイデア」と「仮設されたのでない原理」

『国家』第六・七巻の認識論・形而上学全体の整合的理解をもたらしもすると思われるからだ。

　以下では、右に示した素描を順次肉づけしていくことによって筆者の解釈を提示したい。筆者がプラトンにある見解を帰するたびに典拠を示すことは言うまでもない。ただし、『国家』第六・七巻の当該箇所は極めて簡潔かつ難解であり、筆者のものを含めいかなる解釈も、ある程度は思弁的たらざるを得ない。しかし、可能な限りの説得を試みたい。

　上記の素描のうち、説明の肉づけを特に要するのは次の二点であろう。（A）すべてのイデアから成る全体は善いとされている、という点。（B）〈善〉のイデアは、すべてのイデアから成る全体を善くしていることによって、さらに、個々のイデアにその実在性と可知性を与えてもいるとされている、という点。（A）については第三節で、（B）については第五節で論じる。第四節では、（B）の説明の前提となる、「仮設されたのでない原理（510b6-7）」についての筆者の解釈を提示する。

第三節　統合としての善さ

　（A）すべてのイデアから成る全体は善い、とはどういうことか。筆者はこう説明する。（A1）プラトンにとって、ある事物が善いとは、その事物の構成要素が統合されているということである[89]。しかるに、（A2）プラトンにとって、すべてのイデアから成る全体は統合されている、と。本節の以下で、まず（A1）の、次に（A2）の典拠を示す。

　（A1）で筆者がプラトンに帰する考えを明瞭に表わしている典拠として、まず、後期対話篇『ピレボス』を引く。23e1-26d10 でソクラテスは、健康、音楽、季節などの善きものは、「無限定なもの（ἄπειρον）」（より熱いもの・より冷たいもの、より乾いたもの・より湿ったもの、より高い音・より低い音、より速い運動・より遅い運動、など）が「限定（πέρας）」（数比関係など）によって縛りつけられることによって生じる、と論じる[10]。また 62a2-64e4 で、人間の善き生は、すべての種類の知と、

しかるべき種類の快とが、「尺度（μέτρον）」を得て混合されることによって生じると言われる。

　だが、ある事物が善いとは、その事物の構成要素が統合されているということだというその考えは、後期の『ピレボス』に限らず、初期の『ゴルギアス』にも、中期のわれわれの対話篇からも窺われる[11]。『ゴルギアス』503d5-505d4, 506e2-4 でソクラテスは、人工物にせよ身体にせよ魂にせよ、それが善いとは、それ——あるいはその諸構成要素（503e6-7）——が固有の構造（τάξις）・秩序（κόσμος）を備えていることであると述べる。『国家』では、国家についても個人の魂についても、それぞれの構成要素（統治者・戦士・生産者の三階層、理知的・気概的・欲求的の三部分）が秩序づけ（κοσμήσαντα, 443d5）られ、調和し（ἡρμοσμένον, 443e2）、一つになっている（ἕνα γενόμενον, 443e1-2）ことが徳であり、分裂が悪徳である、という考えが打ち出されている[12][13][14]。

　（A2）で筆者がプラトンに帰する考え（すべてのイデアから成る全体は統合されている）が最も明瞭に窺われるのは、『国家』500c3-6 である。そこで諸イデアは、「秩序づけられている（τεταγμένα）」もの、「互いに不正をおかしおかされることなく、すべて秩序と理法に従う（κόσμῳ δὲ πάντα καὶ κατὰ λόγον ἔχοντα）」ものとして語られている[15]。プラトンにおいて"τάξις"及びその同族語（上記の"τεταγμένα"を含む）は、様々な構成要素の配列によって成り立つ「構造」や「秩序」を表わすためにしばしば用いられる（『ゴルギアス』503e6, 504a1,『ティマイオス』30a5, 88a3,『ピレボス』30c5-6,『法律』665a1-2, 668e2, 903b6 参照）。500c3-6 で諸イデアが「秩序づけられている（τεταγμένα）」と言われるのも、諸イデアは、一つの体系的秩序をなすよう構成要素として統合されているからである、と筆者は解する。

　加えて、諸イデアが体系的秩序をなしているという考えは、『国家』で最初にイデア論が語られる 476a5-8 でも、簡単に示唆されている。ここですべてのイデア（εἶδος）は、それ自体としてはそれぞれ一つであるが、諸々の行為や物体、そして「相互に結びつきあって（ἀλλήλων κοινωνία)」多として現れる、と言われる[16]。この文言は、イデアの領域において、諸イデアの相互の結びつき（すなわち、ある体系的秩序）が成り立っていることを前提している、と解し得る。

第四節　すべてのイデアから成る全体としての「仮設されたのでない原理」

　第二節で筆者は、『国家』第六・七巻の認識論・形而上学に関する筆者の理解を素描する際、「すべてのイデアから成る全体」について語った。そこで念頭に措いていたのは実は、線分の比喩の箇所で言及される「仮設されたのでない原理」のことであった。つまり筆者は、仮設を次々に廃棄していく問答法の「上昇の道（510b6-8, 511b4-6）」の究極において到達される「仮設されたのでない原理」を、すべてのイデアから成る全体を指すものと解するのである（つまり筆者は、多くの解釈者に反し、「仮設されたのでない原理」を〈善〉のイデアと同一視しない)[17]。本節ではこの点を説明し、この解釈を擁護したい。

　まず、線分の比喩の箇所（509c-511e, 533c-535a）における、問答法を巡る叙述を見よう。数学的諸学問においては、奇数・偶数、図形の諸種類、角の三種類などを「仮設（ὑπόθεσις）」として立てた上で、そこから生じてくることが考察されるが、仮設自体の説明・根拠づけ（λόγον διδόναι, 510c6-7）はなされない。これに対し、問答法に携わる者は、探究の前提として立てられた「仮設」を「次々と廃棄しながら（ἀναιροῦσα, 533c9)」進む。これが問答法の「上昇の道」であり、その究極に「仮設されたのでない原理」に到達する。それから今度は「下降の道（511b6-c1）」をたどり、「結末（τελευτή）」に至る、とされる。

　この叙述に解釈を与えていこう。まず、仮設とはいかなるものか。ある解釈によれば、仮設とは、数論の場合の、「すべての数は偶数か奇数である」のような、基礎的な命題のことである[18]。しかし筆者は、仮設とは、探究の基礎として措立される概念のことだと解したい[19]。例えば

数論において、数という、数論の領域を規定する概念が、そして、奇数・偶数という数の二種類などの基礎的概念が措定され（510c3-4）、それらの概念を用いて数論の考察がなされる。また、幾何学において、図形という、幾何学の領域を規定する概念が、そして、平面図形・立体図形という図形の二種類や、角といった関連する概念や、角の場合、鋭角・直角・鈍角の三種類など、基礎的諸概念が措定され（510c4-5）、それらの概念を用いて幾何学の考察がなされる。しかし数論においては、数の概念を——したがって、数の諸種類のような基礎的概念をも——数論の枠組みを超えて、存在者のより大きな連関の内に位置づけることはなされない。また、幾何学においては、図形の概念を——したがって、図形の諸種類のような基礎的概念をも——幾何学の枠組みを超えて、存在者のより大きな連関の内に位置づけることはなされない。これが、数学的諸学問においては、仮設自体の説明・根拠づけはなされない、と言われることの意味であると筆者は解する。

　これに対し問答法においては、ある事物について、それが何であるかが問われ、この問いに答えが与えられる。ある事物の定義を与えることは、その事物をより普遍的な存在者の内に、その「類」の「種」として包摂することを含む。すなわち、あるイデアをより普遍的な「類」のうちに包摂することを含む。次に、そのより普遍的なイデアが、さらにより普遍的な「類」のうちに包摂され、その次に、このさらに普遍的なイデアが、より一層普遍的な「類」のうちに包摂され……というように「上昇」していく[20]。

　このように、あるイデアを前にして、それが与える領域内に留まるのでなく、そのイデアを諸イデアのより大きな連関の内に位置づけていくことが、「仮設」を「次々に廃棄していく」と言われることの意味である、と筆者は解する[21]。ただし、あるイデアについて、これを含むべき上位のイデアは、一意に決まっているとは限らず、考察の観点のとりようによって、複数あり得るかもしれない。もちろん、この「廃棄」によって、仮設として立てられたイデアそのものが捨て去られる（もはや考察

第五章　第六・七巻における「〈善〉のイデア」と「仮設されたのでない原理」

対象でなくなる）わけではなかろう。「廃棄」されるのはむしろ、そのイデアがそれまで有していた、仮設としての性格であろう。それは要するに、そのイデアについて考察者がもつ理解の不明瞭さであると考えられる[22]。つまり、仮設を廃棄していくとは、そのイデアについての理解を明瞭にしていく過程であると考えられる。あるイデアを諸イデアのより大きな連関のうちに位置づけることによって、そのイデアについての理解は明瞭さを増していく、というわけだ。このような「上昇」は、すべてのイデアから成る全体である「仮設されたのでない原理」に至るまで続く。

　さて、「仮設されたのでない原理」は "ἡ τοῦ παντὸς ἀρχή（すべてのものの原理）" とも言われる（511b6）。ここで "τοῦ παντός（すべてのものの）" が指すのは何か。"τοῦ παντός" が指示するのは文字通りすべて、すなわち、諸イデアとそれを分有する諸事物のことである、と解すことも可能であろう。この場合、"ἡ τοῦ παντὸς ἀρχή" は、諸イデアの究極的原因・根拠たる〈善〉のイデアである、ということになろう。〈善〉のイデアは、それが実在性と可知性を与える諸イデアを介して、イデアを分有するものに対しても原因・根拠の関係に立っている、と言い得るからだ。しかし、筆者はこの解釈をとらない。筆者は、問題の箇所において、"τοῦ παντός" は誇張的に用いられており、その意味するところは「下降の道の過程と関連するすべての事柄の」であると解する[23]。このように解するなら、ソクラテスは "ἀρχή" としてすべてのイデアから成る体系に言及しているとみなすことができよう。これが "ἀρχή" と言われているのは、一つには、これを把握することが「下降の道」の考察の出発点をなすとソクラテスは考えているからなのである。

　問答法の「下降の道」とは、すべてのイデアから成る全体をいくつかの部分へと分割し、次に、その分割の結果得られた諸部分の各々をさらにいくつかの部分へと分割し、次に、その分割の結果得られた諸部分の各々をさらに分割し……というように進む過程であると考えられる。すなわち、「上昇」が特殊から普遍に向かうのに対して、「下降」は普遍か

ら特殊に向かう[24]。これによって、当該の分割過程において析出されるべきすべてのイデアを含む統一的な、かつ分節化された総観が得られる。言い換えるなら、それらすべてのイデアから成る体系についての完全な知が得られる。このように解するとき、「下降の道」の「結末」とは、類種体系の最下種のようなものであろう[25]。ただし、あるイデアをより下位の諸イデアへと分割するやり方も、一意に決まっているとは限らない[26]。

　ではなぜ〈善〉についての一連の考察の中で「仮設されたのでない原理」（筆者の解釈によれば、すべてのイデアから成る体系）が登場するのか。筆者は次のように答えたい。すべてのイデアから成る体系は、〈善〉のイデアによって統合され善くされているもののうちで、格別の統合性を示す、格別に善いものである。したがって、イデアのその体系がいかに統合されているかを学ぶことは、統合の原因・根拠である〈善〉のイデアを学ぶために格別有効であるとプラトンは考えていた[27]。だから〈善〉の学習を論じる中で「仮設されたのでない原理」が言及されているのだ、と[28]。

　以上の解釈が「線分の比喩」の唯一可能な解釈だと主張するつもりはない。だが、テクストに整合的だとは主張したい。

第五節　体系内に位置を占めることと、可知性・実在性

　線分の比喩の箇所で示される認識論についての以上の解釈を前提して本節では、残る課題、すなわち、(B) プラトンによれば〈善〉のイデアは、すべてのイデアから成る全体を善くしている（第三節より、統合している）ことによって、さらに、個々のイデアにその可知性と実在性を与えてもいる[29]、という筆者の主張を肉づけする作業に向かおう。

　この主張を筆者は次のように説明する。すなわち、(B1) プラトンによれば、一般に、ある体系を成す構成要素の各々は、それが体系内に特定の位置を占めることによってその可知性と実在性とを得る。(B2) し

第五章　第六・七巻における「〈善〉のイデア」と「仮設されたのでない原理」

たがってプラトンによれば、各々のイデアは、それが、全イデアから成る体系のうちに特定の位置を占めることによって、その可知性と実在性とを得ている。(B3)〈善〉のイデアは、すべてのイデアから成る全体を統合していることによって、個々のイデアに、この体系的全体におけるその特定の位置を与えている。

　ここで特に説明を要するのは (B1) である。(B1) の一般的主張が認められさえすれば、イデアの場合へのその適用としての (B2) もおのずと認められよう。また (B3) は第三節で見た点、すなわち、〈善〉のイデアは、すべてのイデアから成る全体を統合しているという点、ならびに、第四節で見た点、すなわち、全てのイデアから成る全体は体系をなし、各々のイデアはその中に特定の位置を占めているという点から認められよう。

　(B1) で筆者がプラトンに帰する考えが最もはっきり現れているのは、『ピレボス』18b6-d2 である。ソクラテスはここで、「神ないし神のような人——エジプトの伝説ではテウトとかいう方——」が、人が口から発する音声を諸種類に区別することを通じて、話し言葉の音素の体系を、つまりは書き言葉の字母の体系を発見した過程について語る。ソクラテスによればその発見者は、「A」や「E」や「S」や「T」といった各々の字母にも、すべての字母の総体にも「字母（στοιχεῖον）」という同じ名を与えた。そしてその発見者は、「ひとはどの一つの字母も、すべての字母抜きで単独では学び得ない[30] ことを見てとり、またこの絆は一つのものであり、すべての字母を一つに結びつけているということを考慮して、この絆を読み書き術（γραμματική）[31] と名づけたのだ」とソクラテスは言う。ここで、字母ないし音素は一つの体系をなしており、個々の字母ないし音素は、それがこの体系内に特定の位置を占めることによってそのアイデンティティを得[32]、また、学習可能となる、という考えが示されている[33]。このような、知[34] の成立にとって関連する全体を知ることが決定的に重要である[35] とする洞察を、プラトン哲学の全般的・根本的な特徴の一つと解すること[36] には信憑性がある、と筆者は考える。

実際、このような全体論的知識観は、初期から中期の移行期に書かれたと推定される『メノン』81c9–d4 ですでに示唆されていたからだ。ここでソクラテスは、事物の本性はすべて互いに親近なつながりをもっているということを、あることの想起がきっかけとなり他のすべてを発見し得る根拠として挙げていたのである。

　本章で筆者は、『国家』第六巻 503e1 から第七巻 541b5 における、〈善〉のイデアと「仮設されたのでない原理」に関する筆者の解釈を擁護した。この解釈によれば、プラトンにとって、ある事物が善いとは、その事物の構成要素が統合されているということである。哲学的問答法によって把握が目指される「仮設されたのでない原理」とは、すべてのイデアから成る体系であり、この体系は、〈善〉のイデアによって、善いもののなかでも格別善いものとして統合・形成されている。〈善〉のイデアについての一連の説明の中で「仮設されたのでない原理」が登場するのは、イデアのこの体系がいかに結合されているのかをそれとして学習することが、統合の原因・根拠である〈善〉のイデアを学ぶために格別有効だとプラトンが考えていたからである。

注
1　ただし、ソクラテスはここで、可知的なものの領域はイデアで尽くされるとの強い主張にはコミットしていないと考えられる。この点は第六章で重要となる。
2　問答法は、幾何学のような仕方で可視的な像に依拠することはしないというだけであり、可視的事物にはいかなる意味でも言及することがない、と考えるべきではないだろう。この点について、Broadie（2021）, n. 111, 77–78 参照。
3　以下で見ていくように、筆者の解釈によれば、〈善〉のイデアは、すべてのイデアから成る体系に属するメンバーの一つでありながら（（一）の側面）、自らが属しているその体系を統合し善いものにするという特別な役割も果たしている（（二）の側面）。したがって、〈善〉は、すべてのイデアから成る体系を統合・形成する役割を果たす際、統合されるべき一要素としての自分自身の上に立ち、体系内の特定の位置を自らに与えている、とも言うことができる。この考えは奇妙に聞こえるかもしれないが、例えば、軍隊における将軍のように、ある全体に属する一メンバーが、同時に、その全体の統合・形成の原因・根拠でもあ

第五章　第六・七巻における「〈善〉のイデア」と「仮設されたのでない原理」

るという場合は想定可能である。

4 校訂本として、Kroll（1899-1901）, 269-87 参照。翻訳として、Balzly, Finamore, and Miles（2022）の英訳、Festugière（1970）のフランス語訳、Abbate（2004）のイタリア語訳を参照（邦訳は未刊）。第十一論文の内容の紹介を含む文献として、Balzly, Finamore, and Miles（2022）, 140-48；Gerson（2020）, 164-65 が有益である。

5 特に 269.4-272.7, 275.29-276.22 参照。プロクロスによれば、第六巻でプラトンは「実在的な善」と「超実在的な善」に加えて、「われわれの内なる（ἐν ἡμῖν）善」にも言及している（この最後の意味での「善」が『ピレボス』の主題であるる）。太陽に比される「超実在的な善」は、他の諸イデアとは異なり、「学知の対象（ἐπιστητόν）」ではないが、それでも何らか「認識の対象（γνωστόν）」ではあり、「知性にまさる神がかりの直観（ἡ ἔνθεος προσβολὴ ἡ τοῦ νοῦ κρείττων）」によって把握され得る（280.22-30）。そして、この直観がもたらされるのは、『パルメニデス』137c 以下で例示されるような「除去（ἀφαίρεσις）」の手続きによってである（285.5）、とプロクロスは考える。

6 藤沢（1998）, 126-28. プロクロスとの違いは、〈悪〉のイデアをプラトンが立てていることを認める点である。〈悪〉のイデアがあるとする説へのプロクロスによる批判として、『プラトン『国家』注解』第四論文 32.13-33.7（Balzly, Finamore, and Miles（2018）, 92-95 も参照。第四論文は、近藤・川島・髙橋・野村による邦訳がある）、『プラトン『パルメニデス』注解』829.22-831.24、『悪の存立論』43-44 章など参照。

7 この箇所については第四章で議論した。

8 ただし、「〈善〉のイデアとは、何であれある善い事物の構成要素を統合し、その事物を形成する働きそのものである」と理解してさえいれば、「善とは何であるか」の「知識（ἐπιστήμη, 506c6）」をもっていることになる、というわけではまったくない。善とは何であるかの知識をもつには、一般に、善いものの構成要素を統合する働きをそれとして、完全に理解しなければならないだろうが、それは途方もなく困難な作業であろう。そのような理解を得た者のみが、「他のすべてのものから〈善〉のイデアを区別し抽出して、これを言論によって規定すること（534b8-c1）」ができるとされているのである（Broadie（2021）, 72-75 に反して、ここでは〈善〉についてある種の定義を与える営みが話題になっていると解するべきだろう）。

　さて、もしプラトンが、〈善〉のイデアを一つの善い事物だとみなしているのなら、この善い事物は、今問題の一般言明の例外かもしれない。すなわち、〈善〉が善いとは、その構成要素が統合されているということではないかもしれない。というのは、〈善〉はそもそも構成要素をもたないかもしれないからである。その場合、〈善〉が善いとは、自分以外のものを、通常の意味で善くする（すなわち、その構成要素を統合する）ということであろう。

9 次のような反論があるかもしれない。すなわち、最高度に統合された事物は部分をもたないもの、例えば、それ以上分割不可能なアトムのようなものではないか、との反論である。筆者の考えでは、そのような事物は——筆者が念頭に置いているような意味では——そもそも統合されていない。統合されるべき構成要素をもっていないからだ。本章で「統合されている」という表現を用いるとき、筆者が意味しているのは常に、その諸構成要素が統合されていることである点に注意されたい。

10 『ピレボス』26e1-27c2 で、それら、「無限定」、「限定」、これら両者から「混合されて生じたもの」、の三類に加えて、その混合の「原因」が第四類として挙げられる。

11 このように言うからといって、初期、中期、後期の対話篇を通じてのプラトンの哲学説の変遷一般を否定する意図は筆者にはない。筆者がここで主張したいのはひとえに、「何かが善いとは、その構成要素が統合されていることである」との考えを、少なくとも『ゴルギアス』以降のプラトンに帰する余地が十分にある、ということである。Szlezák (1993), 92-93 [邦訳：106-7] は、「善」は「一」であるとのアイデアは『国家』の内には見出しがたく、アリストテレスの報告（『形而上学』N. 4.1091b13-15）があるからそう推定できるに過ぎない（それゆえ、間接伝承を重視するべきである）と言う。しかし以下で見るように、この種のアイデアは『国家』の内にも見出し得るのであり、この点に関して間接伝承に訴える必要はないと筆者は考える。

12 国家については 423b5-d7, 433a1-434c11, 462a9-e3, 551d5-7. 魂については 410b10-412b2, 443c9-444e5, 554d9-e7, 586e4-587a2, 588b1-590a5.

13 善さと統合の関連について、アリストクセノスの証言も参照（『ハルモニア原論』II 30-31, Macran）。プラトンは一般向けの講義の結びに、「善」は「一 (ἕν)」である、と言ったという。Gaiser (1980), 17-25 はやや思弁的ながら、次のように推測する。プラトンがこの講義を行ったのは『第七書簡』（彼は真作とみなす）執筆後からプラトンの死までのある時期（前355〜前348/347年）である。講義を行った動機としては次の二つが考えられる。（一）シュラクサのディオニシウスを含む幾人かが、〈善〉についてのプラトンの考えを恣意的に解釈した著作を公刊していたため。（二）アカデメイアの秘教的な姿勢に向けられた、一部の有力者の憎悪が高まっており、これを取り除くためである、と。

14 筆者は、「統合されている」ということがプラトンにとって規範的概念であることを前提としている。プラトンは、何かが充分に統合されているにもかかわらず、その何かが充分に善くはない、という可能性を認めないだろう。この点との関連で『ピレボス』64d9-e3 も参照。ここでソクラテスは、尺度を欠いた混合は実は全然混合ではない、「何か混じり合わぬままに寄せ合わされただけのもの（τις ἄκρατος συμπεφορημένη）」であると言う。

15 592b1-4 で、すぐれた国家が「おそらく理想的な範型として天上に捧げられて存

第五章　第六・七巻における「〈善〉のイデア」と「仮設されたのでない原理」

在するだろう」と言われ、ひとが「それを見ながら自分自身の内に国家を建設しようと望む」場合について語られるのは、同趣旨の考えを伝えているのかもしれない。ただし、ここでは天体の観察が話題になっているとする解釈もある。Burnyeat（2001），9；納富（2012），227-39 参照。

16　この読みは諸写本によって支持される。Adam（1902），362-64 参照。

17　両者を同一視しない少数派の解釈者として、Bedu-Addo（1978），124-25；Sayre（1995），173-81；Balzly（1996），156-57；Seel（2007），178-84；Delcomminette（2015），40-41. 松浦（2018），38-42 は、『国家』においては〈善〉のイデアが「仮設されたのでない原理」とされているが、「仮設されたのでない原理」がいつも〈善〉のイデアであるとは限らない、と解する点でユニークである。筆者が、〈善〉のイデアを「仮設されたのでない原理」と同一視しない理由は以下の通り。もし両者が同一なら、善い人や机を善くしているのは、（どう解するのであれ）問答法の上昇の道の究極に把握される当のものである、ということになる。しかし、『国家』以前の対話篇には、〈善〉をそのようなものとみなしていることを示唆する箇所が見当たらないため、〈善〉についてのプラトンの説明には、『国家』とそれ以前で大きな断絶があることになってしまう（この点について、Rowe（2007a），151-52 参照）。他方、〈善〉のイデアを「仮設されたのでない原理」と同一視しないならば、〈善〉についての説明に以上のような大きな断絶を見出す必要はなくなる。

18　Cross and Woozley（1996），247；Ferber（2015），85-87 参照。

19　Rowett（2018），156-59 参照。

20　このように、線分の比喩の「上昇の道」は『パイドロス』『ソピステス』『政治家』『ピレボス』の総合の過程に（そして「下降の道」は分割の過程に）大まかに言って対応するとみなす解釈として、Seel（2007），177-78. Seel に対する批判としては、Mason（2007），198 参照。

21　問答法の学習そのものだけでなく、数学的諸学問の学習から問答法の学習への移行段階においても、目下の考察対象を、これを含む、存在者のより大きな連関のうちに位置づけることが、学習の進展（特に、「上昇」的進展）にとって重要視されている、と解し得る。典拠は以下の通り。『国家』531c9-d3, 537b7-c3 の守護者教育のプログラムで、数学的諸学問を学び終えた者は、それら相互間の共通性・同族性を総観しなければならないとされる。さらに、総観の学びこそが問答法の素質の有無を判断する「最大の試し（μεγίστη πεῖρα）」であり、「問答法に携わる者（διαλεκτικός）」とは「総観できる人（συνοπτικός）」のことであるとされる（537c6-7）。Burnyeat（2000），67-80 は、この学習が〈善〉の学習の実質をなすと解する。Burnyeat 解釈を検討する文脈で、Gill（2007），259-72 は数学的諸学問の学習と〈善〉の学習との間の関係について問題を提起する。前者と後者の間には、ともに体系的理解を目指すという点でアナロジカルな関係が成り立っているだけと言うべきか。それとも、二つの学習は、同一の学問の違

た側面であると言うべきか、と。この点について、White, M. J.（2009）, 233, 241 も参照。Burnyeat のような解釈を鋭く批判し、二つの学習は実質的に異なるものであると考える論者として、特に Broadie（2021）, 176-195 参照。

22　Delcomminette（2015）, 40 も、「仮設を廃棄する」とは仮設としての性格を廃棄することであると解し、かつ、仮設としての性格を不明瞭さと解する。同様に Robinson（1953）, 172-73 は、廃棄されるべき仮設としての性格を不確実性と解する。ただし両解釈者は、仮設を命題とみなす点で筆者と異なる。仮設の廃棄を不明瞭さないし不確実性の除去とみなすこうした解釈に対して Gonzalez（1998 a）, 238 は、幾何学者にとって仮設は最高度に明瞭・確実なのだから（510c2-d3, 511c6-7）、その解釈によれば、幾何学者は探究の出発点においてすでに廃棄を達成しているという奇妙な事態になってしまうだろう、と反論する。しかし幾何学者がある命題ないし概念を明瞭とみなしているからといって、それが真に明瞭であるとは限らない。

23　"πᾶς" の誇張的用法として、475a1, 488c2, 504d8-9 参照。505e1-2 の "πάντα πράττει" に関する、第四章の議論も参照。

24　511b6-7 で問答法に携わる者が触れ辿ると言われる「原理に連絡し続くもの（τῶν ἐκείνης ἐχομένων）」とは、このような、すべてのイデアから成る体系を分割して得られたいくつかの部分である。これら諸部分がすべてのイデアから成る体系（＝原理）に「連絡し続く」と言われるのは、たとえいくら小さく分割されていようが、それらは体系の部分であり、したがって、各々のアイデンティティは、体系全体との連関（すなわち、体系内のどこに位置を占めるか）によって決定されているからだ（第五節も参照）。

25　「知識」に関する第一章での筆者の議論によると、ここで描写した問答法の過程のいずれかの地点で、あるイデアの「見知り」が生じることになる。これが具体的にどの地点かは、テクストからは読み取ることが難しい。問答法に携わる者がどのような種類のイデアを扱うかに応じて、「見知り」が獲得されたと記述し得るポイントも、異なるものとなるかもしれない。

26　後期対話篇の例だが、『ソピステス』265e3-266a11 で製作術は、ある観点からは、神がもつ製作術と人間がもつそれとに、別の観点からは、実物の製作術と影像の製作術とに分割される。また、ソピステスとは何かの探究においても、政治家とは何かの探究においても、エレアからの客人は知識の分割から始めるが、『政治家』258b7-c1 で言われるように、政治家発見のための知識分割は、ソピステス発見のためのそれとは異なる。『政治家』265b8-d2, 266e4-11 参照。

27　善そのものを把握するために、最高度に善いものに目に向ける、という考えは『ピレボス』63e7-64a3 に見られる。ただしそこで、善そのものを学ぶ場としての、「この上なく美しく不和のない混合（μεῖξις）・交合（κρᾶσις）」と言われるのは、善き生である。同様の考えを中期の『饗宴』210a4-e5 から読み取ることもできよう。この箇所で、恋する者は、まず一つの美しい肉体に目を向け、次い

第五章　第六・七巻における「〈善〉のイデア」と「仮設されたのでない原理」

で、すべての美しい肉体、美しい魂、営み、知識を見たあと、「美の大海原（τὸ πολὺ πέλαγος τοῦ καλοῦ）」に身を差し向けるとされる。筆者は Ferrari（1992），258-59 に従って、「美の大海原」とは、恋する者がそれまで見てきた美しい事物の総体であると解する。そう解するとき、「美の大海原」は、（これから見る〈美〉そのものを除いて）最高度に美しいものであり、これを観照することが〈美〉を見る準備となるとされている、と解し得る。

28　このような仕方で、筆者は Broadie（2021），n. 43, 35 のような懸念に応答する。Broadie は、〈善〉のイデアが「仮設されたのでない原理」でないとすると、「線分の比喩」中で〈善〉のイデアが登場しないことになる。しかしその場合、「線分の比喩」が「太陽の比喩」に続いて〈善〉を説明するために導入されているという事実が説明できなくなってしまう、と言う。

29　筆者のこの主張は、〈善〉のイデアと諸イデアの関係についての Santas（1984），241-52,（2002），370-75 の解釈と両立可能である。Santas は、イデアがもつ特性として、一方の、イデアがイデアとしてもつ特徴（永遠性、可知性など）と、他方の、それぞれのイデアがその特定のイデアとしてもつ特徴（〈美〉のイデアの場合の美）を区別する。そして、〈善〉のイデアはその他のイデアに、それらがイデアとしてもつ特徴を付与する、と解する。つまり〈善〉は、筆者が主張するように、諸イデアを統一すると同時に、Santas が主張するように、諸イデアがイデアとしてもつ特徴を付与しもする、と考えることができる。ただし、Broadie（2021），158-59 が Santas 解釈の問題として指摘する点は、筆者の解釈にはあたらない。Broadie は、単に「〈善〉のイデアはその他のイデアに、それらがイデアとしてもつ特徴を付与する」ということが「太陽の比喩」の眼目なのだとすれば、その旨をはっきりプラトンが述べていないのは不自然であろうと言う。筆者の考えでは、プラトンがそのように述べていないのは、問題の主張は「〈善〉のイデアは諸イデアを一つの体系へと統合する」という、全体・部分論を巻き込むような形而上学的アイデアを前提としているからだ。このアイデアを十分に説明するとしたら、さらに大きな脱線を余儀なくされたことだろう。Santas に対する別の角度からの批判として、Singpurwalla（2006），324-29 も参照。Santas は、『国家』でプラトンは〈善〉に関して両立可能な二つの説（（一）第一巻で導入される、事物の機能に訴えた〈善〉の説明、（二）第六・七巻で展開される、イデア論をベースにした〈善〉の説明）を提示していると考えるが、Singpurwalla はこれら二つの説は両立不可能であると論じる。

30　『テアイテトス』206a1-b12 で、字母の知識は字母から成る綴りの知識に先立つと論じられる。だが Burnyeat（1990），209-12 に反して、これはプラトンが、自身の反対する見解を取り上げ、その問題点を浮かび上がらせているものと、Harte（2002），146-48 や Politis（2021），57-61 とともに解する。

31　『ソピステス』252e9-253e6 で、読み書き術は哲学的問答法の類例として登場する。読み書き術の習得者が、どのような文字がどのような文字と適合するのか

を知り得るのと同じように、問答法の習得者は、どのような〈類〉がどのような〈類〉と「混合する」のかを知り得る、とされる。『政治家』285c4-d4 も参照。

32 プラトンにとってある全体に属する諸構成要素が真に実在性を得るとは、このような意味においてである。もちろん「A」や「E」や「S」や「T」といった字母が雑然と無秩序に並べられた場合であっても、それがまったくの無ではないという意味では「実在」していると言い得るだろう。しかし、そのようなものは、『ピレボス』64d9-e3 で言われるような、実は全然混合ではない、「何か混じり合わぬままに寄せ合わされただけのもの」であり、プラトンが問題にしている「実在性」には（少なくともほとんど）与っていないことになるだろう。

33 17c9-e3 で、音楽についての知を得るためには、音程の数や性質などを単に把握するだけではなく、諸音程を区切る境界音と、それらから構成されるシステム（συστήματα）を把握しなければならない、とされる。

34 プラトンの知識観は基礎づけ主義的か、整合主義的か、という論争がある（Fine (2003), 108-16 ; Nally (2015), 160-66 参照）。筆者の解釈でも、問答法を究めた者は、諸イデアを見知りによって把握した結果として、諸命題から成る知識体系を把持しており、その体系内のいかなる命題も知っていると考えられる。だが、ある命題を知っているためには、それがどうして真なのかを説明できなければならない。だがこれを説明するには、その説明の内容をなす命題を知っていなければならない。したがって、この命題について説明できなければならない——等々。いかにしてこの連鎖に終止符を打てるのか。「基礎づけ主義（foundationalism）」とは、知識をなす諸命題の体系は、それ自体自明な——したがってもはや説明を要しない——何かによって基礎づけられる、とする説である（基礎づけ説をプラトンに帰する論者として、Robinson (1953), 172-77 ; Cross and Woozley (1996), 252-53 ; Sorabji (1982), 299-301 参照）。他方、「整合主義（coherentism）」とは、そのような自明の基礎など存在せず、体系をなす諸命題は、体系全体の整合性によって正当化される、とする説である（整合説をプラトンに帰する論者として、Fine (2003), 115-16 が代表的だが、他に Gosling (1973), 67-68 ; Irwin (1977), 223 ; Annas (1981), 200, 243 ; Gentzler (2005), 486-87 参照）。

　さて筆者は、プラトンの知識観をある意味では基礎づけ主義的に、ある意味では整合主義的に解している。もしプラトンが、諸命題から成るそのような体系を支えるアイテムは何かと問われたならば、それはすべてのイデアから成る体系（「仮設されたのでない原理」）だと答えただろう、と筆者は推測する。その点で、プラトン認識論の筆者による解釈は基礎づけ主義的だと言えよう。同時に筆者は、もしプラトンが、体系をなす諸命題の各々を何が正当化するのかについて考えたとすれば、それはその体系全体の整合性ないし相互連関だとみなしたであろうと推測する。その点で筆者の解釈は整合主義的でもある。そもそも、基礎づけ主義と整合主義は必ずしも両立不可能ではない。現代認識論において、両者の混合である「基礎づけ整合主義（foundherentism）」をとる代表的

第五章　第六・七巻における「〈善〉のイデア」と「仮設されたのでない原理」

論者として、Haack（2009）参照。
35　この点を Harte（2002）は、部分に対する全体の先行性という観点から論じている。ただし彼女が議論するのは『テアイテトス』『パルメニデス』『ソピステス』『ティマイオス』『ピレボス』などの後期対話篇であり、『国家』のような中期対話篇で登場するイデアの領域にも、部分に対する全体の先行性が成り立っているかどうかについては論じていない。
36　『国家』のプラトンに全体論的知識観を帰する論者として、Fine（2003），98-99. Fine は、〈善〉のイデアと「仮設されたのでない原理」を同一視した上で、これを全イデアから成る構造と解する。ある家のレンガやモルタルが、その家の構造を実現するための要素として機能しているのと同様に、諸イデアは、すべてのイデアが織りなす構造を実現するための要素として機能している。この構造を知ることは、個々のイデアがこの構造の中でいかなる役割を果たしているのかを知ることを含む。逆に、個々のイデアを十分に知るためには、それがその構造全体の中で占める位置を知る必要がある、と Fine は論じる。しかし Fine は、プラトンが念頭に置いている知識は、ある命題を知ることに他ならないと解している。Fine（2003），113-15. このように、プラトンが話題にしている知識はある命題を知ることに他ならないと解することの問題点については、第一章で論じた。Gonzalez（1998a），230；Uglietta（2006），336-37；Nally（2015）；161-63 も参照。

第六章　第六巻「線分の比喩」509d1-511e5 における「ディアノイア」の対象

第一節　はじめに

　前章で筆者は、『国家』第六・七巻における、〈善〉のイデアと「仮設されたのでない原理」に関する筆者の解釈を説明・擁護する際、「線分の比喩」における問答法の描写に解釈を与えた。本章では、「線分の比喩」に関する、ある別の問題に取り組みたい。すなわち、幾何学者がもつとされる認識状態である「ディアノイア（διάνοια）」の対象は何か、という問題である。筆者がこの問題に取り組みたいのは、一つには、この点が従来研究者の間で大きな論争の的になってきたからだが、もう一つには、この問題に答えることによって、『国家』認識論のより包括的な解釈を与えることができるからだ。まず、線分を比喩の箇所を改めて詳しく見てみよう。

　ソクラテスは、第六巻507a7–509b9 で「太陽の比喩」を語ったあと、今度は、異なる長さの二つの切片に切り分けられた線分（AE）[1]を思い描くようグラウコンに言う（これら二つの切片をそれぞれ AC と CE とする。おそらく AC の方が長い）[2]。AC は知られるものの領域を、CE は見られるものの領域を表わす。これら二つの切片は、AC : CE と同じ比によって、それぞれさらに二つに切り分けられる。すなわち、AC は AB と BC に、CE は CD と DE に分割される（下図参照）。ソクラテスは、これら計四つの切片それぞれに、四つの「魂の状態（παθήματα ἐν τῇ ψυχῇ）」を割り当てる。すなわち、AB にノエーシス（知性、νόησις）、BC にディアノイア（思考、διάνοια）、CD にピスティス（信念、πίστις）[3]、DE にエイカシアー（影像知覚、εἰκασία）を割り当てるのである。

　このうちノエーシスが最高度の明瞭性（σαφήνεια）を有しており、ディアノイア、ピスティス、エイカシアーの順に明瞭性が低くなっていくとされる。ディアノイアは、幾何学者に代表される数学者の魂の状態であり、ノエーシスは、問答法に携わる者の魂の状態である。第五章ですでに見たように、両者の実践は次の二点で区別される。第一に、幾何学者が仮設を自明視し、仮設から結論を引き出す（510b4-d3）のに対し、問答法に携わる者は、仮設から出発して「原理（ἀρχή）」へと赴く（511b1-c1）[4]。第二に、幾何学者は、問答法に携わる者と異なり、目に見える形象を探究のための補助に用いる（510d5-511c2）。

　さて、ほとんどの解釈者は、次の点で同意する。すなわち、それぞれの切片が表わしているのはある種の事物である。つまり、それぞれの認識状態が関わる対象である、と解するのだ。ただし、後に見るように、複数の切片が同一の種類の対象を表わしており、違いはその対象の扱われ方に存する、と解する論者もいる。これに対してファインは、（一）[5] 四つの切片は、四種類の「思考様態（modes of reasoning）」を表わしていると考える。

　ファインを除く多数派の解釈に関して言うと、ABがイデアを、CDが動物・植物・人工物のような目に見える事物を、DEがそれらの似像――影や、水に映る像のようなもの――を表わしているという点については、同意が得られている。しかし、BCは何を表わしているのか。すなわち、ディアノイアの対象とは何か。これまで、少なくとも四種類の解釈が提案されてきた[6]。

（二）イデアであるとする解釈[7]。
（三）イデアと感覚的事物の中間に位置する数学的対象であるとする解釈[8]。

(四) 感覚的事物を介してイデアと関わる命題であるとする解釈[9]。
(五) ある種の感覚的事物であるとする解釈[10]。

　本章の以下で筆者は、このうち解釈（三）を擁護する。ただし、解釈（三）が正しいことを示すための、あるいは、その他の解釈が間違っていることを示すための、決定的な論拠を提示しようとする意図は筆者にはない。筆者が目指すのは、どうして解釈（三）がもっとも妥当と考えられるかを説得的に示すことだ。以下、第二節で、五つの解釈をそれぞれ簡単に説明する。第三節で、筆者がどうして解釈（一）、（二）、（四）、（五）をとらないかを述べる。第四節で、筆者がとる解釈（すなわち（三））に対するいくつかの主要な批判に対して応答する。第五節では、解釈（三）をサポートするための二つの考察を掲げる。最後に第六節で、本章でのそれまでの議論をもとに、線分の比喩の、関連する別のある問題に取り組む。

第二節　五種類の解釈の紹介

　解釈（一）、すなわち、ファインの解釈によれば[11]、四つの切片は、四種類の思考様態を表わしている。ABとBCはそれぞれ知識の二種類を、CDとDEはそれぞれ思いなし（δόξα）の二種類を表わしている。DE、すなわちエイカシアーとは、ひとが似像とその原物とを区別することができない場合にもつような認識状態である。CD、すなわちピスティスとは、似像と原物の区別はできるが、両者の違いを十分な仕方で説明できない場合にひとがもつような認識状態である。BC、すなわちディアノイアをもつとき、ひとは諸イデアについて知識をもってはいるが、それらがイデアであるということ自体は知らない[12]。AB、すなわちノエーシスでは、ひとは諸イデアについて知識をもっているだけでなく、それらがイデアであると認識してもいる。
　以上見た、線分の比喩についてのファインの解釈は、彼女の次のよう

な大がかりなプロジェクトの一部をなしている。すなわち、伝統的解釈に反して、『国家』においてプラトンは、知識やその他の認識状態を、その対象に即して区別しているのではない。さらに、プラトンは知識が関わるのはイデアのみであるとの見解にコミットしてはない、との読み筋を徹底しようとするプロジェクトである[13]。

その他の解釈、すなわち解釈（二）から（五）までは、BC がある種の対象を表わしていると解する点で共通している。

解釈（二）は、その対象を・イ・デ・アとする。ノエーシスとディアノイアはともにイデアに関わるのだが、その関わり方が異なる、というわけだ[14]。数学者は[15]イデアをある間接的なやり方でのみ考察するが、問答法に携わる者は、イデアを直接的なやり方で考察する、とされる[16]。

この解釈を支持すると考えられる論点は、主として三つある。第一に、ロスが言うように[17]、ソクラテスは線分の比喩の箇所で、数学的対象についての説明を明示的な仕方では与えていない（この点は、解釈（三）に対する反論にもなる。これに対しては、第三節で応答する）。第二に、マーフィーが指摘するように[18]、"νοητὸν εἶδος（可知的種族、509d4）" "νοούμενον γένος（知られる種族、509d8）" を表わしている切片 AB 及び BC は、全体としてイ・デ・アを表わしていると解するのが自然だ。なぜなら、ソクラテスは先立つ太陽の比喩で可知的事物について語る際、そのようなものとして、イデアしか話題にしていなかったからである[19]（これは解釈（三）へのもう一つの反論をなす）。最後に、510d7-8 で、ソクラテスは、幾何学が扱うものとして "τὸ τετράγωνον αὐτό（四角形そのもの）" や "διάμετρος αὐτή（対角線そのもの）" に言及する[20]。しかし、プラトンの中期対話篇において、「F そのもの」のような表現は、しばしばイデアを指すために用いられる[21]（これも解釈（三）に対するさらなる反論となる）。

この解釈（二）によれば、第七巻 534a5-8 でソクラテスが、知られるものの領域のさらなる分割は行わないでおこう、とグラウコンに告げている理由は、ノエーシスの対象が実はディアノイアの対象と同一である

第六章　第六巻「線分の比喩」509d1-511e5 における「ディアノイア」の対象

から、ということになろう[22]。

　解釈（三）、例えばアダムの解釈によれば、ディアノイアの対象は、イデアと感覚的事物の中間者である。幾何学者が図形を描くとき、彼らは描かれた目に見える図形そのものを考察しているのではない。彼らが考察しているのは、描かれた図形が表わしている当のものであり、これは、見えるものの領域ではなく、知られるものの領域に属する。問題の中間者とは、そのような、知られるものとしての図形のことである。こうした中間者は、生成消滅を免れているという点で感覚的事物とは区別されるが[23]、イデアとも区別される。なぜなら、例えば〈三角形〉のイデアはただ一つしか存在しないが、二等辺三角形や正三角形などの「中間的」三角形には、それぞれ多数のバリエーションがあり得るからだ（この点をバーニェトが論じている）[24]。アダムは言う。

> ディアノイアは、ヌースとドクサの間にある（511d）のだから、ディアノイアの対象もまた、知られるものの中でより高次なものと思いなされるものとの間にある、と考えるのは理にかなっていよう[25]。

魂の四状態に対応する四種類の対象がある、というわけだ。これは、ソクラテスが 511e1-3 で、魂の四種類の状態はそれぞれ、それらの対象が分けもつ真実性（ἀλήθεια）と同じだけの明瞭性（σαφήνεια）を分けもつ、と言っている事実とも合致する。

　このように、数学的対象の考えをプラトンに帰する伝統は、アリストテレスにまで遡る。アリストテレスは、プラトンはイデアと感覚的事物の間に「中間者（τὰ μεταξύ）」を措定した、と言う（『形而上学』A. 6.987b14-18, Z. 2.1028b19）[26]。ただしアリストテレスは、プラトンがその生涯のどの時期にこの考えを思いついたかに関しては語ってくれていない[27]。

　解釈（四）、例えばゴンザレスの解釈によれば、ディアノイアの対象は、ある種の命題である。すなわち、抽象的で不完全な概念把握のもと

イデアを表現しているような命題で、こうした命題は、諸々の感覚的事物による例証をまってはじめて内実を伴ったものとなる、とされる。ゴンザレスは具体例を与えてくれないが、「形とは立体の限界である（『メノン』76a7）」のような定義的な命題が、そうした命題の一例だろう。確認するなら、AB：BC の比は CD：DE の比と等しく、DE は CD が表わしているものの似像を表わしている。したがって、BC もまた、AB が表わしているもの（すなわちイデア）の何らかの似像を表わしているに違いない。ゴンザレスは、命題がイデアの像としてみなされているという自身の主張の典拠として、『パイドン』99d4-e6 を引く。ここでソクラテスは"τὰ ὄντα（あるもの）"を太陽になぞらえ"λόγοι（言論／命題）"を水に映った太陽の像になぞらえる[28]。

　最後に、解釈(五)は、ディアノイアの対象は、ある種の感覚的事物、例えば、幾何学者によって描かれた図形のようなものだと考える。ゴンザレス同様スミスも、AB：BC の比と CD：DE の比が等しいことは、BC が表わしているものが、AB が表わしているものの似像であることを意味している、と考える[29]。しかし、ゴンザレスと異なりスミスは、そのような似像は、作図された三角形のような感覚的事物であると解する。スミスの言い分は次の通り。中期対話篇でプラトンが原物・似像の関係について語るとき、イデアとそれを分有する感覚的事物との関係を念頭に置いていることが極めて多い。もしイデアの似像として、感覚的事物以外のものが線分の比喩で導入されているとするなら、プラトンは、通常の議論のパターンから逸脱していることになる。仮に、そのような例外的な議論を行っているなら、その旨をソクラテスに説明させてしかるべきだ。しかし、テクストでそのような説明は一切なされていない[30]（この点は、ディアノイアの対象を感覚的事物とみなさない、解釈(二)、(三)、(四)いずれに対する反論にもなる）。したがって、重要な論点についての説明不足という瑕疵をプラトンに帰するのを避けたいならば、ディアノイアの対象は感覚的事物と解するべきだ。スミスはこのように考えるのである。

第六章　第六巻「線分の比喩」509d1–511e5 における「ディアノイア」の対象

第三節　筆者が解釈（一）、（二）、（四）、（五）をしりぞける理由

　本節で筆者は、解釈（一）、（二）、（四）、（五）をしりぞける理由をそれぞれ述べる。まず、解釈（一）、すなわち、ファインの解釈の問題点を見よう。この解釈によれば、プラトンは、自身の考えを極めてミスリーディングな仕方で提示していることになってしまう。509d9–510a7 でソクラテスはまず影や映像を、そしてそれから、それらの原物に言及するが、その際彼は、ファインが了解するようなエイカシアーやピスティスに特有の思考様態について、一切語っていない。ソクラテスはひとえに、異なる種類の事物について語っている。これは、エイカシアーとピスティスが、それぞれが関わる異なる種類の対象によって区別されていることを強く示唆する。ファインの言うように、エイカシアーとピスティスの違いは思考様態の違いに存すると仮定した場合、ソクラテスのここでの説明のポイントが不明となると言わざるを得ない。

　次に、解釈（二）を検討する。たしかに、第六巻の線分の比喩の箇所（509d1–511e5）の中で、ディアノイアの対象がイデアでないことを示す明確な証拠はない。しかし、第七巻 532b6–c4 に目を転じてみよう。ここでソクラテスは、洞窟の比喩の描写を、数学的諸学問についての[31]先立つ議論と結びつける。ソクラテスは言う。

　　「他方また、縛めから解放されて、映っている影から、その影の元にある模像と火の光のほうへ向きを変え、地下の住いから太陽のもとへと上昇して行くこと、そしてそこまで昇ってから、動物や植物や太陽の光を直視することはまだできずに、水に映ったその神的な映像と影とに——つまり影は影でも、太陽と比べればそれ自身が模像的な光によって映し出された、模像の影ではもはやなく、ちゃんとした実物の影に——視線を向けること、こういった段階があった。」（引用者強調）

つまり、数学的諸学問によって、解放された囚人は、洞窟の外に出て「実物」の「影（σκιαί）」や「映像（φαντάσματα）」を目にする段階に至る、ということだ。ここで「実物」がイデアを表わしている以上、その「影」や「映像」は、「実物」たるイデアとは異なるものを表わしている、と解するのが自然であろう（この点について、第五節でより詳しく論じる）。もちろんこれは、解釈（二）をしりぞける決定的な論拠ではない。差し当たり、次の点を示すことができれば十分である。すなわち、数学的諸学問は、イデアそのものに関わるのではなく、可知的なものの領域に存するがイデアよりは実在性に乏しいある事物に関わる——このように解することには、テクスト上の一定の根拠があるのだ。

　次に解釈（四）を見る。ディアノイアの対象がある種の命題というのは、信憑性に乏しい。ゴンザレスが正しく論じているように、ノエーシスの対象はイデア、すなわち、問答法に携わる者が相手にする事物である。したがって、ディアノイアの対象もまた、幾何学者が相手にする「事物」であるということになるはずだ。この「事物」として、命題のようなものを置くのは困難である。もし、ディアノイアの対象たる「事物」がゴンザレスの言うような命題なのだとしたなら、ノエーシスの対象もまた、問答法に携わる者が相手にするような哲学的命題であり、イデアそのものではない、ということになってしまうだろう。

　第一章で瞥見したように、ゴンザレスは正しくも、哲学者の有する知識の内実はいかなる命題を知ることにも還元できない、と解している[32]。だが同じことは、幾何学者の認識状態、すなわち、ディアノイアの内実についても言えるはずだ[33]。一般に、幾何学の実践を正しく行うことができるようになった人は、定義、定理、公準のような諸命題をたしかに知っているだろうが、その人の幾何学に関する知の内実が、そうした幾何学的命題を知っているという事実によって十分に説明されるわけではない。むしろ、幾何学の知は、幾何学の関連する諸概念を適切な仕方で操作し、関連づけ、証明の形に組み立てる能力の内にこそ存するのであり、この能力それ自体は、いかなる命題を知ることにも還元できないと

考えられる。したがって、ディアノイアの対象たる「事物」もまた、命題ではないと考えるべきである。ゴンザレス解釈は以上の点で徹底されておらず、不十分なのである。

　解釈（五）をしりぞける主な理由は、太田がすでに指摘しているものである[34]。スミスは、ディアノイアが関わるものを「ディアノイアの段階にある思考者が関わっていると言うにもっとも相応しい対象」と特徴づける[35]。その上でスミスは、ディアノイアの対象を、幾何学者が探究に従事する際に用いる事物（例えば、図形や模型）とみなす[36]。しかし、ディアノイアの対象をこのように解するのは、テクスト上難しい。511a4-8でのソクラテスの次の発言は、可知的領域のうち低次の部分（すなわち、ディアノイアの対象）が、探究の対象である事物のことである点を含意しているからである。

> 「そういうわけで、僕はこの種類のもの〔BC〕を〈知られるもの〉と言ったけれども、しかし魂はこれの探究にあたって（περὶ τὴν ζήτησιν αὐτοῦ）様々な仮設を用いざるを得ず…」（引用者強調）

ここで「これの（αὐτοῦ）」は、BCが表わしているものを指しているが、ソクラテスはそれを、探究のための手段や道具ではなく、探究が目指すべき対象とみなしている。これは、スミスに反して、ディアノイアの対象が可知的事物であることを強く示唆する[37]。

第四節　解釈（三）に対する反論への応答

　第二節で諸解釈を紹介する際、筆者は、それらの解釈をサポートすると解し得る主な論点にも言及した。これらの論点のうちいくつかは、筆者がとる解釈（三）に反対する論者が、（三）をしりぞけるために提示する反論の論拠にもなっている。本節で筆者は、解釈（三）に対するそのような反論のうち主な三つをとり上げ、それぞれに対して応答する。

まず、若干の解釈者は、線分の比喩のテクストで数学的対象について説明がなされていないことを理由に、解釈（三）に反対していた[38]。この反論に対して、筆者は次の点を指摘することで応答する。すなわち、中期対話篇におけるプラトンには、望まぬ方向に議論を大きく脱線させる可能性のある問題、特に、あまりに込み入っており、慎重な取り扱いを要するような哲学的問題が議論において浮上した際、それに関する十分な考察を意図的に避けようとする傾向がある。こうした場合、プラトンは、自らの行いたい議論に集中するために、そのような厄介な問題には簡単に触れるだけに留めることが多い。この傾向の最たる例は、『パイドン』100c9–d8 に見られる。ここでプラトンは、魂不死の最終証明に向かう前に、ソクラテスに次の点を示唆させる。すなわち、イデアとそれを分有するものとの関係をどのように理解したらよいかという点は、一つの大きな哲学的問題になり得る、ということを。だが、ソクラテスは、この問題をすぐに脇に押しやり、本筋の議論である魂の不死性証明に戻る[39]。同じような傾向は、前章で見た、『国家』第五巻 476a7 の箇所からも見出せる。ここでソクラテスは、イデア相互間の「結びつき（κοινωνία）」という重要なアイデアに言及するものの、これを一切説明しないで素通りする[40]。同じように、ソクラテスは第七巻 534a5–8 でも、可知的領域のさらなる分割をしないようグラウコンにすすめるが、これもプラトンにとってみれば、望まぬ方向への脱線を避けるための戦略である、と解し得る[41]。したがって、次のように想定することは十分可能であろう。すなわち、プラトンが『国家』で、イデアと数学的対象とをきちんと区別せず、その違いについて説明していないのは、単に、この点について『国家』で詳しく論じるつもりがなかったからなのである、と。

　次に、マーフィーによる反論に応答する。マーフィーは言う。太陽の比喩でソクラテスは、可知的事物としてイデアについてしか語っていないのだから、線分の比喩の "νοητὸν εἶδος" や "νοούμενον γένος"――すなわち、線分の上半分の切片（AC）が表わしているもの――が、イ

第六章　第六巻「線分の比喩」509d1-511e5 における「ディアノイア」の対象

デア以外の事物を含んでいるとは考えにくい、と。この反論は、太陽の比喩でソクラテスは、可知的領域をイデア̇の̇みから成っているものとみなしている、ということを前提している。しかしこの前提は、それほど自明ではない。ソクラテスが言わんとしているのは、イデアは可知的領域に属する事物の代̇表̇例̇である、ということに尽きるかもしれないからだ。この推測は、ソクラテスが可視的領域について、次のような論じ方を現にしていることからも支持される。すなわち、ソクラテスは太陽の比喩では、影や映像のような、感覚的事物の似像には一度も言及していない。にもかかわらず、線分の比喩の箇所の冒頭で（509d8-510a3）、そうした似像が "ὁρατὸν εἶδος" ないしは "ὁρώμενον γένος（見られる種族）" に含まれることを突然明らかにするのである。これと同じような事態が、可知的領域についても成り立っていると考えることができる。つまり、線分の比喩でソクラテスは、"νοητὸν εἶδος" ないしは "νοούμενον γένος" がイデア以外の可知的対象、すなわち数学的対象も含むと実は考えている。たとえ、先立つ太陽の比喩の箇所で、そうした事物について一度も明示的に語っていないにしても、そうなのである、と。

　最後に応答するのは、次の反論だ。すなわち、510d7-8 の "τὸ τετράγωνον αὐτό（四角形そのもの）" や "διάμετρος αὐτή（対角線そのもの）" のような語句は、ここで話題になっているのがイデアであることを強く示唆する、との反論だ。しかし、デニヤが正しく指摘するように[42]、そうした語句が常にイデアを指すとは限らない[43]。例えば、ソクラテスが『国家』394c2 で「詩人自身（αὐτὸς ὁ ποιητής）」、404c4 で「火そのもの（αὐτὸ τὸ πῦρ）」と言うとき、〈詩人〉のイデアや〈火〉のイデアが意味されているわけではない。「四角形そのもの」や「対角線そのもの」に含まれる「そのもの」という強調は、次のことを意味しているに過ぎないと考えられる。すなわち、幾何学者が研究対象とする可知的な四角形や対角線は、厚み、歪み、色といった、描かれた図形を不完全な四角形や対角線たらしめてしまう雑多な諸性質からまぬがれている、ということを意味しているに過ぎない[44]。以上から、510d7-8 で「そのもの」という表

149

現が用いられている点は、解釈（三）をしりぞけるための論拠としては不十分である。

第五節　解釈（三）を擁護するための二つの考察

　解釈（三）を擁護するために、本節で筆者は二つの考察を掲げる。第一に——そして、もっとも重要な点として——この読みをとる場合、プラトンは、幾何学者の実践を正しい仕方で理解しており、彼らの実践の内実を正しく描写している、と解することが可能となる[45]。幾何学者が、例えば三角形を相手にするとき、彼らが関わっているのは、唯一にして絶対の〈三角形〉のイデアではない。むしろ、彼らが取り組んでいる個々の具体的な幾何学の問題において話題となっている三角形である、と考えられるからだ。この意味で、幾何学者の考察する三角形のアイデンティティは——問答法に携わる者が扱う〈三角形〉とは異なり——目の前にある特定の幾何学的問題の内に存している。たしかに、幾何学者が三角形の一般的性質を考察することもあり得る。しかし、その場合でも、幾何学者が取り組むのは、三角形の一般的性質に関するある特定の問題、あるいは、そのような一般的諸性質同士の関係についてのある特定の問題であろう。この文脈によって、考察の対象となっている三角形は、他の文脈で議論される三角形には共有され得ない、特別なアイデンティティを獲得すると考えられる[46]。同じように、数論に携わる者が扱う数も、そのアイデンティティを彼らが取り組む数論の問題から得ている[47]。以上の論点は、適宜変更を加えれば、他の数学的諸学問にも適用可能であろう。

　これに対して、問答法に携わる者が〈三角形〉を相手にする際は、三角形一般の本質それ自体に焦点を当てる。そうすることによって、彼らは、三角形一般の本質を把握した上で、実在全体の中でそれが占めている当の場所に位置づける。第五章で見たように、問答法のこの手続きは、数学的対象一般の概念を、実在全体の中に位置づける作業も含むはずで

第六章　第六巻「線分の比喩」509d1-511e5 における「ディアノイア」の対象

ある[48]。

　第二の考察として、次の点を指摘したい。筆者のとる解釈は、『国家』においてプラトンが似像に対して示す全般的な態度と一致する。すでに確認したように、532b6-c4 でソクラテスは洞窟の比喩の語彙を用いながら、次のように述べる。すなわち、数学的諸学問の学習によって、ひとは洞窟外の原物の影や映像を見る段階に至る、と。ここでプラトンは、これらの影や映像が、可知的事物のうちイデアとは異なる何かを表わしていると理解するよう促している、と筆者は考える。なぜなら、プラトンは『国家』の様々な箇所で、似像と原物の違い、そして原物の似像に対する存在論的優位性を強調しているからである。

　まず、他ならぬ線分の比喩で、魂の四状態を線分の四切片に割り当てるとき（511d6-e4）、似像とその原物とを——異なる程度の真実性に与るという意味で——別種の事物として扱っている。さらに、第十巻 596a5-598d7 で、模倣に携わる画家や詩人は単なる影像（εἴδωλα）しか生み出さないと述べるとき、絵画や詩などの似像は、それらのモデルである個々の事物よりも、イデアから遠ざかる程度が大であり、その分いっそう真実性に与る程度が少ない、とされる。

　似像と原物を異なる事物として区別すること、そして、似像に対する原物の優位性を強調することが『国家』の全般的傾向なのだとすると、先ほど見た 532b6-c4 の洞窟の比喩と絡めた数学的諸学問の描写においても、似像と原物の間の問題の区別が維持されている可能性は高い。したがって、532b6-c4 の洞窟外の似像は、イデアとは異なる可知的事物——特に、数学的対象——を表わしているとの想定には、一定の信憑性があると考えられる。

　もちろん、第二の考察に関する以上の議論は、洞窟の比喩と線分の比喩の間に対応関係が成り立っていることを疑問視する論者にとっては、それほど説得的に聞こえないかもしれない。二つの比喩の間の対応関係については次章で改めて詳しく議論し、これを擁護したい。

第六節　どうしてディアノイアの切片とピスティスの切片の長さは等しいか

　筆者のこれまでの議論によれば、ディアノイアの対象は、少なくとも一つには、イデアと感覚的事物の間の数学的対象である。本節では、この解釈を前提にして、関連するある別の解釈上の問題に取り組みたい。その問題は以下の通り。はじめに線分を分割したときの比がいかなるものであっても、切片 BC と CD の長さは必ず等しいものとなる[49]。この事実は、次のことを含意するように思われる。すなわち、BC と CD に対応する魂の二つの状態、つまり、ディアノイアとピスティスは同程度の明瞭性を有する、とされている[50]。しかし、そうだとすると、これは、ディアノイアはピスティスよりも明瞭な認識状態であろうという読者の側の予想に反するのみならず、533d4-6 でのソクラテス自身の発言とも矛盾をきたすことになってしまう。ここでソクラテスは、ディアノイアは、（ピスティスとエイカシアーから成る）思いなし（δόξα）よりも明瞭だとはっきり述べているからである。この点について、一体どのように考えるべきか。線分の比喩が含意するこの「謎」に関して、またしてもプラトンは説明を与えてくれない。本章でこれまで議論したのとは別個の問題ではあるが、本章の残りで、この点に関する筆者の解釈を提示したい。本章でのこれまでの議論が、この問題に取り組むための糸口を与えてくれるからだ。

　この問題に関して、フォーリーは次のように考える。すなわち、この問題に対する首尾一貫した解決策は存在しない。プラトンはむしろ、この問題を通して、線分の比喩で叙述された魂の四種類の状態を順に経験してもらうべく、読者を導いているのである、と。フォーリーによれば、はじめて線分の比喩の箇所を読むとき、読者は、テクストで語られていることをただ無批判に受け入れる（エイカシアー的段階）。次に読者は、自らの手で線分を描いてみたり、分割してみたりすることによって、中

第六章　第六巻「線分の比喩」509d1-511e5 における「ディアノイア」の対象

間の二つの切片の長さが実は必ず等しくなるのかもしれない、と気づく（ピスティス的段階）。さらに読者は、数学的証明を与えることによって、これら二つの切片の長さが必ず等しくなることをはっきりと認める（ディアノイア的段階）。最後に読者は、二つの切片の長さが等しいというその事実が、ピスティスとディアノイアの関係に対していかなる含意を有しているのか、という解釈上の難問に挑むようになる（ノエーシス的段階）[51]。

　筆者は、この問題に対する一貫した解決策はないという点について、フォーリーに賛成する。また、プラトンがこの問題を置くことで、読者に何らかのメッセージを送っているという点についても賛成する。しかし、プラトンがこの問題を置いた理由をどのように解するかという点に関しては、筆者はフォーリーの解釈をとらない。フォーリーは、線分の比喩の箇所に関する読解の四段階が、ソクラテスが念頭に置いている魂の四状態に対応すると考えるが、この読みは少々強引だからだ。特に、自ら描いた線分を見ることで、問題の二つの小切片が等しいかもしれないとの気づきを得ることが、いかなる意味でピスティスに対応すると言い得るのか。確認するなら、ピスティスとは、エイカシアーの対象（すなわち、影などの似像）の原物を対象とするような認識状態だった。したがって、フォーリーの解釈によれば、『国家』という書物にテクストとして書かれたソクラテスの台詞が、エイカシアーの対象であり、実際に描いてみた線分が、ピスティスの対象である、ということになるだろう。すると、実際に作図された線分が、ソクラテスの台詞の原物である、ということになってしまう[52]。しかし、『国家』でプラトンが論じている似像・原物関係を甚だしく拡大解釈するのでなければ、ソクラテスの言葉と描かれた線分との関係を、似像・原物の関係として理解することは困難であろう。

　ここで、デニヤの示唆が助けとなる。デニヤは、プラトンが線分の中間の二切片の長さが等しくなるようにした理由を説明し得る、三つの解釈を並べる。ただし、デニヤは、これら三つの解釈のいずれも、自身が

支持する読みとして示しているわけではない[53]。

　(A) 似像はその原物の特徴のすべてを完全に備えているわけでなく、その意味で常に不完全である。線分の比喩それ自体が一種の似像である。したがって、自身がソクラテスに語らせているこの似像も、ある不完全さを有している。以上のことをプラトンは示唆しているのである[54]。

　(B) 実はディアノイアは、ピスティスと同程度の明瞭性しか有していない[55]。魂の最高の状態、すなわち、ノエーシスに問答法によって到達しない限り、ピスティスより明瞭な魂の状態に至ることはない。この点をプラトンは示唆しているのである。

　(C) プラトンは、以上の(A)と(B)という、両立不可能な解釈のいずれも受け入れ得るような仕方で線分の比喩の箇所を書くことで、いわば「反対の現れ」の事態に読者を直面させ、知性の働きによってこの事態を乗り越えるよう読者を促している。これは、第七巻523b9-524d7でソクラテスが、指の大小の事例に訴えて叙述するのとちょうど同じような事態である[56]。

　これら三つの可能な解釈のうち、筆者は(A)がもっとも妥当であると考える。第一に、すでに見たように、この解釈は、似像に関して語る際の『国家』の一般的トーン——似像は原物には及ばず、必ずある不完全さを有する——と一致するからだ。プラトンが線分の比喩を示す際に、ディアノイアとピスティスの部分の長さが等しくなってしまうという「欠陥」を意図的に埋め込んだことは、プラトンからの次のような警告[57]として理解できるだろう。すなわち、「似像(比喩)に全面的に頼ってはいけない。たとえそれが、私(プラトン)自身が作った似像(比喩)であったとしても、その点は変わらない」との警告である[58]。

　第二に、解釈(B)も(C)も、ディアノイアは実はピスティスより明瞭な認識状態ではない、ということを前提している。しかし、この前提は疑わしい。長期にわたる数学的諸学問の学習によってようやく獲得される魂の状態が、そうした学習に与らない魂の状態と同程度の明瞭性しかもたないということを、プラトンが認めるとは考えにくいからである。

第六章　第六巻「線分の比喩」509d1-511e5における「ディアノイア」の対象

　本章の議論を要約する。線分の四つの切片のそれぞれは、ある種の事
物を表わしている。ディアノイアに対応する二番目の切片が表わしてい
るのは、イデアと感覚的事物の間に位置する数学的対象である。筆者が
この解釈がもっとも妥当であると考えるのは、一つには、この解釈によ
ればプラトンは、幾何学者の実践を正しく理解していることになるから
だ。幾何学者が扱うのは、〈三角形〉のイデアではない。可知的事物で
ありながら〈三角形〉のイデアとは異なる三角形である。このような可
知的三角形を扱う幾何学者の知の内実もまた、一定の命題を知ることに
尽くされるものではない。プラトンは、ディアノイアという認識状態に
対しても、数学的対象という固有の対象を割り当てており、その対象の
あり方に応じて認識状態のあり方が規定される、と考えているのである。

注

　　本章の原著論文は、筆者が2015年8月から2016年6月まで、カリフォルニ
　ア大学バークレー校古典学部に研究留学した際に書かれた。執筆に当たって、
　アドバイザーのジョヴァンニ・フェラーリ先生に様々な面で多大なご支援をい
　ただいた。改めて厚く御礼申し上げたい。

1　Pace Echterling（2018）, 5-15. Echterlingは次のように解する。すなわち、プラト
　ンの時代の幾何学では、コンパスと目盛りなしの定規で作図がなされていた。
　この事情のため、グラウコンは、込み入った作図過程を経て、二本の線分（共
　に同じ比で四分割される）を斜辺と隣辺にもつ直角三角形を描いた。真実性・
　明瞭性がそれに対応されるとされる四つの"τμήματα（511d7）"とは、線分の切
　片の長さではない。二本の線分の対応する分割点同士を結んで出来る部分の面
　積である。このように解するなら、中間の二つのτμήματαの大きさは異なるこ
　とになる、と。しかし、この解釈はあまり説得的でない。一つには、この解釈
　によれば、幾何学の専門家でもないグラウコンが、ソクラテスのかなり複雑な
　指示に、その場で難なくついて行っていることになるからだ。Echterlingが提案
　するような、複雑な作図が意図されているとは考えにくい。グラウコンの理解
　力にはある限界がある点については、第三章第四節でも議論した。
2　Smith（1996）, 27-28参照。古代ではプロクロス（『プラトン『国家』注解』第十
　二論文289.6-18）がこの立場をとる。他方、「知られるものの領域」を表わす切
　片の方が短いとする立場も、プルタルコス『プラトン哲学に関する諸問題』問
　題3, 1001d-eにおいて取り上げられている。Denyer（2007）, 292-94は、いずれ
　の切片がより長いかは、実は問題ではないと論じる。

155

3 筆者は、ある解釈上の理由から（第七章の注23を参照）、「線分の比喩」でテクニカル・タームとして用いられている"πίστις"に、藤沢が採用している「確信」という訳語をあてず、単に「ピスティス」としたい。強いて日本語の訳語をつけるなら、例えば「信念」が適当だろう。
4 仮説法について『メノン』86e1-87e7、『パイドン』99d4-102a3 も参照。
5 以下このような仕方で、異なる種類の解釈に番号をつける。
6 明確な答えを提示しない解釈者もいる。Annas (1981), 251-52 は解釈（二）と（三）を検討した上でどちらもしりぞける。Annas は、（三）は、510d で数学者が「四角形それ自体」「対角線それ自体」——イデアを指すと彼女は解する——を扱うとされているのと齟齬をきたす、と考える（しかし、本章第四節も参照）。他方で、（二）では、線分の下半分（CD と DE）における原物・似像関係に対応するものが、線分の上半分（AB と AC）にはない、ということになる。これでは線分の基本図式が崩れてしまい問題だ、と Annas は言う。Annas は結局、この問題を解決不可能とみなす。Foley (2008), 3；Benson (2010), n. 3, 203 も参照。
7 Nettleship (1906)；Shorey (1937)；Hackforth (1942)；Murphy (1951)；Ross (1951)；Cornford (1965)；Cross and Woozley (1996)；藤沢 (1976)；太田 (2013)。
8 Adam (1902)；Buryneat (1987), (2000)；Denyer (2007)。
9 Boyle (1973), (1974)；Gonzalez (1988a)。
10 Fogelin (1971)；Bedu-Addo (1979)；White, N. P. (1979)；Rowett (2018)。
11 Fine (2003), 101-6.
12 Fine (2003), 101-12.
13 Fine (2003), 85-116. 第一章第三節も参照。
14 例えば Cross and Woozley (1996), 237-38.
15 ディアノイアが問題になる文脈は数学だけか。Murphy (1951), 168-72；Ross (1951), 63 は、そうであろうと考える。これに対し、Nettleship (1906), 250 は、例えば動物学者も、それぞれの動物の本質——彼はこれをイデアと解する——を考察する限りにおいて、ディアノイアをもち得ると言う。Burnyeat (1992), n. 6, 186 は、正義の範型（παράδειγμα）として言論によって建造されたカッリポリスは、数学におけるディアノイアの対象に比せられるものであろうと考える。カッリポリスは（おそらく）完全に正しいポリスではあるが、〈正義〉の一個別事例に過ぎず、その意味で〈正義〉のイデアとは異なるからだ。この点について、Hackforth (1942), 2, 7；Gonzalez (1998a), n. 19, 363；Fine (2003), 106；太田 (2013)、20 も参照。
16 Ferber (2015), 82-96 は、Ross (1951) に賛成し、ディアノイアの対象はイデアであるとするが、この対象は幾何学者が取り扱う仮説でもあると解する。Ferber によれば、これらの仮説は事物（Dinge）ではなくある種の事実（Sachverhalte）——その内容が「Fとは然々である」といった定義に関わるものであれ、「Fが

第六章　第六巻「線分の比喩」509d1-511e5 における「ディアノイア」の対象

存在する」といった存在に関わるものであれ——である。筆者は Ferber のこの解釈もとらない。第三節の、筆者がどうして解釈（二）や（四）をしりぞけるかに関する議論を参照されたい。

17　Ross（1951）, 59. しかし彼は、解釈（三）に魅力があることは認める。
18　Murphy（1951）, 167.
19　Murphy（1951）, n. 2, 167 は、次の点も指摘する。すなわち、509d4 の "διττὰ εἴδη（二つの種族）" は 507a7-b10 を思い起こさせるが、ここでソクラテスは、イデアを感覚的事物から区別していたはずである、と。
20　例えば Hackforth（1942）, 3；Cornford（1965）, 62-63；太田（2013）, 17. Wedberg（1978）, n. 2, 44 は、この箇所で言及される四角形や対角線は「原型（archetypes）」であり、描かれた四角形や対角線は、それらを分有する、その模像であると考える。解釈（二）自体はしりぞけるが、当該箇所の四角形や対角線はイデアのことであると解する論者もいる。Boyle(1973), 5；Bedu-Addo(1979), 101；Smith（1996）, 33；Fine（2003）, n. 35, 105-6 参照。
21　『饗宴』211d3,『パイドン』65d4-5, e3, 74a12, c1, c4-5, d6, e7, 75b6, c11-d1, 78d 1, 100b6-7, c4-5, d5, 102d6, 103b4,『国家』490b2-3, 507b4, 532a7, b1, 597a2, c3,『パイドロス』247d6-7, 250e2.
22　534a5-8 に対する藤沢訳の注を参照。
23　もう一つの違いは、それらの図形は、例えば三角形の完全な実例だが、目に見える図形はそうした完全性をもち得ない、という点だ。
24　Burnyeat（2000）, 34-35 参照。Burnyeat（1987）, 227-32 も見よ。
25　Adam（1902）, 68-69.
26　M. 13.1086a12 も参照。Ross（1924）, 166 は、アリストテレスが『形而上学』の中で中間者の教説について語っている箇所を列挙する。Annas（1976）, 21 は、アリストテレスが中間者の考えをプラトンに帰しているのは、数についてのプラトンの発言をすべて理解しようとする、彼の側の試みによるものかもしれない、と言う。
27　Annas（1975）, 156-64 は、アリストテレスが『形而上学』でプラトンに帰しているような中間者の考えの典拠となる箇所は、プラトン対話篇中に存在しないと述べる。
28　Gonzalez（1998a）, n. 19, 363.
29　Smith(1996), 34-40, (2019), 125-28. 同じような解釈として、Fogelin(1971), 375-82；White, N. P.（1979）, 184-86；Bedu-Addo（1979）, 93-103；Rowett（2018）, 153-55.
30　Smith（1996）, 36,（2019）, 104-5.
31　洞窟の比喩のこの箇所で、数学的諸学問が主として話題になっていると解することに関しては、反対する論者もいるかもしれない。この点については、第七章で改めて議論する。

32　第一章第三節の三・三を参照。
33　この点に関して、Rowett（2018）, 151-52 参照。
34　太田（2013）, 17.
35　Smith（1996）, 39.
36　同様の解釈として Bedu-Addo（1979）, 101-2. ディアノイアにおいてひとが考察する事物——彼の読みではイデア——と、BC が表わすものは区別するべきである、と彼も言う。
37　さらに、第七巻でソクラテスが線分の比喩の要点を述べている箇所（534a1-5）も、Smith の読みに反している。ここでソクラテスは、高次の二つの認識状態をそれぞれ「エピステーメー」と「ディアノイア」と呼んだあと、これらをまとめて「ノエーシス」と呼び、「ノエーシス」は "οὐσία（実在）" に関わる、と言う。この文脈で "οὐσία" が感覚的事物を指していないのはほぼ確実だろう。
38　Ross（1951）, 59；Boyle（1973）, 3-4；Smith（1996）, 36.
39　この問題は『パルメニデス』130a2-133a10 で本格的に議論される。Marmodoro（2021）, ch. 4 は、『パイドン』当該箇所でソクラテスが、感覚的事物に対するイデアの関わり方として「臨在（παρουσία）」と「共有（κοινωνία）」という二つの可能性を挙げている点に着目し、それぞれがいかなる哲学的含意をもつと解し得るかを、アナクサゴラスの形而上学と比較しながら議論する。
40　プラトンは『ソピステス』251d5-259d8 でこの問題に取り組む。プラトンが厄介な哲学的問題について議論をするのを避けるときはいつでも、その後に書かれた対話篇で、その問題をより十分な仕方で取り扱っている、と筆者は主張しているわけではない。
41　Burnyeat（2000）, 33-34 参照。
42　Denyear（2007）, 304.
43　Smith（2009）, 196,（2019）, n. 31, 116 に反して、510c4-5 で幾何学者が仮設として扱うと言われる "γωνιῶν τριττὰ εἴδη（角の三種類）" が何を意味していようと、このことが筆者の支持する解釈に対する反証をなすわけではない。この文言は、幾何学者が、自らの研究において考察するものではなく、自らの研究の基礎として措定するものを表わしているとも考えられるからだ。したがって、その指示対象が何であるかは、ディアノイアの対象は何かという目下の問題とは差し当たり無関係である。筆者の考えでは、ディアノイアの対象を指示しているのはむしろ、510d7-8 の "τὸ τετράγωνον αὐτό" や "διάμετρος αὐτή" である。また、Smith に反して、"εἴδη" という語が用いられていること自体は「イデア」が問題になっている証拠としても弱い。"εἴδη" は、単にものの「種類」を表わしているだけかもしれず、この箇所もそう読めるからである。直前 509d4 の "διττὰ εἴδη（二つの種類）" を参照。ここでソクラテスは、事物の全体を可知的事物と可視的事物の二種類に大別しているに過ぎない。
44　Denyer（2007）, 294, 305.

第六章　第六巻「線分の比喩」509d1-511e5 における「ディアノイア」の対象

45　数学者の実践に関する議論として、他に『メノン』82b9-87b2、『ピレボス』56c8-57a4、『法律』第七巻 817e5-822d1 参照。

46　ただし、こう言うからといって筆者は、様々な幾何学的問題から成る、統合されたあるシステムが存在する可能性を否定するわけではない。また、幾何学者がイデアを相手にしていることを否定するからといって、プラトンが彼らの実践を批判していることにもならない。むしろ、プラトンは彼らの実践を肯定的に捉えている。どうしてカッリポリスの統治者たるべき者は、長期の訓練を経て数学的諸学問相互の結びつきを「総観」しなければならない（537b8-c3）のかとの問いに対して、Burnyeat (2000), 34, 74-80 は、以下のような答えを与える。すなわち、プラトンは、数学の学習を通じて獲得されるような体系的思考は、〈善〉に至るための単なる道具的手段ではなく、〈善〉についての理解の内実を成す要素である、と考えている。数学の学習を通じて達成される体系的思考の重要性は、問答法を教程の「冠石（θριγκός）」とする比喩（534e2）によっても例証されている、と。

47　数学者が、「一」がどこに現れようと、互いに等しいものであるよう気を配るとされる（526a1-5）のも、特定の数学的問題に取り組んでいる文脈が念頭に置かれてのことと解し得る。「モナド的（μοναδικός）」で算術的な数は「実在的（οὐσιώδης）」数の似像であり、後者は前者より存在論的に高次の位置づけにあると考える、プラトン主義の伝統がある。プロティノス『エネアデス』VI 6.9.33-36 参照。モナド的数については、アリストテレス『形而上学』M. 8.1083b16-17, N. 5.1092b20 も参照。

48　幾何学者の三角形と〈三角形〉のイデアとのもう一つの違いは、後者と違って前者は空間的に延長している点である。

49　詳しい証明は省略するが、線分全体の長さを x、分割するときの比を $a:b$ とすると（ただし $a \neq b$）、中間の二つの切片の長さはどちらも、$\dfrac{abx}{(a+b)^2}$ となる。

50　さらに、これら二つの認識状態が関わる対象も、同じ程度の真実性を分けもっている。

51　Foley (2008), 19-23.

52　そのように解さない限り、Foley の言うエイカシアー的段階とピスティス的段階の対象を特定できない。もし Foley が、対象の違いによってこれらの諸段階を区別していないのなら、そうした諸段階がエイカシアーやピスティスに対応すると解することは、なおさら無理があるだろう。第三節で見たように、ソクラテスは、異なる対象に着目することによってエイカシアーとピスティスを区別しているからだ。

53　Denyer (2007), 296.

54　同じ路線の解釈として、Smith (1996), 43 も参照。

55　近年では、Storey (2022) がこの解釈を擁護している。

56　この箇所に関して、第二章第三節の議論も参照。Bedu-Addo (1979), 103-8 は中

159

間二つの切片の長さが等しいのは、BC と CD の両者が同じ対象、すなわち感覚的事物を表わしているからである、と考える。Beddu-Addo は言う。数学者は自分が描いた目に見える図形を取り扱う際、これらをイデアの似像として扱う。他方で一般の人びとは、イデアの存在に気づいていないため、目に見える事物がイデアの似像であることに気づいていない。BC と CD がともに感覚的事物を表わしていることは、洞窟の比喩の描写からも確かめられる。すなわち、BC が表わしている事物（洞窟外の映像や影）と CD が表わしている事物（洞窟内の人形）は、存在論的に同レベルのものであるはずだ。なぜなら、両者ともに、洞窟外の実物を直接模した似像のはずだからである、と。だが、Bedu-Addo のこの説明は説得的でない。諸写本に従うならば、洞窟外の映像には、洞窟内の人形などとは異なり「神的な（θεῖα）」という限定が付与されている（532c2）（この読みの正当化について、特に Adam（1902）, 189-90 参照）。これは、Beddu-Addo に反して、洞窟外の映像と洞窟内の人形は、それぞれ異なる種類の事物を表わしていることを強く示唆する。Smith（1996）, 40-42 は、ディアノイアの対象を感覚的事物とする点では Bedu-Addo に賛成するが、どうしてディアノイアとピスティスが同程度の明瞭性をもつとされているかの説明の点で Bedu-Addo は失敗している、と解する。

57 特に『国家』においては、プラトンから読者への暗黙のメッセージとして解し得る箇所が散見される。この点についての研究として、特に Ferrari（2010）; Smith（2019）, ch. 5 参照。

58 506d7-e3 参照。ここでソクラテスは、〈善〉そのものが何であるか自分は述べることができないと打ち明け、かわりに〈善〉に関する比喩を語ることを提案する。『ティマイオス』27d5-29d3 も参照。ここで登場人物ティマイオスは、自分は宇宙生成について厳密な言論を与えることはできない。その代わり、ありそうな言論（εἰκὼς λόγος）を与えることができるなら、それでよしとしよう、と言う。

第七章　第七巻「洞窟の比喩」514a1–516b6 における洞窟の囚人の二段階

第一節　問題提起と当該テクストの紹介

　前章で筆者は、線分の比喩におけるディアノイアの対象は、数学的対象であるとする解釈を擁護した。その際筆者は、第六巻の線分の比喩と第七巻の洞窟の比喩との間に、ある対応関係が成り立っていることを前提していた（第六章第三節及び第五節参照）。しかしこの前提は、それ自体が大きな論争の的になっている。特に、洞窟の比喩の冒頭 514a1–515e4 で描かれる洞窟内の囚人の二つの「段階」は、線分の比喩のエイカシアーとピスティスにそれぞれ対応していると言えるか。もしこの問いへの答えが「ノー」であるなら、二つの比喩の間に全面的な対応関係は存在しないことになる。すると、洞窟の比喩のある特定の描写に訴えることによって、線分の比喩に関する解釈にサポートを与えようとした前章の議論には、方法論の点で少なくとも問題があることになってしまう[1]。本章の主な目標は、上記の問いに「イエス」と答え、線分の比喩と洞窟の比喩の間には一対一の対応関係が成り立っているとする解釈を擁護することである。まず、洞窟の比喩の関連する箇所を見てみよう。

　第七巻冒頭 514a1–b3 でソクラテスはグラウコンに、洞窟のような形状をした地下の住まいを思い描いてほしいと言う。この洞窟の底の方で、人びとが鎖に縛られている。彼らが見ることができるのは、彼らの後方遥か彼方で燃える火の光によって、洞窟の底の壁面に映る影だけである（以下、囚人のこの段階を C1 と呼ぶ）。これらの囚人と火の間には衝立のような低い壁が設けており、その上を沿うようにして、あらゆる種類の道具や、動物や人間をかたどった像（以下、これらの道具や像をまとめて単に「人形」と呼ぶ）が「人形使い」によって運ばれていく。人形

使いの中には、声を発する者も、黙っている者もいる（514b3-515a4）。ソクラテスは続けて、縛めから解放された囚人にどのようなことが起こり得るかについて語る。囚人は苦痛と困惑を伴いながら、人形と火の方を見るよう強いられる（この段階をC2と呼ぶ、515c4-e4）。以上のC1とC2の二段階が、本章の主題である。その後、苦労して洞窟の外へ上っていったあと、囚人はまず、洞窟外の事物（例えば人間）の影や映像を見て目を慣らす（C3、515e5-516a7）。そうしてようやく、洞窟外の事物そのもの（諸天体や太陽もそこには含まれる）を見て取るに至る、とされる（C4、516a8-b6）[2]。

　以上で概観した洞窟の比喩に関して解釈者を特に悩ませているのは、次の二つの考慮事項の間にどのようにして折り合いをつけるかである。

　第一に、少なくとも一見したところ、C1、C2、C3、C4[3]のそれぞれは、洞窟の比喩の直前に語られた線分の比喩（第六巻509d6-511e5）における、魂の四つの状態に対応すると思われる。確認するならその四つとは、明瞭性（σαφήνεια）が低い順に、(a) エイカシアー（影像知覚）[4]、(b) ピスティス（信念）[5]、(c) ディアノイア（思考）、(d) ノエーシス（知性）だった。そして、これら四状態には、四種類の対象が割り当てられていた。すなわち、真実性（ἀλήθεια）が低い順に、それぞれ、(a*) 可視的事物（動物、植物、人工物など）の影や映像、(b*) 可視的事物そのもの、(c*) 幾何学者が相手にする可知的事物（四角形や対角線など）、(d*) イデア。

　第二に、以上の考慮事項があるにもかかわらず、特にC1とC2に関して、どのような意味でエイカシアーとピスティスにそれぞれ対応すると言い得るかは明らかでない。なぜなら、次の二点は、C1とC2がエイカシアーとピスティスに対応していないことを示唆するとも考えられるからである[6]。まず、（一）鎖に縛られた囚人——彼らは「われわれに似ている」と言われる（515a5）——は、影を見ながらその生活のほとんどを送るはずである。したがって、C1が表わしているのは、人びとの日常的な経験であり、そのときの魂の状態でなければならない。しか

し、われわれは通常、（少なくとも、文字通りの意味においては）影などを見ながら生活の大半を送ったりはしない[7]。次に、（二）C2において、解放された囚人は、人形を見て、それが何かと訊ねられた際に「困惑する」と言われるが、われわれは動物や人工物などの可視的事物に目を向ける際、そのような仕方で困惑することは滅多にない。そうした困惑はむしろ、例外的な状況（例えば、正体不明の生き物に出くわした場合のような）でのみ生じるものであろう。以上の（一）と（二）は、C1・C2がエイカシアー・ピスティスにそれぞれ対応しているとする解釈をしりぞけるための論拠としても用いられる。

以上二つの考慮事項を前にして、解釈者の陣営は大きく二分される。一方の陣営は、線分の比喩における魂の四状態と洞窟の比喩における囚人の四段階の間には、一対一の対応関係など存在しないと考える（この路線を解釈（A）と呼ぼう）[8]。他方の陣営は、問題の一対一対応を見出し得ると考える（この路線を解釈（B）と呼ぼう）[9]。

本章で筆者は解釈（B）を擁護する。そのために、まず、（B）にはそれ自体として解釈上の利点があることを示す。また、（B）に向けられている主な二つの反論には応答可能であることを示す（第二節）。次に、ソクラテスがC1とC2についてそれぞれ語る際、どのような事態を念頭に置いているかを説明する（第三節）。続いて、本章でのそれまでの議論を用いながら、洞窟の比喩の細部に関するさらに二つの問題に取り組む（第四節）。最後に、本章の議論が、本書のこれまでの議論と整合的である点を確認する（第五節）。

第二節　解釈（B）の擁護

まず、どうして筆者が、解釈（B）の方がすぐれていると考えるかを説明しよう。理由は二つある。第一に、第一章ですでに見た点だが、ヴラストスの次の指摘は正しいと思われる[10]。すなわち、プラトンはある認識状態を、その固有の対象との関わりによって規定されるものとみな

す傾向がある、との指摘である[11]。すると、洞窟の比喩に（大まかに言って）四種類の対象が登場すると考えられる以上、プラトンは、それら四種類の対象に関わる、四種類の認識状態があると考えている。このように解することには、一定の信憑性があるだろう[12]。そして、洞窟の底から外の世界へと上昇していくにつれて、囚人の魂の状態はよりいっそう明瞭になっていくと述べられているのだから[13]、それら四つの認識状態が、エイカシアー、ピスティス、ディアノイア、ノエーシスとは別の何かであるとは考えにくい。これら四つの認識状態はまさしく、それぞれが関わる対象の真実性の程度に応じた、異なる明瞭性の程度を有するものとされていたからである。

　筆者が解釈（B）の方が望ましいと考えるもう一つの理由は、解釈（A）では、エイカシアーがそれ自体としては、哲学的にトリヴィアルな認識状態になってしまうからである。解釈（A）によれば、エイカシアーとは、影や映像のような可視的事物の光学的な似像を見ている状態に他ならない。しかし先ほど見たように、われわれは通常、影のような光学的な似像の観察に耽ったりはしない。すると、解釈（A）によれば、このような認識状態をわざわざ別種のものとしてプラトンが論じているのは、主として次の目的のためである、ということになるだろう。すなわち、可知的事物に関わる二つの認識状態のうち、より低次のものであるディアノイアがいかなるものであるかを、可視的事物に関わる二つの認識状態のうち、より低次のものであるエイカシアーによって例示するためである、ということになる。このような例示が可能であるのは、エイカシアーとピスティスの比（関係）が、ディアノイアとノエーシスの比（関係）に等しいとされているからである（509d6-8）。したがって、解釈（A）をとるならば、エイカシアーは、ディアノイアを例示するための説明上の道具としては機能しているかもしれないが、それ自体としては大した意味をもたない認識状態である、ということになってしまう。しかし筆者は、可能であるなら、エイカシアーそれ自体にも哲学的意味を見出すことができる解釈の方が望ましいと考える。そして以下で見る

ように、解釈（B）をとるならば、エイカシアーとは——少なくとも一つには——倫理的・政治的事柄に関して大衆が共有している（場合によっては問題含みの）認識状態である、という解釈を与えることができる。筆者が解釈（B）の方が望ましいと考えるのは、このような仕方で、エイカシアーに内実を与えることができるからである。

続いて、解釈（B）に対する主要な二つの反論を確認し、その上で、それぞれに応答していく。まず、C1 とエイカシアーの関係が問題になる。洞窟の囚人と異なり、われわれは通常、影などの観察に耽ることはない。解釈（A）を支持する論者は、この点を、C1 とエイカシアーの間の対応関係を否定するための論拠として用いる。

この反論に対して、次のように応答する論者がいる。すなわち、ソクラテスは多くの人びとが通常見ているものが、可視的事物の似像に過ぎないと本当に考えている。可視的な諸事物の空間内での相互関係——幾何学者はこうしたものを研究する——を測定するための専門的技術なしには、われわれは、可視的事物そのものではなく、その単なる現れしか把握できないと考えられるからである、と[14]。

だが、こうしたアプローチで問題の反論に応答するのは難しい。洞窟の比喩はもともと、「教育と無教育に関するわれわれの本性（τὴν ἡμετέραν φύσιν παιδείας τε πέρι καὶ ἀπαιδευσίας）」を示すためのモデルとして導入された（514a1–2）。ソクラテスにとって、われわれが、可視的な諸事物間の空間内での相互関係の把握に関して真っ当な教育を受けているかどうかというのは、かなり些末な問題であろう[15]。

筆者は、若干の解釈者に賛成して[16]、以下のように解する。洞窟の比喩の冒頭で、囚人が置かれている状態を描写するとき、ソクラテスは主として[17]、善、美、正義など価値[18]に関する教育や無教育のことを念頭に置いている。そして、ソクラテスは線分の比喩で、次のような強い主張にはコミットしていない。すなわち、ピスティスとエイカシアーの対象はそれぞれ、動物、植物、人工物などの可視的事物、そして、それらの光学的な似像で尽くされるとの主張にはコミットしていない、と解す

165

るのだ[19]。この点を示唆するのは、線分の比喩の 510a9 である。ここでソクラテスは、"ὁρατόν（可視的事物）"ではなく"δοξαστόν（思わくされる事物）"という語を、"γνωστόν（可知的事物）"との対比で用いている。これは、ソクラテスにとって、"ὁρατόν"と"δοξαστόν"が交換可能な語であることを強く示唆する[20]。この点は、第七巻 533e3-534a7 からも確認される。ここでは、ピスティスとエイカシアーが関わるものの総称として、"ὁρατόν"ではなく"δοξαστόν"が用いられている。第一章において、第五巻末尾のソクラテスの議論を検討する際に見たように、思いなし（δόξα）が、美や正義などの価値にも関わり得るものであるのは言うまでもない[21]。

したがって、ソクラテスは C1 の描写を通じて、次のようなことを言わんとしているのだと考えられる。すなわち、多くの人の魂は、やむことなくある種の δοξαστόν（思わくされる事物）に向けられているのだが、特に、美や正義など価値に関して、真実性を著しく欠いた似像――それら諸価値の「人形」にも劣る、単なる「影」と呼ばれるべきもの――と関わっているのだ、と（この点については、第三節でさらに議論する）。

解釈（B）に対する第二の反論に移ろう。すなわち、C2 の描写を仔細に見てみると、C2 がピスティスとは対応していないとわかる、との反論である。たしかに、C2 において、縛めを解かれた囚人が人形を見る際に経験するとされる状態は、極めて特殊なものだ。囚人は、火の光に目がくらみ「以前には影だけを見ていたものの実物を見定めることができない（515c8-d2）」。人形のそれぞれが指し示され、それが何であるか訊ねられると（515d4-6）、「彼［囚人］は困惑して、以前に見ていたものの方が、いま指し示されているものよりも真実性があると考える（515d6-7）」とされる。さらに、C2 の箇所では、囚人がそれぞれの人形を見定め、困惑することなく識別できるようになる過程は描写されていない。以上から、解釈（A）を支持する論者は、C2 とピスティスの間に対応関係はないと結論づける。彼らによれば、ピスティスとは、われ

われが可視的事物を目にする際の、ごく日常的な魂の状態に他ならないはずだからである。

　このような、C2 は困惑の契機を含んでいるのだからピスティスに対応するはずがないとの反論に対し、筆者は次のように応答したい。すなわち、C2 が困惑の契機を含んでいるという点は、C2 とピスティスの間の対応関係を否定するための論拠としては不十分である。なぜなら、この点での違いは、線分の比喩と洞窟の比喩の文脈の違いを反映しているに過ぎないとも解し得るからだ、と。詳しく説明しよう。

　線分の比喩で、ピスティスは、動物、植物、人工物などに関わるとされるが、これらは「Fでないもの」として現れることが滅多にない事物である。例えば、犬が犬でないものとして現れることは――指が指でないものとして現れることが滅多にないのと同様に（523c-e）――少なくともほとんどの場合ないだろう[22]。これに対して、洞窟の比喩のC2で主に話題になっているのは、感覚される美しいもののように、「Fでないもの」としてもしばしば現れ得る事物であると考えられる。感覚される美しいもの、正しいものは、時や状況や観点によって、醜いもの、不正なものとしても容易に現れ得る。実際、先ほど確認したように、洞窟の比喩の主題は、そのような価値に関する教育と無教育と解するべきなのである。したがってC2 は、「反対の現れ」を引き起こすことによって、ひとを困惑させる可能性が比較的高い事物に関わっている。

　しかし、この点に関する違いがあるからといって、C2 の囚人がもつ認識状態がピスティスの一種ではないということには必ずしもならない。筆者の解釈でも、C2 の囚人の認識状態は、ソクラテスが線分の比喩で、ピスティスの特徴としてはっきりと語っている二つの特徴を依然として保持しているからである。すなわち、（一）ピスティスの対象である（感覚的）事物は、エイカシアーの対象である（感覚的）事物より真実性の程度が高い（線分の比喩について 510a8-10, 511d6-e4、洞窟の比喩について 515d2-4 参照）。（二）ピスティスの対象とエイカシアーの対象の間には、原物・似像の関係が成り立っている[23]。洞窟内の人形

——影の原物であり、影よりは真実性の程度が高い——を相手にするC2の囚人の認識状態もまた、以上二点を満たしていると解し得るのである（次節で詳しく論じる）。

次節に移る前に、筆者の解釈に対するあり得る誤解を防いでおきたい。筆者は、線分の比喩と洞窟の比喩の間に対応関係があると論じてきたが、それによって次の事実を否定しようという意図はない。すなわち、線分の比喩は（現代哲学で言うところの）認識論に関わる程度がより大きく、洞窟の比喩は（認識論に加えて）倫理学や政治哲学にも関わる程度がより大きい、という違いを否定するつもりはない。筆者が主張したいのは、二つの比喩がそのような文脈上の違いを有しているにもかかわらず、C1とC2がエイカシアーとピスティスにそれぞれ対応しているとみなすことは正当化され得る、ということに尽きる[24]。

第三節　C1とC2が表わしているのはいかなる状態か

C1における囚人は影しか見たことがない。そのため、実在するものは影で尽きると考えている（515c1-2）。これらの影は——少なくともその大半は[25]——人形使いの運ぶ人形によって投げかけられている。筆者は幾人かの解釈者に賛成して[26]、この描写が比喩的に表わしているのは、ソクラテスと同時代の民主制アテナイの状況であると考える。そこで市民は、詩や弁論、絵画や彫刻のような文化的表象に囲まれ、絶えずその影響を受けながら暮らしていた。人形使いのうち声を発する者は詩人や弁論家を[27]、黙っている者は画家や彫刻家を表わしている[28]、と筆者は解する[29]。したがって、囚人が見ている影が主に表わしているのは、詩人や画家など模倣に携わる者が制作する作品である。

この解釈を正当化し得るのは、次の点である。第十巻で、模倣に携わる者の作品——詩と絵画に代表される——は、イデアから離れること三番目[30]の事物とされる（597c3-5）。『国家』において、動物、植物、人工物などの感覚的事物より実在性・真実性の程度が低いとはっきり語ら

第七章　第七巻「洞窟の比喩」514a1-516b6における洞窟の囚人の二段階

れる事物は、線分の比喩で言及される影や映像の他は、詩や絵画など、模倣に携わる者が制作する作品のみである。したがって、エイカシアーの対象はピスティスの対象より真実性・実在性が低く、また——筆者がそう解するように——、C1がエイカシアーに対応するのなら、C1の段階の囚人が相手にしている事物（すなわち、影）が比喩的に表わしているのは、詩や絵画など模倣による作品である可能性は高い。プラトンにとって、模倣作品がエイカシアーと関連したものであることは、最晩年の『法律』第二巻667c9-d1, 668a6-7からも確認される。ここで、（模倣技術の一種である）音楽の技術は"εἰκαστικαί"であり、音楽作品は"εἰκαστικόν"であると言われる。

　とはいえ、ソクラテスの主な関心は、模倣に携わる者たちの中でも詩人であると考えられる。古典期のアテナイでは、悲劇、喜劇、叙事詩、抒情詩などの詩は、道徳、歴史、技術などを保存、継承、伝達するための主要な文化的媒体（メディア）だったからである[31]。もちろんソクラテスは、アテナイ市民たちの生活の大半が、悲劇や喜劇の鑑賞に捧げられている、とみなしているわけではない。むしろ、言わんとしているのは次のようなことだろう。すなわち、アテナイ市民は、詩をはじめとした文化的表象に囲まれて暮らしている。それらは慣習の中に取り込まれ、あるいは権威と結びつき、そのもとで育った者の思考の様式を知らず知らずのうちに規定する。アテナイ市民は生れたときからこのような状態に置かれており、そのため、美や正義など価値に関する彼らの理解もまた、自らの文化の内に固く縛りつけられ、閉じ込められている。その結果、彼らは、自らの文化において美しい、正しい、と現にみなされているものが本当にそうであるのか、あるいはどうしてそうであるのかを、問いただすことができない[32]。ソクラテスが、囚人は「われわれに似ている」と言うのは、主としてこのような意味においてである、と筆者は解する[33]。

　他方、C2はどのような状態を比喩的に表わしているか。C2における囚人は、人形のそれぞれについて何であるかと訊ねられた際、「困惑す

る（ἀπορεῖν）」とされていた点に着目したい。これは、主に初期対話篇で描写された、ソクラテスのエレンコス（論駁問答）を強く思い起こさせる[34]。エレンコスにおいてソクラテスは、F（敬虔、勇気、節制など）とは何か定義するよう対話相手に求める[35]。対話相手は、自分が示したFの規定がソクラテスによってしりぞけられると、しばしば、当該の問題に関して困惑の状態（アポリア）に陥ってしまう[36]。さて、C2との関連で特に重要なのは、エレンコスの描写においてソクラテスの対話相手は、自らが最高度にFであると考えている行為や事物のタイプに言及することでFの規定をしばしば与えようとする、という点である[37]。ソクラテスはこのようなFの規定を、次の点を指摘してしりぞける。すなわち、例えば「敵と向き合い、逃げないこと」[38]や「本当のことを言い、誰かから何かを預かった場合にそれを返すこと」[39]は、（一）定義されるべきFのすべての事例をカバーできていない[40]、あるいは、（二）状況によってはFと反対のものとしても現れ得る[41]、と指摘するのである[42]。

　このような、ソクラテスの対話相手が言及する行為や事物のタイプは[43]、『国家』の議論の枠組みの中では感覚的事物の一種として扱われるだろう。『国家』では、「これ」と名指すことができる個別的な感覚的事物だけでなく、感覚的事物のタイプもまた、思いなし（ここにピスティスも含まれる）の対象であると考えられるからだ[44]。C2が、感覚的事物／思わくされる事物に関わると言い得るのは、少なくとも一つにはこのような意味においてである[45]。すなわち、C2における囚人は、ソクラテスのエレンコスを受ける者——Fである感覚的事物のタイプに訴えることでFを規定しようとするが、与えたFの規定がしりぞけられ、困惑の状態に陥る——を比喩的に表わしている、と筆者は解するのである。この段階の囚人は、問題の（ソクラテスを思わせる）人物とのやりとりを通じて、以前のようなひどい不知の状態からは脱している。囚人は以前には、それぞれの事物が何であるか、本当は知らないのに、知っていると思い込んでいた。しかし、このような不知からはもはや解放さ

れている、とみなし得るからである。

　さて、C2 で囚人に指し示される人形は、衝立の上を人形使いによって運ばれていくものでもあった。筆者は、人形がこのように描写されているのは、模倣に携わる者が、様々なタイプの性格や行為に着目し、その観察をもとに自らの作品を描き出す様が念頭に置かれているからである、と解する[46]。例えば詩作の営みは、個別的な人物や実際に起きた出来事に着目し、それらを単に写実的に描写することでは尽くされない。むしろすぐれた詩人であればあるほど、聴衆を感激させるという目的（第十巻 605a2-6）[47] に適合した性格や行為のタイプを選び取り、それらを鮮明に描き出すことに長けているはずである。激昂している者、悲嘆に暮れている者などが、そうした類型化のもとで捉えられる性格の最たる例だろう。C2 段階の囚人とは異なり、人形使いは困惑するという経験をもたないはずであり、したがって、彼らの魂の状態は、C1 における縛られた囚人と同程度に不明瞭なものに留まるだろう[48]。一つには、人形使いが、自ら運ぶ人形を見ていることを示す描写は与えられていないからである。つまり人形使いは、人形を運ぶという仕事に際して、目（知性を表わしている）をそもそも用いていない可能性が高い[49]。もう一つには、『国家』において、美や正義などに関する詩人の認識状態は、一般に低劣なものとされているからである（第十巻 602a8-b4）。

第四節　洞窟の比喩に関する、さらに二つの問題

　筆者がこれまで与えた洞窟の比喩の解釈を前提にして、この比喩の細部に関するさらに二つの問題に取り組みたい。まず、第六章でもその一部をとり上げた、532b6-d1 におけるソクラテスの発言をどのように理解するべきか。ソクラテスは言う。

「他方また、縛めから解放されて、映っている影から、その影の元にある模像と火の光のほうへ向きを変え、地下の住いから太陽のもとへと上昇

して行くこと…［中略］[50] われわれがこれまで述べてきたいくつかの学術を研究することは、全体として、ちょうどこれに相当するような効果をもっているわけであって、それは、魂のうちなる最もすぐれた部分を導いて、実在するもののうちなる最もすぐれたものを観ることへと、上昇させていくはたらきをするものなのだ。」(引用者強調)

多くの解釈者とともに[51]、筆者は「われわれがこれまで述べてきたいくつかの学術（τῶν τεχνῶν ἃς διήλθομεν, 532c4-5）」とは、ソクラテスがそれまで議論してきた五つの数学的諸学問のことであり、初等教育として学ばれる音楽・文芸と体育のことではない、と解する。したがってここでソクラテスは、縛めからの解放と、人形（及び火）を見ることを可能にするのは、数学の学習であると述べている。

そうであるなら、この箇所は、筆者の解釈に対する懸念材料になり得る。この箇所で人形の方を見ることは、数学の学習と関連づけられており、ソクラテス的なエレンコスは表わしていないことになるからだ。

しかし、スコフィールドが正しく指摘するように[52]、洞窟の比喩におけるソクラテスの二つの語り方を区別する必要がある。一方で、第七巻冒頭で洞窟内の情景をはじめて描写するとき、第三節で見たようにソクラテスは、同時代の民主制アテナイのような（彼の考えでは）堕落した国家を念頭に置いて語っていた。したがって、そのような国家を模した洞窟では、囚人にそれぞれの人形が何であるかを問い、無理やりにでも外の世界へ引っ張っていくのは——そのような者がいるとすれば——ソクラテスに比される人物、ということになるだろう[53]。他方、今問題になっている 532b6-d1 の箇所でソクラテスは、カッリポリスの統治者たるべき者が受けることになる教育について語るために、洞窟の比喩の設定をいわば再利用している。したがって、今や文脈は大きく変わっている。洞窟が模しているのは、民主制アテナイではない。ソクラテスたちが言論において建設してきたカッリポリスなのである。

では、どうしてこの語り直しの箇所には、エレンコスを示唆する描写

が欠けているのか。筆者はこの理由を次のように推測する。すなわち、カッリポリスでは、学習者がエレンコスを含む哲学的問答の営みに本格的に参加することが許されるのは、十分に年齢が長じてからであるとされている。なぜなら、「F とは何か」という問いに対する答えとして、一般に社会で美しい、正しいとみなされているものを引き合いに出した末に論駁される、といった経験を若いうちに重ねた者は、社会規範そのものを疑い、そこから離反してしまう危険性がある、とされているからだ（538d6–e5）[54]。この事情があるために、エレンコスを示唆する描写は、カッリポリスを模した洞窟では登場しないのである。

　しかし、数学とエレンコスはある重要な共通点も有している。すなわち、どちらも、学習者の魂に困惑をもたらす点では同じと言えるからである。数学の学習の初等段階で[55]、同一のものが反対の仕方でも現れる、という事態に学習者は直面することになる。例えば、「一」が、それを見る観点によって、同時に「多」としても現れるのを見ることになる。このような「反対の現れ」によって、魂は困惑し（ἀπορεῖν, 524e5）、それがきっかけとなって知性が呼び起こされ、「一」とはそもそも何かを問い始める、とされる（524e5–525a1）[56]。つまり、カッリポリスを模した洞窟においても、ある種の困惑が、囚人の知的前進のための契機とされている点は変わらないのである。

　筆者は、民主制アテナイを模している洞窟と、カッリポリスを模している洞窟の二つを区別したが、この区別は、洞窟の比喩の細部に関する次の問題に取り組む際にも重要となる。果たして、カッリポリスを模した洞窟の住人たちも、鎖によって縛られたままの状態にあるのか。本節の残りで、この最後の問いに答えを与えるとともに、エイカシアー――前節までの議論で、C1 と対応関係にあると論じた――の内実を巡る解釈論争に関して、ある提案を行いたい。

　上記の問いに対して、次のように答える論者もいる[57]。すなわち、カッリポリスを模した洞窟の住人の（全員とは言わないまでも）ほとんどは、もはや鎖によって縛られていない。なぜなら、カッリポリスにおいては、

市民は統治者の監督のもと、音楽・文芸と体育によるすぐれた教育を受けて育つことになるはずであり、したがって、統治者や戦士はもちろん、生産者さえも、同時代のアテナイ市民より遥かにすぐれた魂の状態に達すると考えられるからである、と。

　しかし、この解釈はテクストに反していると思われる。すでに見たように、ソクラテスは、数学の学習について語る際、それがもたらす効果の一つとして「縛めから解放されること（ἡ...λύσις...ἀπὸ τῶν δεσμῶν）」に触れているからだ（532b6）。このことは、カッリポリスを模した洞窟においても、数学の学習をする以前の住人は、縛られた状態にあることを含意していると考えられる。そして、カッリポリスの洞窟においても、ほとんどの住人は、一生縛られたままである可能性が極めて高い。カッリポリスの人口の大半を占めるのは生産者だが、数学の教育が彼らにも課されることを示唆する描写はないからである[58]。それは一つには、ソクラテスが念頭に置いている数学の学習は、相当高度で労力を要するものであるため、それぞれ果たすべき仕事を他にもつ生産者たちの参加が、そもそも期待できないからであろう[59]。もう一つには、カッリポリスにおいても、大多数の市民は、自らの社会において美しい、正しいとみなされているものが、本当にそうであるのかを（少なくとも、哲学者のような仕方では）論究しないからであろう。

　しかし、民主制アテナイを模した洞窟の囚人と、カッリポリスを模した洞窟の囚人との間には、ある顕著な違いも存在する。民主制アテナイの洞窟の囚人とは異なり、カッリポリスの洞窟の囚人は、洞窟の影を実在のすべてであるとはみなさない、と考えられるのだ。カッリポリスの洞窟の囚人は、洞窟の外に出た元囚人が自分たちのもとに帰還した際、自らの統治者として迎い入れる、とされる（520b5–d5）。その際、洞窟の外の世界の事情も、当然話題になるだろう。この洞窟の囚人は、元囚人の話を聞くことを通して、洞窟内の影の他にも様々な事物が世界にはある、という事実に思い至るはずである。しかし、縛られたままであり、目の前を通り過ぎる影しか見たことがない彼ら囚人たちは、依然として

C1 の段階に留まっており、その認識状態はエイカシアーに過ぎない、ということになる。これは何を意味するのか。

　カッリポリスの洞窟の囚人の認識状態が、筆者が以上で論じたようなものであるなら、エイカシアーが次のどちらなのかを巡る現代の解釈論争には、あまり意味がないことになる。すなわち、(一) 影や映像などの似像をその原物と取り違えてしまっている魂の状態なのか[60]、それとも (二) そうした似像を見ることを通して原物がいかなるものかを推測している魂の状態なのか[61]、この点を巡る論争は不毛であるということになる[62]。なぜなら、カッリポリスの洞窟の囚人がもっていると考えられるエイカシアーは、(一) と (二) の間に位置する魂の状態だからである[63]。彼らは、洞窟の外から戻ってきた囚人から、外の世界の事情を聞き知っているのだから、影が何かの影であることを曖昧な仕方であれ了解しているはずである。したがって、影を原物と取り違えているわけではない以上、彼らは (一) の状態にあるとは言いがたい。他方で、彼らは自分の目を通しては影しか見たことがないため、原物についての彼らの理解は、曖昧で不十分なものに留まっている。したがって、彼らは影の観察を通じて原物がいかなるものかを推測することもできない。その意味で、彼らは (二) の状態にあるとも言いがたい。彼らのエイカシアーは、いわば (一) と (二) の中間に位置づけられるものなのである。そうだとすれば、エイカシアーは (一) なのか (二) なのかと、二者択一的に問う必要はない（次節も参照）。

第五節　結び

　本章における以上の考察は、特に次の二点に関して、本書のこれまでの議論と整合的である。
　第一に、筆者は、プラトンにとって諸々の認識状態は、それと相関する固有の対象のあり方に応じて規定されるものであるという点に何度か触れた。その意味で、プラトンにとって、われわれの認識状態は、視覚

や聴覚などの感覚知覚に類比的である。視覚にとっては色が、聴覚にとっては音がその固有の対象だが、それと同じように、知識と思いなしも、またそれらの下位区分であるノエーシスとディアノイア、ピスティスとエイカシアーも、それぞれ固有の対象をもっている[64]。

　もちろん、視覚において、注意深く見ている場合とただ漫然と見ている場合との区別が可能であるように、それぞれの種類の認識状態の内部で、認識の様態の違いに応じて、高次の段階と低次の段階とを区別することは可能であろう。例えば、イデアを対象とする認識状態であるノエーシスにおいて、「上昇の道」のまだ途上にある段階と、その終わりまで到達した段階とでは、後者におけるイデア認識の方がより完全であり、したがってより高次の段階にあると言い得るだろう。同じく、数学的対象を相手にする幾何学の学習に関しても、ある数学的問題に取り組み始めた段階と、完全な証明を与えて当該の問題を解き終わった段階とでは、後者の認識の方がより高次であると言い得るだろう。

　しかし、認識の様態の違いに応じたこのような違いは、プラトンが異なる種類の認識状態を切り分け、特定する際に着目するポイントではない。そうだとすれば、洞窟内の囚人が影を見ている状態、あるいはそれが比喩的に表わしている当の認識状態に関しても、プラトンにとってより重要なのは、認識の様態ではなく対象のあり方の方であろう[65]。エイカシアーが、影のような似像を手掛かりにして原物の姿を推測している状態なのか、それとも、似像を原物と取り違えてしまっている状態なのかに関してわれわれが思い悩むのだとすれば、それは、認識の対象ではなく様態の違いに注目して認識状態を論じる傾向が強い、現代認識論の発想をプラトン解釈に持ち込んでいるからに他ならない。

　第二に、本章での筆者の議論は、第二・三章の議論を補完するものでもある。カッリポリスにおいて、統治者は思いなししかもたない生産者に語りかけ、自らの統治がなぜ正しいかについての説得を行う。この説得がどのようなものかのヒントは、特に、五巻末尾の見物好きの者を説得するための議論と、第三巻末尾の「高貴な嘘」の物語に見出すことが

第七章　第七巻「洞窟の比喩」514a1-516b6 における洞窟の囚人の二段階

できる、と筆者は論じた。こうした説得によって、生産者の魂にどのような変化がもたらされると考えられるかを、プラトンは、洞窟の比喩においても暗示していると解し得る。すなわち、カッリポリスを模した洞窟の囚人たちも、正義や美に関してエイカシアーの状態にある以上、もっとも低い明瞭性を有するとされた認識のあり方の内に留まっている。しかし、それにもかかわらず、ソクラテスと同時代のアテナイ市民（あるいは「われわれ」）と比べたとき、彼らは、エイカシアーのいわば内部において、ある重要な知的進歩を果たしている。彼らは、漠然とした仕方であれ、外の世界の存在に気づいている、と解し得るからである。洞窟の比喩を読むことを通して、少なくとも、そのように考えるための手がかりをわれわれは得ることができるのである。

　本章の議論を要約する。洞窟の比喩における囚人のC1とC2の段階（すなわち、洞窟内の影を見ている段階と人形を見ている段階）は、線分の比喩のエイカシアーとピスティスにそれぞれ対応すると解し得る。C1が表わしているのは、詩のような文化的表象に絶えずさらされている、ソクラテスと同時代のアテナイ市民の魂の状態である。他方、C2が表わしているのは、Fである感覚的事物のタイプに訴えることでFとは何か答えようとする、エレンコスを受けている者の魂の状態である。カッリポリスを模した洞窟においても、大多数の住人は鎖で縛られたままであり、その認識状態はエイカシアーであると考えられる。しかし、彼らは影を原物ととり違えているわけでも、影からその原物のあり様を推測しているわけでもない。

注
1　二つの比喩の間の全面的な対応関係は否定する者であっても、少なくとも洞窟外で映像を見ている段階は、線分の比喩のディアノイアの状態にたまたま対応する、と解することは可能である。しかし、そのような解釈が、十分な説得力を有するかは疑わしい。線分の比喩に関する自身の解釈を擁護するために、対応関係が一般には成り立っていないはずの洞窟の比喩中の特定の描写を取り出

し、その描写だけは線分の比喩に登場したある特定の認識状態を表わしている、と主張するのは、やや恣意的な論法だろう。

2 本章では C3 と C4 について詳しく議論しない。Reeve (1988), 51 は、囚人が洞窟の外で事物を見る段階は、太陽を直接見る段階を除くと、すべてディアノイアに対応すると解する点で独特である。C2 から C3 の移行が何を表わしていると解し得るかについては、Kanayama (2009), 7-8 参照。ディアノイアとノエーシスに対して筆者が与える解釈については、第六章と第五章をそれぞれ参照。

3 ほとんどの解釈者に賛成して、筆者は、洞窟の比喩で囚人が上昇していく過程に四つの別々の段階があると解する。Robinson (1953), 185 は、囚人の上昇の全描写を四つだけの段階に区切るのは恣意的であるとみなす。しかし、洞窟の比喩に登場する様々な種類の事物を大まかに四つのグループに分類できるなら、それに応じて、囚人の段階を四つに区分することも許されるはずだ。このような解釈に対して、一体どのような根拠があって、特に、洞窟内の火と人形——別の二種類の事物とみなし得る——を同じグループの事物として分類するのか、との疑義が呈されるかもしれない。筆者は、そのような見方に従って、C2 が関わる事物をさらに二つに区分できることを否定しない。筆者が主張したいのは、ただ次の点である。すなわち、人形を見ている状態と火を見ている状態は、C2 という単一の段階をなすものとみなし得る。ちょうどそれは、洞窟の外で、人間のような事物を見る状態と太陽そのものを見る状態をまとめて、C4 という単一の段階とみなし得るのと同じである、という点である。

4 英訳でしばしば "conjecture (推測)" が訳語として当てられるが、これはミスリーディングである。第三節参照。

5 訳語に関して、注 23 参照。

6 加えて、次の点も、洞窟の比喩と線分の比喩の間の対応関係を疑う理由になり得る。線分の比喩では、ディアノイアの状態にある数学者は、描かれた図形(感覚的事物)を補助に用い、それが表わしているもの(可知的事物)を考察すると言われる。したがって、洞窟の比喩と線分の比喩の間に対応関係が成り立っているなら、洞窟の外で囚人は、影や映像を見るために、洞窟内ですでに見た人形などを、何らか仕方で用いる、といった描写がなされるはずだ。しかし、そのような描写は与えられていない。Ferber (2015), 120 参照。こうした反論に対して筆者は、次のように応答したい。すなわち、洞窟の外で囚人がそのような人形を使って影や映像を見るといった描写が与えられてないのは、そのような描写が、比喩としてのもっともらしさを損なうことになるからに過ぎない。なぜなら、洞窟内の描写で登場した人形などはいずれも、洞窟外で囚人が影や映像を見る際に補助的に用いるとは想像しがたいものばかりだからである、と。

7 このことから、C1 がエイカシアーに対応するとは考えにくい、エイカシアーとは紛れもなく、影のような事物を対象にした認識状態だからである(509d10-510a3, 511d6-e4)、と解されることが多い。

第七章　第七巻「洞窟の比喩」514a1-516b6 における洞窟の囚人の二段階

8　Ferguson（1921), 131-52, (1922), 15-28 ; Joseph（1948), 41-45 ; Murphy（1951), 160-64 ; Robinson（1953), 180-201 ; Raven（1965), 170-75；新田（1968)、18-23 ; Hall（1980), 74-84 ; Strang（1986), 19-21；高橋（2010)、197-216 ; Scott（2015), 90-101 ; Ferber（2015), 117-34 ; Rowett（2018), 151-52（おそらく Ross（1951), 67-78 も). これらの解釈者の中には、C1 と C2 は、線分の比喩のエイカシアーとピスティスとは実質的には無関係と考える者（Ferguson（1921), 146 ; Raven（1965), 171-42）もいる。彼らは、エイカシアーとピスティスのペアが導入されたのは、単にディアノイアとノエーシスのペアを例証するために過ぎないと解する。他方で、C1 に対応するのは、エイカシアーではなくピスティス（あるいはエイカシアーとピスティスの両方）であり、かつ、C2 には対応するものはないと解する論者（Robinson（1953), 180-85 ; Hall（1980), 76-84）もいれば、C2 に対応するのはディアノイアのある段階だと解する論者（Murphy（1951), 161-62；新田（1968)、20-23；高橋（2010)、202-203）もいる。Scott（2015), 96-98 は、C1（目に見える個物を見る段階と解する）と C2（目に見えるものの一般的タイプを考察する段階と解する）の両方がピスティスに対応していると解する点でユニークである。

9　Adam（1902), 156-65 ; Malcolm（1962), 38-45, (1981), 60-68 ; Morrison, J. S. (1977), 227-31 ; Sze（1977), 128-38 ; White, N. P. (1979), 184-86 ; Karasmanis（1988), 147-51 ; Cross and Woozley（1996), 207-27（だが 227-28 も参照。Cross と Woozley のうちいずれか一方は解釈（A）を支持している）；今林（1969)、9-12；内山（2004)、111-22. 朴（1983)、31-34 は、どちらの陣営に属するか微妙である。

10　Vlastos（1965), 13. 第一章第三節の三・一も参照。

11　『国家』477c1-478d4、『イオン』537c1-538a5、『饗宴』212a2-5、『パイドン』78c10-79d9、『ティマイオス』27d5-28a4, 51e6-52b2、『ピレボス』57b5-59b9 参照。

12　第六章の議論も参照。

13　515d3-4 参照。ここでのソクラテスの発言は、C2 の囚人が真実に近づいていることを含意する。

14　White, N. P. (1979), 185-86 はこの解釈路線をとり、そのサポートとして第十巻 598b1-c4 に言及する。ここでソクラテスは、画家が捉えるのは可視的事物の現れに過ぎないと言う。

15　『国家』でソクラテスが懸念を表明している、現行の教育がいかなるものかに関して、特に第六巻 491d10-493e1 参照。ここでソクラテスは、すぐれた素質の魂が大衆の教育によって堕落してしまい、その結果、美や醜に関する大衆の意見を盲目的に受け入れてしまうようになるが、この事態がいかに避けがたいか、という点について語る。同じく、第七巻 520c3-5 も参照。ここで、外の世界から洞窟の中に戻ってきた者は、洞窟の中の影を、洞窟の住人と比べて何千倍もよく見分けることができるが、それは、美や正義や善の真実をすでに見て取っ

ているからだ、とされる。
16 Malcolm（1981），60；Ferejohn（2006），230；Destrée（2013），336 参照。
17 ソクラテスは、統帥の仕事やポリスの統治に関する教育も念頭に置いている可能性がある（第十巻 599c6-600c2 参照）。
18 こうした価値との関わりで、知恵、勇気、節制などの諸徳も問題になり得る。
19 特に内山（2004）、115-18 参照。解釈（A）をとり、かつ、エイカシアーに関してこのような「拡大解釈」を施すことも論理的には不可能ではない。しかし、管見の及ぶ限り、そのような解釈を与えている論者はいない。
20 Adam（1902），156-58；Cross and Woozley（1996），213-14；今林（1969）、4-9；内山（2004）、115-18 参照。
21 特に第五巻 479d6-480a4 参照。ここで、美しい声や色などの事物が、美に関する "δοξαστόν" とされている。479e2 でソクラテスが、「多くの正しいもの」に言及している点も注意。
22 これらの事物が「Fでないもの」として現れることは決してない、ということではない。ソクラテスの 523d3-4 の発言を参照。ここで、多くの人びとの（τῶν πολλῶν）魂は、指とは何か問うよう強いられることがない、と言われる。これは例えば、動物学者のような専門家ならばそのような問いを発し得る、ということを示唆していると考えられる。
23 線分の比喩の "πίστις" に "assurance," "confidence," "conviction" のような英訳を与えるのは（Fine（2003），103；Waterfield（2008），204；Rowe（2012），239 など）、誤解を招き得る。藤沢訳の「〈確信〉」もそうである。英語なら "belief," 日本語なら「信念」などが、訳語としてより相応しいだろう。これらの訳語なら、線分の比喩で明示的に語られているピスティス——筆者の考えでは、確信の要素をたまたま含む——と、C2 での囚人の認識状態——確信の要素をたまたま含まない——の両方をカバーできるからだ。Shorey（1937），117；Cornford（1941），226；Griffith（2000），219 参照。もし仮に、C2 における囚人の認識状態だけに何か別個の名前をつけるよう求められたとしたら、プラトンは "πίστις" とは別の語を用いるにやぶさかでなかっただろう。『国家』のプラトンには、ある特定の語を専門語として固定し、繰り返し用いるのを意図的に避ける傾向があるからだ（特に、第七巻 533e7-9 を参照）。
24 筆者の考えでは、ソクラテスが「この比喩を全体として、先に言われたことに結びつけなければならない（ταύτην...τὴν εἰκόνα...προσαπτέον ἅπασαν τοῖς ἔμπροσθεν λεγομένοις, 517a8-b1）」と言うとき、彼は「先に言われたこと」として、主として、線分の比喩と太陽の比喩を念頭に置いている。しかし Ferber（2015），125 が指摘するように、先立つ他の諸箇所の議論も念頭に置いている可能性も否定できない。
25 Ferguson（1922），n. 5, 21-22；Burnyeat（1999），236-45 は、影のすべてが人形によって投じられたものであると解する。この解釈は、Brunschwig（2003），160-68

が説得力ある仕方でしりぞけている。

26 Karasmanis（1988), 160；栗原（2016）、246-49 参照。ただし、Burnyeat（1999）, 236-43；栗原（2013）、222 が示唆するように、洞窟内の囚人の状況の描写は、人間社会一般の構造の説明も同時に意図したものであると解することができよう。

27 弁論家も含むべきであると筆者に思われるのは、Burnyeat（1999), 241 も指摘するように、ソクラテスは 517d4-e1 で、法廷のような場所でなされる、正義の影やその影の元にある像を巡る囚人の競争に言及するからだ。当時のアテナイでは、弁論の術を適切に行使できるかどうかは、法廷や議会でなされる判決や議決の結果を左右した。囚人が正義の影の元にある像をめぐって競争するとここで言われているのは、やや例外的なこととして、法廷や議会のような場所では、人びとは、自らが正義の模範と慣習的にみなすもの（すなわち、法律）の正しさについて、明示的な仕方で議論するからとも解し得る。Adam(1902)、96 参照。Rowe（2007), 60 が正しく指摘するように、この箇所でソクラテスは、「思いなし」全般を「知識」と対比させるために、エイカシアーとピスティスの間の比較的細かな違いを一旦度外視して語っていると思われる。縛られたままのはずの囚人が、あたかも影の元の像の存在に気づいているかのごとく語られているのは、この特殊事情による可能性が高い。

28 Rowe（2007), 56 は、これら二種類の人形使いの違いは、成分法と不文法の違いを表わしていると解する。

29 人形使いにはソフィストも含まれるかもしれない。しかしそれは、『ソピステス』の議論を前提にして、洞窟の比喩を回顧的に読み返すならそうも読める、という程度だろう。『国家』においてソフィストは、大衆に大きな影響を与える者とはみなされていないと考えられるからだ（第六巻 492a5-493e1）。Sze（1977), 135-36；Burnyeat（1999), n. 57, 242 も参照。Cornford（1957), 234-35 は、『ソピステス』におけるソフィストに欺かれる若者の描写が、囚人の C2 での描写と類似している点に注目する。

30 イデアを一番目、感覚的事物を二番目、それを模倣した作品を三番目と数える。

31 Havelock（1963), 20-35；Burnyeat（1999), 249-55；Destrée（2013), 337 参照。古代ギリシアにおける詩は、現代におけるテレビ、映画、ビデオゲーム、インターネット、SNS などのマスメディアに相当するとみなし得る（Annas（1981), 257-58, Burnyeat（1999), 249-50；中畑（2011）、120；田中（2015), 222)。それゆえ、すでに多くの論者が指摘しているように、詩に対するプラトンの批判を現代メディア論の観点から読み解くことが可能であろう。

　さて、現代メディア論において、マスメディアが個人にどのような影響（効果）を与え得るかに関する二つの考え方がある。すなわち「限定効果論（limited effect theory）」と「強力効果論（powerful effect theory）」である。限定効果論によれば、大衆に対してマスメディアが影響を与えるのは、あくまで間接的な仕

方においてである。例えば、人びとは「オピニオン・リーダー」——彼らが政治的な事柄などに関して判断を下す際に従う少数の有力者——と意思の疎通をするが、マスメディアが直接的な影響を与えるのは、メディアの情報に特に敏感なこの「オピニオン・リーダー」である、とされる (Katz and Lazarsfeld (1955))。これに対して、強力効果論によれば、マスメディアは大衆に対して、直接的な影響を与え得る。例えば、テレビなどのメディアに長期間晒され続けると、社会的事実に関するわれわれのイメージがメディアによって徐々に「培養」されていく、というように (Gerbner (1988))。

以上瞥見した、マスメディアが人びとに影響を及ぼす二つの典型的なやり方——「オピニオン・リーダー」を介した影響と、徐々にもたらされる影響——は、詩に関する『国家』の議論からも読み取ることができる。まず、ソクラテスが第二・三巻で詩に関する議論をするとき、彼が主として念頭に置いているのは、守護者の性格形成に対する詩の影響である（このことは、守護者以外の市民が詩の教育に与らないことを意味しない。第三章参照）。守護者以外の大多数の市民は、守護者による説得を受け、彼らの統治のあり方に合意を与えるものと考えられるからだ。その意味で、詩に関するプラトンの議論には「オピニオン・リーダー」的な発想に通じるものを見出し得る。他方で、第三巻第 401b8-d2, 424d6-e5 などで示唆されているように、プラトンは、詩を含む文化によって、ひとの性格が、当人の自覚なしに徐々に形成されていく、という点に触れている。この点では、「培養」説と基本的な洞察を共有していると言える。

だが、明らかな違いもある。プラトンが、ひとを取り巻く文化の総体を考察する重要性を強調する（401a1-b8）のに対し、現代メディア論には、テレビ、新聞、SNS など特定のジャンルのメディアに焦点を絞り、メディアとその受け手との関係を過度に単純化する傾向があるからだ。

方法論の点では、詩に関するプラトンの議論は、むしろ英国バーミンガム大学にその起源を有する「カルチュラル・スタディーズ」と呼ばれる思想潮流と、多くの前提を共有していると言える。カルチュラル・スタディーズでは、文化を固定的で動かぬ実体として捉えるのではなく、絶えず変化する力の場——相互に影響を与える文化的実践や振る舞いの集合——として捉える。その上でカルチュラル・スタディーズは、イデオロギー、民族性、社会階層、人種、ジェンダーのような諸因子に注意を向け、文化をその総体として考察する。カルチュラル・スタディーズに関する概説として、Turner (1996), chs. 1-2 を参照。

32　近年、この路線の解釈を批判する議論が Storey (2020), 25-30 によって提起された。Storey は、線分の比喩と洞窟の比喩の対応関係そのものは認めつつ、次のように論じる。大衆によって無批判に受け入れられた通俗的信念のようなものが、(何であれ) その「原物」と、原物・似像関係を結んでいるとは考えがたい。したがって、エイカシアーの対象は、通俗的な信念ではあり得ない、と。しかし、筆者はエイカシアーの対象は、通俗的な信念そのものではなく、それをも

第七章　第七巻「洞窟の比喩」514a1-516b6 における洞窟の囚人の二段階

たらす詩作品のような文化的表象であると解し、かつ、ピスティスの対象との間には原物・似像関係が成り立っていると考える。したがって、Storey の批判は筆者の解釈に対してはあたらない。また、Storey（2020), 54 は「大衆は倫理的事柄に関する知を欠いており、教育などを通じて言い聞かせられたことを無批判に受け入れている」との考えは、別段プラトンに特有のものではないだろうと切り捨てる。しかし、Havelock（1963）や Burnyeat（1999）が特に説得的に論じているように、人びとがその内に置かれている文化的枠組みをそれ自体として取り出して批判的に考察する視点は、すぐれてプラトン的であろう。

33　Smith（1997), 192-202 は、囚人の魂の状態は、ケパロス、ポレマルコス、トラシュマコスらのそれと類比的であると論じる。『国家』第一巻の冒頭部の諸種の語句（例えば 327a1 の "κατέβην（僕は下って行った）"）が、洞窟の比喩を見越したものである点は、多くの研究者によって指摘されている。比較的最近の議論として、O'Connor（2007), 72-76 参照。他方、Costa（2018）は、魂の三部分説を洞窟の比喩に読み込んだ解釈を試みる。

34　Jowett and Campbell（1894), 318；Fine（2003), 103-4；朴（1983)、34；内山（2004)、121；栗原（2016)、247-48 参照。517a4-6 も参照。ここでソクラテスは次のように言う。もし囚人が、縛めを解いて外の世界に連れ出そうとする者に手をかけることができるとしたなら、このような人物を殺してしまうだろう、と。これは、ソクラテス裁判を暗示している。

35　囚人を外の世界へ連れ出す謎めいた人物は、人形のそれぞれについて「それが何であるか（ὅτι ἐστίν, 515d6)」訊ねるとされている点にも注意。これも、C2 において、ソクラテスのエレンコスを連想させる特徴の一つである。では、この謎めいた人物を最初に外に連れ出したのは誰か、と思われるかもしれない。筆者は、この人は自分で外に出たのだと推測する。第十巻エルの神話の表現を用いるなら、こうした人物は、生まれる前に「自分の知性によって救われて（φρονήσει...σῳζομένους, 621a7）」、「放念（アメレース）の河」の水を決められた分量以上は飲まなかったために、生まれながらにして極めて強い知性の働きを有していたのかもしれない（Ferrari（2007), 200 参照）。あるいは、かつて人間に可能な限り明瞭な仕方でイデアをすでに見て取っていたために（『パイドロス』248a1-d4 参照）、イデア（外界の実物）の想起を他の囚人より容易に行うことができたのかもしれない。

36　哲学のもたらす困惑について、『カルミデス』169c3-d1、『ラケス』194c2-6、『リュシス』216c4-7、『ゴルギアス』522b3-c3、『メノン』80a1-2, c8-d1, 84a3-d2、『テアイテトス』149a6-9、『ピレボス』28b7-c4 参照。Sze（1977), 134-38 は、C2 が表わしているのは、ソフィストによる教育を受けている状態であると解するが、これは説得力に乏しい。ソフィストは通常、教育を受ける者の魂に困惑を引き起こしたりしないと考えられるからだ。

37　『エウテュプロン』5d8-e2, 6e11-7a1、『ラケス』190e5-6, 192b9-c1, 192d10-12、

『カルミデス』159b2-6, 160e2-5、『大ヒッピアス』287e3-4, 289e2-6, 291d9-e2、『メノン』71e1-72a5, 73c9-d1, 77b4-5、『国家』331c2-3, 331e3-4, 338c2-3.

38 『ラケス』190e5-6 で勇気の規定として与えられるもの。
39 『国家』331c2-3 で正義の規定として与えられるもの。
40 『エウテュプロン』6d9-11、『ラケス』191c7-e2、『メノン』73d2-74a10.
41 『エウテュプロン』8a4-9、『ラケス』192c3-d9, 192e1-193d10、『カルミデス』159b7-160d4, 160e6-161b2、『大ヒッピアス』289a8-d5, 290a3-291b6, 292d6-293c5、『国家』331c3-d2.
42 その他、与えられた規定が、説明能力を欠いているため、あるいは、端的に間違っているためにしりぞけられる場合もある。例として『エウテュプロン』11a6-b1、『ラケス』197e10-199e12、『メノン』72a6-73c5、『国家』335b1-e7 参照。
43 Ferber（2015）, 121, 128；高橋（2010）、208-10 も、人形が表わしているのはソクラテスのエレンコスに服する者が典型的に言及するようなものである、と解する。ただし、彼らは解釈（B）には反対する。
44 第五巻 474c8-475b3 参照。この箇所での"τὰ πολλά（多くのもの）"の形而上学的身分に関する議論として、Gosling（1960）；Vlastos（1965）, n. 2, 11；White, F. C.（1978）；Harte（2011）, 208-14；Broadie（2021）, n. 159, 111 参照。
45 洞窟内の火そのものが何を表わしているかという問題に、筆者は立ち入らない。一つには、この問題を解くためのヒントが乏しいからだ。しかし、ひょっとすると火は、天体としての太陽というよりは、社会において支配的なイデオロギーを表わしているのかもしれない。このようなイデオロギーによって、われわれが善、美、正として通常受け入れているものが形作られている、と考えることができるからだ。Destrée（2013）, 338 参照。
46 Burnyeat（1999）, 240-41；Brunschwig（2003）, 165 参照。
47 『ゴルギアス』502b1-c4 も参照。
48 Pace 栗原（2016）、n. 14, 247. 彼は、人形使いが囚人と比べて洞窟の出口に近いところに配されているのは、霊感のおかげで、ある仕方で真理にアクセスすることができるからである、と解する。Scott（2015）, 95 は、人形使いを詩人（あるいは政治家）であると解するとしたら、彼らの認識能力を過大評価することになる。プラトンが人形使いを描いているのは、比喩にもっともらしさを添えるために過ぎない、と言う。だが Cornford（1941）, 228 が正しく指摘するように、人形使いはここで、人形に動きと音をもたらす機構の一部として描かれている。人形使いが囚人の後方に配されているのは単にこのためであり、彼らの認識能力が囚人よりすぐれていることが意図されているわけではないだろう。Murdoch（1977）, 5［邦訳：7-8］は、人形使いの魂の状態は、囚人同様エイカシアーであろうと解する。
49 目（知性）を使いもせず、どうして彼らは人形運びの仕事ができるのか。強いて説明を与えるなら、一種の神がかりの霊感によってだろう。詩人の霊感につ

いては、『弁明』22b8-c6、『イオン』533c9-535a2、『メノン』99b11-d6 など参照。
50 引用箇所で省略した部分について、第六章の議論も参照。
51 Pace Malcolm (1962), 40；今林 (1969)、11-12. 彼らは、カッリポリスを模した洞窟で縛めからの「解放」をもたらすのは、音楽・文芸と体育による教育であると解する。しかし、Burnyeat (1987), 227 が正しく指摘するように、音楽・文芸と体育は、魂の「向け変え」を可能にする学問ではない (521d4-522b2 参照)。したがって、それらが「解放」をもたらすとは考えにくい。
52 Schofield (2007b), 216-18.
53 Adam (1902), 92 に反して、第七巻冒頭で洞窟内の描写をする際、プラトンはソクラテス的エレンコスを念頭に置いている。したがって、この段階での洞窟内の描写に、カッリポリスでの教育プログラムの話を読み込むべきではない、と筆者は考える。
54 だからといって、カッリポリスの一般市民は、統治者が携わる哲学がいかなる営みであるかをまったく理解していない、ということにはならない。第二章第三節参照。
55 これはどのような段階か。Adam (1902), 159；Karasmanis (1988), 163-64 は、カッリポリスを模した洞窟における C2 が関わるのは、具体的感覚的事物の計算や測量に携わる経験数学であろうと考える (『政治家』258d4-e7、『ピレボス』56b4-57a4、『法律』819a8-c7 参照)。他方、Burnyeat (1987), 227-30 は、C2 は、学習者が数を単に感覚的事物からの抽象とみなす段階、C3 は、学習者が数を感覚的事物から独立に存在する事物とみなす段階であろう、と考える。
56 大衆は知性をまったく用いていないということではないだろう。洞窟内の囚人は、影を自分の目で見ているからだ。知性を助けに呼ぶとは、相反する現れによって引き起こされた困惑を脱するために、知性を感覚から切り離してそれ単独で用い始める、といったことだろう。
57 Wilson (1976), 126；Hall (1980), 82-83；Malcolm (1981), 67；Reeve (1988), n. 7, 286-87.
58 彼らは、魂の視線を下方に向ける「生成界と同族の鉛の錘のようなもの (519a8-b1)」を叩き落とすことには成功するかもしれない。しかし、それが縛めからの解放をただちに意味するわけではないはずである。Reeve (1988), n. 7, 286-87 に反して、飲食や性愛への耽溺などを表わす「鉛の錘」を取り除くことは、魂の向け変えのための必要条件に過ぎないと考えられる。519d4-7 も参照。ここでソクラテスは、洞窟に帰還した者は "δεσμῶται (縛られた者＝囚人)" と共に再び暮らさなければならない、と言う。
59 ソクラテスは言論において国家を建設する際、「各人は国における様々な仕事のうちで、その人の素質が本来それにもっとも適しているような仕事を、一人が一つずつ行わなければならない (433a5-6)」ということを、原則として立てていた (370c4-6, 374a4-e4, 406c1-8 も参照)。求められる数学の学習水準の高さに

ついては、525c1-6, 526c1-2 参照。
60 例えば、Cross and Woozley（1996）, 218-20 がこのように解する。
61 例えば、Robinson（1953）, 190-91；Rowett（2018）, 151-52 がこのように解する。解釈者たちはこの種の推測を例証するために、幾何学者が、作図された三角形を見ながらそれが表わしている可知的な三角形を考察するような場合に、しばしば訴える。このような場合、幾何学者は、図形が表わしている当の原物についてかなり明瞭な認識をもっているはずだ。なぜなら、彼らは幾何学の学習を進める過程で、その種の原物に関する教えを何度も受けたことがあるはずだからだ。
62 今林（1969）, 2-3 は、エイカシアーの内実に関する問題の二分法をはっきりと批判している点でユニークである。Ferber（2015）, 113 も参照。
63 第七巻の冒頭で描かれる「われわれに似た」囚人は、（一）の意味でのエイカシアーをもっているはずだ（第五巻476c1-6参照。ここで、イデアの存在を信じない者の魂の状態が、夢を見ている状態になぞらえられる）。これに対して、われわれが実生活で鏡に映る像などを見るときには、ほとんどの場合（二）の意味でのエイカシアーをもっていると考えられる。
64 第四章で議論した、われわれの魂の少なくとも深層で常に駆動する、〈善〉に対する関心は、ノエーシス、ディアノイア、ピスティス、エイカシアーのいずれともぴったり重ならない、より根源的な魂の状態であるとも言い得る。
65 Brisson（2012）, 382 は、『ティマイオス』を論じる文脈でこの点を適切に指摘する。

結論

　以上で筆者は、『国家』の認識論に関する筆者の解釈を説明・擁護した。プラトンにとって「知識」とは、イデアという対象の見知りによって獲得される、「…とは何か」の十全な理解であり、その内実はいかなる命題を知ることにも還元できない。
　ただし、プラトンが『国家』において知識について語る際、現代認識論とは異なり、知識とは何かという問いを、それ単独で考察され得る閉じた問題とみなしているわけではない点には、注意が必要である。『国家』において知識や思いなしが議論されるのは、基本的に、最善の生、最善の国家はいかにして可能かという倫理学的・政治哲学的な問題設定のもとにおいてである[1]。イデアの知識は、ひとが正しく生きること、国家を正しく統治することを可能にするものだが、プラトンにとって、正しい生、正しい国家とは、善き生、善き国家のことに他ならない。
　この意味で、プラトンの正義論は、現代の主要な正義論と異なる位相にあるとも言える。プラトンは、ロールズのように[2]、正義を善から切り離して議論する立場も、マッキンタイアやサンデルのように[3]、正義をある共同体において成員によって現に共有されている善の観念と強く結びつける立場も、ともに受け入れないだろうからだ。
　プラトンのように、倫理学の基礎に〈善〉のイデアのような超越的実在の知を据えることに対しては、アリストテレス以来の根強い批判がある[4]。しかし、プラトンにとって、知識の対象それ自体は感覚される世界の内にはなく、その限りで、われわれの手近なところにないということは、ある積極的な意義をも有している。第一章でも議論したように、知識の対象が容易に到達できるようなものではなく、いわば遥か遠くにあるということへの気づきは、われわれの内の、より道徳的であろうとする心持ちを鼓舞する契機となり得るからである。

この点との関連で注意を引くのは、『国家』において、二つのタイプの哲学者の姿が描かれていると解し得る点である。すなわち、イデアの知を現に有している、あるいは有する寸前のところまで来ている、カリポリスの統治者たる哲学者の姿と、ソクラテスのような、イデアの知に向かう道の半ばにある哲学者の姿である。本書において筆者は、前者の意味での哲学者がもつに至る知識の内実について詳しく議論したが、これに劣らず重要なのは、ソクラテスのような段階にある哲学者がもつ、自己吟味の姿勢であろう。すなわち、自分が何かを取り違えている可能性や、事柄の十分な理解にいまだ至っていないという事実に謙虚に向き合った上で、それでもなお、倦むことなく探究を続けようとする態度である。

　このような態度のもと探究に取り組むソクラテスと鋭く対比されるのは、『国家』第一巻の冒頭でソクラテスの対話相手を務める、ケパロスであろう。祭りの見物のあと、ソクラテスはポレマルコスの邸宅に招かれ、ポレマルコス、リュシアス、エウテュデモス三人の父ケパロスと久しぶりに再会する。ケパロスは、ペリクレスに招かれて在留外国人としてアテナイに滞在し、武器商人として財をなしたとされるが[5]、第一巻で描かれるのはその彼の晩年の姿である。ケパロスは「肉体のほうの楽しみが少なくなっていくにつれて、それだけ談論の欲望と歓びとが、ますます大きくなってきている（328d2-5）」と述べ、老年がもたらす幸福について話し始める。この話がきっかけとなって正義を巡る議論が始まり、ソクラテスは「本当のことを言い、預かったものを返すこと」を、ケパロスが考える正義の規定として取り出す。正義に関するこの規定は、商人として成功を収めてきたケパロスが、実人生においてこれまで実直に守ってきた教訓であったことが窺える。だが、ソクラテスは反例を挙げることによって、ケパロスによる正義のこの規定をただちにしりぞける。借りたものが武器であり、貸してくれた相手が正気でなくなったような場合には、借りた武器を返すのは正しいとは言えないだろうし、そのような相手に真実を語るのも正しいとは言えないのではないか、と指

摘するのである[6]。ソクラテスのこの指摘を受けて息子ポレマルコスが議論を引き継ぐが、ケパロス自身は神に供物を捧げるためと言って退出し（331d10）、以後登場しない。プラトンは、ケパロスに関するこれら一連の描写を通して、一体何を伝えようとしているのか。

　筆者は、これらの箇所でプラトンは、ケパロスのような人間の底の浅さを皮肉を込めて描写している、と解する[7]。ケパロスは、相応の尊敬を集め富も有している社会的な成功者であり、信心深い好人物のようにも見える。彼自身としても、これまで十分立派な人生を送ってきた、と考えているはずである。しかし、そのような自己認識には根本的な歪みがある可能性を、プラトンは見抜いている。ケパロスは、議論によって事柄を探究するという契機を決定的に欠いている。そのため、彼が自らに備わっていると考えている性格の善さもまた[8]、知性による裏付けを欠いた、単なる習慣づけの産物に過ぎないと考えられるのである[9]。

　この点は、「談論の欲望と歓び」をもっていると称するにもかかわらず、ケパロスが「神に供物を捧げる」と言って離脱したあと、夜通しで議論を続けたはずのソクラテスたちのところに一向に戻って来ないことからも示唆される。「供物を捧げるため」というのは、ケパロスにとって、耳障りな雰囲気を帯びてきた議論から場を乱すことなく逃れるための方便に過ぎないだろう。ケパロスにとって真に重要なのは、有徳な人間としての自身の虚像を守り抜くことであり、ソクラテスによる論駁問答に服して、息子や客人たちの前で事柄に関する自らの不知を晒すようなことは、彼の自尊心が許さなかったのである。議論の場から消え去るケパロスの姿は、事柄の不知と自身の能力の限界とを告白しつつ[10]、それでもなお探究を続けるソクラテスの姿と鮮やかな対照をなしている。

　知の対象は遠くにあり、またその知の内実は言葉にし尽くせないものである。この事実を真摯に受け止めた上で、それでもなお、その語り尽くせぬものを語ろうとする営みに参与する——真に善き生の端緒は、そのような局面にこそ存する、とプラトンは考えている。そして、『国家』においてプラトンは、このように哲学に打ち込む生を、原理的には万人

に開かれている、生き方の一つのモデルとして提示している。第六巻のソクラテスの言葉を再び引くならば、〈善〉とは「すべての魂が追い求め、そのために何でも行うもの（505e1-2）」であり、われわれの魂の少なくとも深層には、〈善〉を目指して絶えず駆動している関心が内在しているからだ。その限りにおいて、各人の魂は超越的イデアとの結びつきを常に保持していると言えよう。

とはいえ、この結びつきを辿り〈善〉をそれ自体として観得することを目指し心を尽くす生き方を選ぶか、あるいは、この結びつきから目を背ける生き方を選ぶか。プラトンによれば、この選択そのものは各人に委ねられているのである。

注

1　Gerson（2020），179-83 が指摘するように、現代英語圏のプラトン研究において、〈善〉のイデアの知がプラトン倫理学において果たす役割を事実上無視して論じようとする向きが目立つ。特に Annas（1999），ch. 5 において、この傾向は顕著である。しかし、プラトンにとって、真の徳は哲学によってのみ獲得されるものである。したがって、哲学の到達目標である〈善〉のイデアの知に関する議論を欠いたプラトン倫理学の解釈は、不十分なものに留まらざるを得ないだろう。

2　Rawls（1999）．

3　MacIntyre,（1981）; Sandel（1998）．

4　特に『ニコマコス倫理学』第一巻第六章参照。

5　リュシアスの第十二弁論『エラトステネス駁』参照。この弁論の趣旨は、三十人政権のメンバーだったエラトステネスを弾劾することだが、父ケパロスがアテナイに招かれた経緯や、三十人政権によって押収された財産には七百面の盾が含まれていたことにも触れている（4-23）。次注も参照。

6　Barney（2001），209-10 が指摘するように、プラトンが反例として武器の例をソクラテスに提起させているのも、一種のアイロニーと解することができる。ケパロスは戦争のための道具をアテナイに供給する仕事に従事することを通じて、アテナイ帝国の無謀な国策に結果として加担した。また、そうして蓄えた財産が、息子たちの悲劇の遠因を作った、とも解し得るからだ。ポレマルコスとリュシアスは、ペロポネソス戦争終結後、スパルタの影響下で成立した三十人政権によって逮捕され、財産を没収される。リュシアスは辛うじてメガラに逃れる

が、ポレマルコスは裁判なしで処刑される。
7 *Pace* Reeve (1988), 5-7. Reeve はケパロスについて、正義とは何かの知をもっていないが、不正や不敬虔を避けることができているという点で、ソクラテスと共通するところが大きいと解する。ケパロスの人物像に関しては、Strauss (1964), ch. 2 ; Annas (1981), 19-21 ; Steinberger (1996) ; Griffith (2000), 349-50 ; Gifford (2001), 52-83 ; Nails (2002), 84-85；高橋 (2010)、31-34；栗原 (2016)、98-102；Ober (2022), 295-307 も参照。
8 329d-330a 参照。
9 『国家』518d、『パイドン』82a-b 参照。
10 第六巻 506b-507a を特に参照。

あとがき

　きっかけは高校生の頃だった。授業中、教師の話に耳を傾けているふりをしながら、プラトン、デカルト、安部公房などをこっそり読んでほくそ笑んでいる──そんな生徒だった。プラトンに関する博士論文を書こうと思い立ったのも、この頃だった。そこまで一つのことに打ち込めば、見えてくるものがあるかもしれない。何かこのような漠然とした予感に駆られての決断だった。今振り返ると半ば誇大（古代）妄想であり、実際、無謀極まりない挑戦だったが、幸いなことに何とかここまで研究を続けることができた。

　博士論文は、"Knowing the Good : Studies in Plato's *Republic*" として2020年に東北大学に提出した。プラトンを研究しようと思い立ってから、実に15年もの月日が経っていた。本書はこの博論がベースになっているが、それまで書いた論文の中には、様々な事情から博論に組み込めなかったものもあった。本書には、それらの論文に加えて博論後に執筆した論文も収録した。大幅な加筆・修正を施した箇所も少なくない。そのため、本書を上梓するまでに予想以上の時間がかかってしまった。心よりお詫び申し上げたい。

　本書を書き進めていく中で、新たに浮かび上がってきた問題もある。プラトンは、数学を経て問答法を通して学習者の認識状態が高まることによって、その人の魂は有徳なものにもなる、と考えている。しかし、どうしてこのような変化がもたらされると言えるのか。これは、プラトン倫理学の根幹にも関わる重要な論点であり、稿を改めて論じる必要がある。本書の主題である『国家』だけでなく、『饗宴』『テアイテトス』『ティマイオス』など関連する諸対話篇にも目配せする必要があると予想されるからだ。

　筆者が個人的に関心を持ち続けているある問いに関しても、少しだけ

考えを述べたい。それは「哲学をする意味とは何か？」という問いである。同じようなことを専門家以外の方から訊ねられることもしばしばある。「批判的にものを見る姿勢が身につく」「議論に強くなれる」「語学力が鍛えられる」など、それらしい答えはいくつか用意しているが、正直どれも今ひとつピンとこない。むしろ筆者にとって、哲学をすることの意味は、哲学が人と人を繋ぐ役割を果たし得るという点にこそある。

　哲学の営みを通して、多くのすばらしい出会いを得ることができた。例えば、仙台、東京、バークレーにおいて。出会った方々の中には哲学を専門にする人も、そうでない人もいた。筆者が哲学をしていなければ、これらの人たちと出会い、時間を共にすることはなかったはずだ。人びとを繋ぎ、交流を促すそのような役割を、音楽やスポーツに見出す方もいれば、他の学問に見出す方もいるだろう。筆者の場合、それがたまたま哲学だったというだけのことだが、この「たまたま」はこの上なく大きな重みを有している。これこそが、筆者の今までの人生を形作ってきたものに他ならないからだ。哲学をすることの意味が、人と人を結ぶことに存するのだとすれば、逆にそれを損なおうとする営みは、およそ哲学の名に値しない。哲学が真に語るに値する意味を持つとするなら、それは、哲学者(知を愛する者)というある一つのタイプの生を選び取り、実際に生き抜いていく、その営みの内側からのみ見出されるようなものであろう。本書を書き終えた今、筆者は何かこのような実感を得ている。

　本書は多くの方々のご支援のもとに成立した。それぞれ、大きな感謝を申し上げたい。
　カリフォルニア大学バークレー校のジョヴァンニ・フェラーリ先生、東北大学の野家啓一先生、座小田豊先生、直江清隆先生、原塑先生、城戸淳先生、嶺岸佑亮先生、戸島貴代志先生、村山達也先生、森本浩一先生、篠澤和久先生、名古屋大学の金山弥平先生、東京大学の納富信留先生、慶應義塾大学の近藤智彦先生には、これまで様々な機会にご指導・ご協力を頂いた。ギリシア語の読解に関しては松浦明宏先生と小笠原正

あとがき

薫先生のご指導に、ドイツ語の読解に関しては小松恵一先生のご指導に多くを負っている。近藤智彦先生、福田宗太郎先生、郷家祐海さん、高橋勇真さん、野村拓矢さんには、本書の草稿の検討会を開いていただき、ブラッシュアップの機会を頂戴した。安田将さん、田代嶺さん、郷家祐海さん、杉本英太さん、長尾柾輝さんには、草稿の一部に目を通していただき、それぞれ貴重なコメントを頂いた。東北大学出版会の小林直之さんには、校正の際に大きなお世話になった。本書の審査を引き受けてくださった匿名の査読者の方々にも御礼申し上げたい。

電通育英会には、修士課程の二年間、大学院給付奨学金制度の奨学生として経済的にサポートしていただいた。博士課程でのカリフォルニア大学バークレー校への二度の研究留学は、それぞれ、日本学生支援機構（JASSO）とフルブライト・ジャパンの厚いご支援なしには実現できなかった。前職場の大阪大学社会技術共創研究センター（ELSIセンター）からは、学際的研究について視野を広げる機会を頂戴した。本書の執筆のための時間の捻出と文献収集に関しては、日本学術振興会及び受入研究機関の北海道大学文学研究院・慶應義塾大学文学部、客員研究員として滞在したユトレヒト大学人文学部から、多大なご支援を賜った。本書はJSPS科研費JP22J00249の助成による成果の一部である。

最後に、これまで様々な面で支えてくれた家族と友人に心から感謝の気持ちを伝えたい。特に、父と母、四人の祖父母、幼い頃からの友人たち、学生時代からの親しい仲間たち、そして、我が家の愛犬と愛猫たちに。いつもありがとう。

何か本当に好きなことに打ち込み、この命を燃焼させる――その機会が得られたこと自体、大変な幸運の賜物だったと感じています。苦いこと、辛いことはあったけれど、諦めようと思ったことは一度もありませんでした。僕が心折れずに戦ってこられたのは、あなた方の存在と、言葉では言い尽くせない、たくさんの大事な思い出のおかげです。

初出一覧

第一・二章 「見物好きの者は説得されたか──プラトン『国家』第五巻 476d7-480a13 解釈」、『倫理学年報』67（2018）：91-104 頁。

第三章 "Persuasion and Agreement: "the Noble Lie" in Plato's *Republic*, III." *The Proceedings of the 6th Tokyo Conference on Argumentation*,（2022）: 68-74.

第四章 "Description of the Good at Plato's *Republic*, VI 505e1-3."『思索』48（2015）:（1）-（13）.

補論 "Tripartite Psychology in Plato's *Republic*." *The Proceedings of the 2nd Asia Regional Meeting of the International Plato Society*,（2018）: 25-29.

第五章 「プラトン『国家』第六・七巻における「〈善〉のイデア」と「仮設されたのでない原理」」、『哲学』70（2019）：191-204 頁。

第六章 "The Object of Thought（*Dianoia*）in Plato's Divided Line, 509d1-511e5." *Tetsugaku*（International）, 1（2017）: 44-57.

第七章 "Lower Two Stages of the Prisoner in Plato's Analogy of the Cave."『思索』52（2019）:（1）-（20）.

参考文献

『国家』のテクストとしては、
Slings, S. R. ed. *Platonis* Respvblica, Oxford Classical Text, 2003 を用いた。
その他のプラトン対話篇については、
Burnet, J. ed. *Platonis Opera* vol. I-V, Oxford Classical Text, 1901-1907 及び
Duke, E. A., Hicken, W. F., Nicoll, W. S. M., Robinson, D. B., and Strachan, J. C. G. eds. *Platonis Opera* Tomus I, Tetralogias I-II, Oxford Classical Text, 1995 を用いた。

【欧語文献】
Abbate, M. trans. *Proclo : Commento alla Repubblica di Platone : Dissertazioni I, III-V, VII-XII, XIV-XV, XVII*. Pavia, 2004.
Adam, J. ed. and comm. *The Republic of Plato*, 2nd ed. Cambridge, 1902.
Anagnostopoulos, M. "The Divided Soul and the Desire for Good in Plato's *Republic*." In Santas, G. ed. *The Blackwell Guide to Plato's* Republic. Malden, 2006.
Annas, J. "On the "Intermediates." *Archiv für Geschichte der Philosophie*, 57 (1975): 146-66.
――. *Aristotle's* Metaphysics *: Books M and N*. Oxford, 1976.
――. *An Introduction to Plato's* Republic. Oxford, 1981.
――. *Plato's Ethics, Old and New*. New York, 1999.
Apelt, O. trans. *Platon, Der* Staat. Leipzig, 1923.
Armstrong, A. H. trans. *Plotinus :* Ennead *VI. 6-9*. Cambridge, MA, 1988.
Baccou, R. trans. *Platon, Oeuvres Complètes IV, La* République. Paris, 1963.
Balzly, D. C. "To an Unhypothetical First Principle" in Plato's *Republic*." *History of Philosophical Quarterly*, 13 (2) (1996): 149-65.
Balzly, D., Finamore, J. F., and Miles, G. trans. *Proclus : Commentary on Plato's* Republic, vol. 1, Essays 1-6. Cambridge, 2018.
――. trans. *Proclus : Commentary on Plato's* Republic, vol. 2, Essays 7-15. Cambridge, 2022.
Barney, R. "Platonism, Moral, Nostalgia, and the 'City of Pigs.'" *Proceedings of the Boston Area Colloquium of Ancient Philosophy*, 17 (1) (2002): 207-236.
――. "What Kind of Theory Is the Theory of the Tripartite Soul?" *Proceedings of the Boston Area Colloquium of Ancient Philosophy*, 31 (1) (2016): 53-83.
Bedu-Addo, J. T. "Mathematics, Dialectic and the Good in the *Republic* VI-VII." *Platon*, 30 (1978): 111-27.
――. "Διάνοια and the Images of Forms in Plato's *Republic* VI-VII." *Platon*, 31 (1979):

89–110.
Belfiore, E. "A Theory of Imitation in Plato's *Republic*." *Transactions of the American Philological Association*, 114(1984): 121–46.
Benson, H. H. "Plato's Philosophical Method in the *Republic*: the Divided Line (510–511 d)." In McPherran, M. L. ed. *Plato's Republic: A Critical Guide*. Cambridge, 2010.
Blackburn, S. "Knowledge, Truth, and Reliability." *Proceeding of the British Academy*, 70 (1985): 167–87.
Bloom, A. trans. The Republic *of Plato*. New York, 1968.
Bluck, R. S. "Is Plato's *Republic* a Theocracy?" *The Philosophical Quarterly*, 5(18) (1955): 69–73.
———. "Knowledge by Acquaintance in Plato's *Theaetetus*." *Mind*, 72(1963): 259–263.
Bobonich, C. "Akrasia and Agency in Plato's *Laws* and *Republic*." *Archiv für Geschichte der Philosophie*, 76(1)(1994): 3–36.
Boyle, A. J. "Plato's Divided Line: Essay I." *Apeiron*, 7(2)(1973): 1–11.
———. "Plato's Divided Line: Essay II." *Apeiron*, 8(2)(1974): 7–21
Brandom, R. B. *Perspectives on Pragmatism: Classical, Recent, and Contemporary*. Cambridge, MA, 2011 [R・ブランダム、加藤隆文・田中凌・朱喜哲・三木那由他訳『プラグマティズムはどこから来て、どこへ行くのか』、勁草書房、2020年].
Brennan, T. "Commentary on Sauvé Meyer." *Proceedings of the Boston Area Colloquium of Ancient Philosophy*, 20(2004): 244–62.
Brisson, L. "Why Is the *Timaeus* Called an *Eikôs Muthos* and an *Eikôs Logos*?" In Collobert, C., Destrée, P., and Gonzalez, F. eds. *Plato and Myth: Studies on the Use and Status of Platonic Myths*. Leiden, 2012.
Broadie, S. *Plato's Sun-Like Good: Dialectic in the* Republic. Cambridge, 2021.
Brunschwig, J. "Revisiting Plato's Cave." *Proceedings of the Boston Area Colloquium in Ancient Philosophy*, 19(2003): 145–74.
Burnyeat, M. F. "Platonism and Mathematics: A Prelude to Discussion." In Graeser, A. ed. *Mathematics and Metaphysics in Aristotle*. Stuttgart, 1987. Later included in Burnyeat, M. F. *Explorations in Ancient and Modern Philosophy*, volume 2. Cambridge, 2012.
———. *The* Theaetetus *of Plato*. Indianapolis, 1990.
———. "Utopia and Fantasy: The Practicability of Plato's Ideally Just City." In J. Hopkins, J. and Savile, A. eds. *Psychoanalysis, Mind and Art: Perspectives on Richard Wollheim*. Oxford, 1992. Later included in Fine, G. ed. *Plato 2: Ethics, Politics, Religion and the Soul*. Oxford, 1999.
———. "Culture and Society in Plato's *Republic*." *Tanner Lectures in Human Values*, 20 (1999): 215–324. Later included in Burnyeat, M. F. *Explorations in Ancient and Modern Philosophy*, volume 3. Cambridge, 2022.

——. "Plato on Why Mathematics is Good for the Soul." In Smiley, T. ed. *Mathematics and Necessity*. Oxford, 2000. Later included in Burnyeat, M. F. *Explorations in Ancient and Modern Philosophy*, volume 3. Cambridge, 2022.

——. "Plato." Master-Mind Lecture, *Proceedings of the British Academy*, 111（2001）: 1-22. Later included in Burnyeat, M. F. *Explorations in Ancient and Modern Philosophy*, volume 3. Cambridge, 2022.

——. "The Truth of Tripartition." *Proceedings of the Aristotelian Society*, 106（2006）: 1-23. Later included in Burnyeat, M. F. *Explorations in Ancient and Modern Philosophy*, volume 3. Cambridge, 2022.

Chambry, E. ed. and trans. *Platon, La* République. Paris, 1931-34.

Charalabopoulos, N. "Dreams, autochtony, and metals. Why does Kallipolis need a foundation myth?" In Notomi, N. and Brisson, L. eds. *Dialogues on Plato's* Politeia（Republic）: *Selected Papers from the Ninth Symposium Platonicum*. Sankt Augustin, 2013.

Cooper, J. M. "Plato's Theory of Human Motivation." In Wagner, E. ed. *Essays on Plato's Psychology*. Lanham, 2001.

Cornford, F. trans. *The* Republic *of Plato*. Oxford, 1941.

——. *Plato's Theory of Knowledge*. New York, 1957.

——. "Mathematics and Dialectic in the *Republic* VI-VII." In Allen, R. E. ed. *Studies in Plato's Metaphysics*. New York, 1965. Originally published in *Mind*, 41（1932）: 37-52.

Costa, I. "Platonic Souls in the Cave : Are They Only Rational?" In Boeri, M. D., Kanayama, Y., and Mittelmann, J. eds. *Soul and Mind in Greek Thought. Psychological Issues in Plato and Aristotle*. Cham, 2018.

Cross, R. C. and Woozley, A. D. *Plato's* Republic : *A Philosophical Commentary*. London, 1996.

Crossman, R. H. S. *Plato Today*. London, 1937.

Davidson, D. "Plato's Philosopher." In Davidson, D. *Truth, Language, and History*. Oxford, 2005.

Delcomminette, S. "Socrates' Second Sailing and Dialectic." *The Proceedings of a New Perspective on Plato and his Philosophical Methods*, 30-44. Kyoto, 2015.

Denyer, N. "Sun and Line : The Role of the Good." In Ferrari, G. R. F. ed. *The Cambridge Companion to Plato's* Republic. Cambridge, 2007.

Destrée, P. "Poets in the Cave." In Notomi, N. and Brisson, L. eds. *Dialogues on Plato's* Politeia（Republic）: *Selected Papers from the Ninth Symposium Platonicum*. Sankt Augustin, 2013.

Echterling, T. "What Did Glaucon Draw? : A Diagrammatic Proof for Plato's Divided Line." *Journal of the History of Philosophy*, 56（1）（2018）: 1-15.

Ferber, R. "Ho de diōkei men hapasa psychē kai toutou heneka panta prattei." In Notomi,

N. and Brisson, L. eds. *Dialogues on Plato's* Politeia (Republic): *Selected Papers from the Ninth Symposium Platonicum*. Sankt Augustin, 2013.

———. *Platos Idee des Guten*. Sankt Augustin, 2015

Ferejohn, M. T. "Knowledge, Recollection, and the Forms in *Republic* VII." In Santas, G. ed. *The Blackwell Guide to Plato's Republic*. Malden, 2006.

Ferguson, A. S. "Plato's Simile of Light, Part 1." *Classical Quarterly*, 15 (1921): 131-52.

———. "Plato's Simile of Light, Part 2." *Classical Quarterly*, 16 (1922): 15-28.

Ferrari, G. R. F. "Plato and Poetry." In Kennedy, G. A. ed. *The Cambridge History of Literary Criticism*, vol. 1. Cambridge, 1990.

———. "Platonic Love." In Kraut, R. ed. *The Cambridge Companion to Plato*. Cambridge, 1992.

———. *City and Soul in Plato's Republic*. Chicago, 2005.

———. "The Three-Part Soul." In Ferrari, G. R. F. ed. *The Cambridge Companion to Plato's Republic*. Cambridge, 2007.

———. "Socrates in the *Republic*." In McPherran, M. L. ed. *Plato's Republic : A Critical Guide*. Cambridge, 2010.

———. "Plato's Writerly Utopianism." In Notomi, N. and Brisson, L. eds. *Dialogues on Plato's* Politeia (Republic): *Selected Papers from the Ninth Symposium Platonicum*. Sankt Augustin, 2013 [G・R・F・フェラーリ、川島彬訳「プラトンの作家的ユートピアニズム」、『モラリア』27 (2020): 91-115 頁].

———. "Plato the Writer." *Epoché : A Journal for the History of Philosophy*, 19 (2) (2015): 191-203.

Festugière, A. J. trans. *Proclus : Commentaire sur la Républic*, 3 vols. Paris, 1970.

Fine, G. "Knowledge and Belief in *Republic* V." *Archiv für Geschichte der Philosophie*, 60 (1978): 121-39. Later included in Fine, G. 2003 [references are here].

———. "Knowledge and Belief in *Republic* V-VII." In Evarson, S. ed. *Epistemology*. Cambridge, 1990. Later included in Fine, G. 2003 [references are here].

———. *Plato on Knowledge and Forms : Selected Essays*. Oxford, 2003.

Fite, W. *The Platonic Legend*. New York, 1934.

Fogelin, R. J. "Three Platonic Analogies." *The Philosophical Review*, 80 (3) (1971): 371-82.

Foley, R. "Plato's Undividable Line : Contradiction and Method in *Republic* VI." *Journal of the History of Philosophy*, 46 (1) (2008): 1-24.

Fowler, H. N. and Lamb, W. R. M. trans. *Plato : Statesman, Philebus, Ion*. Cambridge, MA, 1925.

Fronterotta, F. "Plato's *Republic* in the Recent Debate." *Journal of the History of Philosophy*, 48 (2010): 125-51.

Gabrieli, F. trans. *Platone : La Repubblica*, vol. 2, Libri V-X. Milano, 1981.

Gaiser, K. "Plato's Enigmatic Lecture 'On the Good'." *Phronesis*, 25 (1980): 5–37.
Gentzler, J. "How to Know the Good: The Moral Epistemology of Plato's *Republic*." *Philosophical Review*, 114 (2005): 469–96.
Gerbner, G. *Violence and Terror in the Mass Media*. Westport, 1988.
Gerson, L. P. *Knowing Persons: A Study in Plato*. Oxford, 2003.
——. *Platonis and Naturalism: The Possibility of Philosophy*. Ithaca and London, 2020.
Gifford, M. "Dramatic Dialectic in *Republic* Book I." *Oxford Studies in Ancient Philosophy*, 20 (2001): 35–106.
Gilby, T. trans. *Summa Theologiae*, vol. 16. Cambridge, 2006.
Gill, C. "The Good and Mathematics." In Cairns, D., Herrmann, F. G., and Penner, T. eds. *Pursuing the Good: Ethics and Metaphysics in Plato's* Republic. Edinburgh, 2007.
——. "Reflective Commentary (1) 'Socratic' Psychology in Plato's *Republic*." In Boys-Stones, G., Murr, D. E., and Gill. C. eds. *The Platonic Art of Philosophy*. Cambridge, 2013.
Gonzalez, F. "Propositions or Objects? A Critique of Gail Fine on Knowledge and Belief in *Republic* V." *Phronesis*, 41 (1996): 245–75.
——. *Dialectic and Dialogue: Plato's Practice of Philosophical Inquiry*. Evanston, 1998 (Gonzalez [1998a]).
——. "Nonpropositional Knowledge in Plato." *Apeiron*, 31 (1998): 235–84 (Gonzalez [1998b]).
Gosling, J. C. B. "*Republic* V: *ta polla kala* etc." *Phronesis*, 5 (1960): 116–28.
——. "*Doxa* and *Dunamis* in Plato's *Republic*." *Phronesis*, 13 (1968): 119–30.
——. *Plato*. London, 1973.
Graeser, A. "Plato on Knowledge and Opinion (*Republic* V)." *Synthesis Philosophica*, 5 (1990): 407–17.
Griffith, T. trans. and Ferrari, G. R. F. ed. *Plato: The* Republic. Cambridge, 2000.
Grube, G. M. A. trans. *Plato's* Republic. Revised by C. D. C. Reeve. Indianapolis, 1992. Reprinted in Cooper, J. ed. *Plato: Complete Works*. Indianapolis, 1997.
Gulley, N. *Plato's Theory of Knowledge*. London, 1961.
Guthrie, W. K. C. "Plato's Views on the Nature of the Soul." In Vlastos, G. ed. *Plato II: Ethics, Politics, and Philosophy of Art and Religion*. Notre Dame, IN, 1971.
——. *A History of Greek Philosophy, IV: Plato: The Man and his Dialogues: Earlier Period*. Cambridge, 1975.
Haack, S. *Evidence and Inquiry: A Pragmatist Reconstruction of Epistemology*. New York, 2009.
Hackforth, R. "Plato's Divided Line and Dialectic." *The Classical Quarterly*, 36 (1) (1942): 1–9.
Hahm, D. E. "Plato's "Noble Lie" and Political Brotherhood." *Classica et Mediaevalia*, 30

(1969): 211-27.
Hall, D. "Interpreting Plato's Cave as an Allegory of the Human Condition." *Apeiron*, 14 (1980): 74-86.
Halliwell, S. trans. and comm. *Plato : Republic 10*. Warminster, 1988.
———. trans. and comm. *Plato : Republic 5*. Warminster, 1993.
Hammond, N. G. L. and Scullard, H. H. eds. *The Oxford Classical Dictionary*, 2nd edn. Oxford, 1970.
Harte, V. *Plato on Parts and Wholes : The Metaphysics of Structure*. Oxford, 2002.
———. "Language in the Cave." In Scott, D. ed. *Maieusis : Essays on Ancient Philosophy in Honour of Myles Burnyeat*. Oxford, 2008 ［V・ハート、荻原理・川島彬訳「洞窟の言語」、『思想』1097（2015）: 50-78 頁］.
———. "Plato's Metaphysics." In Fine, G. ed. *The Oxford Handbook of Plato*. Oxford, 2011.
———. "Knowing and Believing in *Republic* V." In Harte, V. and Woolf, R. eds. *Rereading Ancient Philosophy : Old Chestnuts and Sacred Cows*. Cambridge, 2017.
Havelock, E. A. *Preface to Plato*. Cambridge, MA, 1963 ［E・A・ハヴロック、村岡晋一訳『プラトン序説』、新書館、1997 年］.
Hintikka, J. "Time, Truth and Knowledge in Ancient Greek Philosophy." *American Philosophical Quarterly*, 4（1967）: 1-14.
———. *Knowledge and the Known*. Dordrecht, 1974.
Hourani, G. F. "The Education of the Third Class in Plato's *Republic*." Classical Quarterly, 43（1949）: 58-60.
Irigaray, L. *Speculum of the Other Woman*. Gill, G. C. trans. New York, 1985.
Irwin, T. H. *Plato's Moral Theory : The Early and Middle Dialogues*. Oxford, 1977.
———. *Plato's Ethics*. Oxford, 1995.
Joseph, H. W. B. *Knowledge and the Good in Plato's Republic*. Westport, 1948.
Jowett, B. and Campbell, L. comms. *Plato's Republic*. Oxford, 1894.
Kahn, C. H. *The Verb Be in Ancient Greek*. Dordrecht, 1973.
———. *Plato and the Socratic Dialogue*. Cambridge, 1996.
Kamtekar, R. "Speaking with the Same Voice as Reason : Personification in Plato's Psychology." *Oxford Studies in Ancient Philosophy*, 31（2006）: 167-202.
———. *Plato's Moral Psychology*. Oxford, 2017.
Kanayama, Y. "What is It Like to Know Platonic Forms? : Knowing Meno, the Power of Dialogue, and the Cave and the Line." *Journal of the School of Letters*（Nagoya University）, 5（2009）: 1-15.
Karasmanis, V. "Plato's *Republic* : The Line and the Cave." *Apeiron*, 21（1988）: 147-71.
Katz, E. and Lazarsfeld, P. F. *Personal Influence : The Part Played by People in the Flow of Mass Communication*. New York, 1955.
Kawashima, A. "Description of the Good at Plato's *Republic*, VI 505e1-3." 『思索』48

(2015)：(1) - (13).

――. "The Object of Thought (*Dianoia*) in Plato's Divided Line, 509d1-511e5." *Tetsugaku* (International), 1 (2017)：44-57.

――. "Tripartite Psychology in Plato's *Republic*." *The Proceedings of the 2nd Asia Regional Meeting of the International Plato Society*, (2018)：25-29.

――. "Lower Two Stages of the Prisoner in Plato's Analogy of the Cave." 『思索』52 (2019)：(1) - (20).

――. "Persuasion and Agreement：" the Noble Lie" in Plato's *Republic*, III." *The Proceedings of the 6th Tokyo Conference on Argumentation*, (2022)：68-74.

Kenny, A. *The Anatomy of the Soul : Historical Essays in the Philosophy of Mind*. Oxford, 1973.

Klosko, G. *The Development of Plato's Political Theory* (Second Edition). Oxford, 2006.

Kochin, M. S. *Gender and Rhetoric in Plato's Political Thought*. Cambridge, 2002.

Krämer, H. J. *Plato and the Foundations of Metaphysics : A Work on the Theory of the Principles and Unwritten Doctrines of Plato with a Collection of the Fundamental Documents*. Catan, J. R. ed. and trans. New York, 1990 [H・J・クレーマー、岩野秀明訳『プラトンの形而上学』、世界書院、2000 年（上巻）、2001 年（下巻）].

Kraut, R. "Return to the Cave：*Republic* 519-521." In Fine, G. ed. *Plato 2 : Ethics, Politics, Religion and the Soul*. Oxford, 1999.

Kroll, W. ed. *Procli Diadochi in Platonis Rem publicam commentarii*, 2 vols. Leipzig, 1899-1901.

Krumnow, K. L. "Womb as Synecdoche：Introduction to Irigaray's Deconstruction of Plato's Cave." *Intertexts*, 13 (2009)：69-93.

Larsen, P. D. "The Place of the Perception in Plato's Tripartite Soul." *Proceedings of the Boston Area Colloquium in Ancient Philosophy*, 32 (1) (2017)：69-99.

Lee, H. D. P. trans. *Plato : The Republic*. Harmondsworth, 1987.

Lorenz, H. "Plato on the Soul." In Fine, G. ed. *The Oxford Handbook of Plato*. Oxford, 2008.

Ludwig, P. W. "Eros in the *Republic*." In Ferrari, G. R. F. ed. *The Cambridge Companion to Plato's Republic*. Cambridge, 2007.

Lyons, J. *Structural Semantics : An Analysis of Part of the Vocabulary of Plato*. Oxford, 1963.

MacIntyre, A. *After Virtue : A Study in Moral Theory*. Notre Dame, 1981 [A・マッキンタイア、篠崎榮訳『美徳なき時代』、みすず書房、1993 年].

Macran, H. S. ed. and trans. *The Harmonics of Aristoxenus*. Oxford, 1902.

Malcolm, J. "The Line and the Cave." *Phronesis*, 7 (1962)：38-45.

――. "The Cave Revisited." *Classical Quarterly*, 31 (1981)：60-68.

Marmodoro, A. *Forms and Structure in Plato's Metaphysics*. Oxford, 2021.

Mason, A. S. "The Good, Essence and Relations." In Cairns, D., Herrmann, F. G., and Penner, T. eds. *Pursuing the Good : Ethics and Metaphysics in Plato's* Republic. Edinburgh, 2007.

McDowell, J. "Virtue and Reason." *The Monist*, 62 (1979) : 331-50. Later included in McDowell, J. *Mind, Value and Reality*. Cambridge, MA, 1998 [references are here] [J・マクダウェル、荻原理訳「徳と理性」、大庭健編・監訳『徳と理性:マクダウェル倫理学論文集』収録、勁草書房、2016年].

——. *Mind and World : With a New Introduction by the Author*. Cambridge, MA, 1996 [J・マクダウェル、神崎繁・河田健太郎・荒畑靖宏・村田忠康訳『心と世界』、勁草書房、2012年].

——. "Knowledge and the Internal." *Philosophy and Phenomenological Research*, 55 (4) (1995) : 877-93. Later included in Sosa, E. and Kim, J. eds. *Epistemology : An Anthology*. Oxford, 2000.

——. "Knowledge and the Internal Revisited." *Philosophy and Phenomenological Research*, 64 (1) (2002) : 97-105. Later included in McDowell, J. *The Engaged Intellect : Philosophical Essays*. Cambridge, MA, 2009.

McKeen, C. "Swillsburg City Limits (the 'City of Pigs' : *Republic* 370C-372D)." *Polis*, 21 (1-2) (2004) : 70-92.

Meyer, S. S. "Class Assignment and the Principle of Specialization in Plato's *Republic*." *Proceedings of the Boston Area Colloquium of Ancient Philosophy*, 20 (2005) : 229-43.

Moore, G. E. *Principia Ethica*. Cambridge, 1903 [G・E・ムア、泉谷周三郎・寺中平治・星野勉訳『倫理学原理』、三和書籍、2010年].

Morrison, D. R. "The Utopian Character of Plato's Ideal City." In Ferrari, G. R. F. ed. *The Cambridge Companion to Plato's* Republic. Cambridge, 2007.

Morrison, J. S. "Two Unresolved Difficulties in the Line and the Cave." *Phronesis*, 22 (1977) : 212-31.

Moss, J. "What Is Imitative Poetry and Why Is It Bad?" In Ferrari, G. R. F. ed. *The Cambridge Companion to Plato's* Republic. Cambridge, 2007.

——. *Plato's Epistemology : Being and Seeming*. Oxford, 2021.

Murdoch, I. *The Fire and the Sun : Why Plato Banished the Artists*. Oxford, 1977 [I・マードック、川西瑛子訳『火と太陽――なぜプラトンは芸術家を追放したのか』、公論社、1980年].

Murphy, N. R. *The Interpretation of Plato's* Republic. Oxford, 1951.

Murray, P. ed. and comm. *Plato on Poetry*. Cambridge, 1997.

Nails, D. *The People of Plato : A Prosopography of Plato and Other Socratics*. Indianapolis, 2002.

Nally, E. G. "Is Plato a Coherentist? The Theory of Knowledge in *Republic* V-VII." *Apei-

ron, 48（2）(2015)：149-75.
Nehamas, A. "Plato on Imitation and Poetry in *Republic* X." In Moravcsik, J. M. E. and Temko, P. eds. *Plato on Beauty, Wisdom, and the Arts*. Totowa, 1982.
―. "Plato on the Imperfection of the Sensible World." In Fine, G. ed. *Plato 1 : Metaphysics and Epistemology*. Oxford, 1999.
Nettleship, R. L. *Lectures on the* Republic *of Plato*. London, 1906.
Neumann, H. "Plato's *Republic* : Utopia or Dystopia?" *Modern Schoolman*, 44 (4) (1967): 319-330.
Nightingale, A. W. *Spectacles of Truth in Classical Greek Philosophy : Theoria in its Cultural Context*. Cambridge, 2004.
Notomi, N. "Plato, Isocrates and Epistolary Literature : Reconsidering the *Seventh Letter* in its contexts." *Plato Journal*, 23 (2022)：67-79.
Ober J. *The Greeks and the Rational : The Discovery of Practical Reason*（Sather Classical Lectures, 76）. Oakland, 2022.
O'Connor, D. K. "Rewriting the Poets in Plato's Characters." In Ferrari, G. R. F. ed. *The Cambridge Companion to Plato's* Republic. Cambridge, 2007.
Owen, G. E. L. "Aristotle on the Snares of Ontology." In Bambrough, R. ed. *New Essays on Plato and Aristotle*. London, 1965.
Page, C. "The Truth about Lies in Plato's *Republic*." *Ancient Philosophy*, 11 (1991)：1-33.
Penner, T. "Thought and Desire in Plato." In Vlastos, G. ed. *Plato II : Ethics, Politics, and the Philosophy of Art and Religion*. Notre Dame, IN, 1971.
―. "The Forms in the *Republic*." In Santas, G. ed. *The Blackwell Guide to Plato's* Republic. Malden, 2006.
Penner, T. and Rowe, C. *Plato's* Lysis. Cambridge, 2005.
Politis, V. *Plato's Essentialism : Reinterpreting the Theory of Forms*. Cambridge, 2021.
Popper, K. *The Open Society and its Enemies, Volume 1 : The Spell of Plato*. London, 1945 ［K・ポパー、内田詔夫・小河原誠訳『開かれた社会とその敵 第一部：プラトンの呪文』、未來社、1980 年］.
Prichard, D. "McDowell on Reasons, Externalism and Scepticism." *European Journal of Philosophy*, 11（3）(2003)：273-94.
Raven, J. E. *Plato's Thought in the Making*. Cambridge, 1965.
Rawls, J. *A Theory of Justice, revised edition*. Cambridge, MA, 1999 ［J・ロールズ、川本隆史・福間聡・上島裕子訳『正義論 改訂版』、紀伊國屋書店、2010 年］.
Reed, D. "Bodily Desires and Afterlife Punishment in the *Phaedo*." *Oxford Studies in Ancient Philosophy*, 59 (2021)：45-78.
Reeve, C. D. C. *Philosopher-Kings*. Princeton, 1988.
Renaut, O. "La fonction du *thumos* dan la *République* de Platon." In Notomi, N. and Brisson, L. eds. *Dialogues on Plato's* Politeia (Republic) *: Selected Papers from the Ninth*

Symposium Platonicum. Sankt Augustin, 2013.
Robinson, R. *Plato's Early Dialectic*. Oxford, 1953.
Ross, W. D. *Aristotle's* Metaphysics. Oxford, 1924.
――. *Plato's Theory of Ideas*. Oxford, 1951.
Rowe, C. "The Form of the Good and the Good in Plato's *Republic*." In Cairns, D., Herrmann, F. G., and Penner, T. eds. *Pursuing the Good : Ethics and Metaphysics in Plato's* Republic. Edinburgh, 2007（Rowe ［2007a］）.
――. *Plato and the Art of Philosophical Writing*. Cambridge, 2007（Rowe ［2007b］）.
――. trans. *Plato : Republic*. London, 2012.
――. "The City of Pigs : a Key Passage in Plato's *Republic*." *Philosophie antique*, 17（2017）: 55–71.
Rowett, C. "Why the Philosopher Kings Will Believe the Noble Lie." *Oxford Studies in Ancient Philosophy*, 50（2016）: 67–100.
――. *Knowledge and Truth in Plato : Stepping Past the Shadow of Socrates*. Oxford, 2018.
Russel, B. *History of Western Philosophy : and its Connection with Political and Social Circumstances from the Earliest Times to the Present Day*, 2nd edn. London, 1961 ［B・ラッセル、市井三郎訳『西洋哲学史1：古代より現代に至る政治的・社会的諸条件との関連における哲学史』、みすず書房、1970年］.
Sandel, M. J. *Liberalism and the Limits of Justice, second edition*. Cambridge, 1998 ［M・J・サンデル、菊池理夫訳『リベラリズムと正義の限界 原著第二版』、勁草書房、2009年］.
Santas, G. "Hintikka on Knowledge and its Objects in Plato." In Moravcsik, J. ed. *Patterns in Plato's Thought*. Dordrecht, 1973.
――. "The Form of the Good in Plato's *Republic*." In Anton, J. P. and Preus, A. eds. *Essays in Ancient Greek Philosophy II*. Albany, 1984.
――. "Knowledge and Belief in Plato's *Republic*." In Nicolacopoulos, P. ed. *Greek Studies in the Philosophy and History of Science*. Dordrecht, 1990.
――. "Plato's Idea of the Good." In Reale, G. and Scolnicov, S. eds. *New Images of Plato*. Sankt Augustine, 2002.
――. *Understanding Plato's* Republic. Malden, 2010.
Sayre, K. M. *Plato's Literary Garden : How to Read a Platonic Dialogue*. Notre Dame, 1995.
Schleiermacher, F. D. E. trans. *Der* Staat. Berlin, 1828.
――. *Über Die Philosophie Platons*. Steiner, P. M. ed. Philosophische Bibliothek, Hamburg, 1996.
Schofield, M. *Plato*. Oxford, 2006.
――. The Noble Lie." In Ferrari, G. R. F. ed. *The Cambridge Companion to Plato's* Re-

public. Cambridge, 2007(Schofield [2007a]). Later included in Schofield, M. *How Plato Writes : Perspectives and Problems*. Cambridge, 2023.

——. "Metaspeleology." In Scott, D. ed. *Maieusis : Essays on Ancient Philosophy in Honour of Myles Burnyeat*. Oxford, 2007(Schofield [2007b]). Later included in Schofield, M. *How Plato Writes : Perspectives and Problems*. Cambridge, 2023.

Scott, D. *Levels of Argument : A Comparative Study of Plato's* Republic *and Aristotle's* Nicomachean Ethics. Oxford, 2015.

Sedley, D. "Philosophy, the Forms, and the Art of Ruling." In Ferrari, G. R. F. ed. *The Cambridge Companion to Plato's* Republic. Cambridge, 2007.

——. "Socratic Intellectualism in the *Republic*'s Central Digression." In Boys-Stones, G., Murr, D. E., and Gill. C. eds. *The Platonic Art of Philosophy*. Cambridge, 2013.

Seel, G. "Is Plato's Conception of the Good Contradictory?" In Cairns, D., Herrmann, F. G., and Penner, T. eds. *Pursuing the Good : Ethics and Metaphysics in Plato's* Republic. Edinburgh, 2007.

Shields, C. "Simple Souls." In Wagner E. ed. *Essays on Plato's Psychology*. Lanham, MD, 2001.

Shorey, P. *The Unity of Plato's Thought*. Chicago, 1903.

——. ed. and trans. *Plato : The* Republic, 2nd edn. Cambridge, MA, 1937.

Singpurwalla, R. "Are There Two Theories of Goodness in the *Republic*? A Response to Santas." *Apeiron*, 39(4)(2006): 319-29.

Smith, N. D. "Knowledge by Acquaintance and 'Knowing What' in Plato's *Republic*." *Dialogue*, 18(1979): 281-88.

——. "Plato's Divided Line." *Ancient Philosophy*, 16(1996): 25-46.

——. "How the Prisoners in Plato's Cave Are "Like Us." *Proceedings of the Boston Area Colloquium in Ancient Philosophy*, 13(1997): 187-204.

——. "Plato on Knowledge as a Power." *Journal of the History of Philosophy*, 38(2000): 145-68.

——. [Book Review of Ferrari, G. R. F. ed. *The Cambridge Companion to Plato's* Republic. Cambridge, 2007]. *Ancient Philosophy*, 29(1)(2009): 187-200.

——. "Plato on the Power of Ignorance." *Oxford Studies in Ancient Philosophy*, supplementary volume(2012): 51-73.

——. *Summoning Knowledge in Plato's* Republic. Oxford, 2019.

Snell, B. "Ausdrücke für den Begriff des Wissens in der vorplatonischen Philosophie." *Philologische Untersuchungen*, 29(1924).

Sorabji, R. "Myths about Non-Propositional Thought." In Schofield, M. and Nussbaum, M. C. eds. *Language and Logos*. Cambridge, 1982.

Stalley, R. F. "Persuasion and the Tripartite Soul in Plato's *Republic*." *Oxford Studies in Ancient Philosophy*, 32(2007): 63-89.

Steinberger, P. J. "Who is Cephalus?" *Political Theory*, 24 (2) (1996): 172–199.
Stokes, M. "Plato and the Sightlovers of the *Republic*." In Barker, A. and Warner, M. eds. *The Language of the Cave*. Edmonton, 1992.
Storey, D. "What is *Eikasia*?" *Oxford Studies in Ancient Philosophy*, 58 (2020): 19–57.
――. "*Dianoia* & Plato's Divided Line" *Phronesis*, 67 (2022): 253–308.
Strang, C. "Plato's Analogy of the Cave." *Oxford Studies in Ancient Philosophy*, 4 (1986): 19–34.
Strauss, L. *The City and Man*. Chicago, 1964 [L・シュトラウス、石崎嘉彦・飯島昇藏・小高康照・近藤和貴・佐々木潤訳『都市と人間』、法政大学出版局、2015 年].
Szaif, J. "*Doxa* and *Epistēmē* as Modes of Acquaintance in *Repblic* V." *Études platoniciennes*, 4 (2007): 253–72. Also available at : http ://philosophy.ucdavis.edu/people/jmszaif/jan-szaifs-home-page/talks-and-final-drafts/ddox-and-episteme-as-modes-of-acquaintance-in-republic-v/view, 1–24 [references are here].
Sze, C. P. "*Eikasia* and *Pistis* in Plato's Cave Allegory." *Classical Quarterly*, 27 (1977): 127–138.
Szlezák, T. A. *Platon Lesen*. Stuttgart, 1993 [T・A・スレザーク、内山勝利・丸橋裕・角谷博訳『プラトンを読むために』、岩波書店、2002 年].
Taylor, C. C. W. "Plato's Epistemology." In Fine, G. ed. *The Oxford Handbook of Plato*. Oxford, 2011.
Toner, P. "Reading 'Is' Existentially in *Republic* 476–80." *British Journal for the History of Philosophy*, 19 (2) (2011): 171–83.
Turner, G. *British Cultural Studies : An Introduction*, 2nd edn. London, 1996 [G・ターナー、溝上由紀・毛利嘉孝・鶴本花織・大熊高明・成実弘至・野村明宏・金智子訳『カルチュラル・スタディーズ入門』、作品社、1999 年].
Uglietta, J. "Knowledge and Coherence in Plato's *Republic*." *Apeiron*, 39 (4) (2006): 331–40.
Vegetti, M. trans. *Platone, La* Repubblica. Milano, 2006.
Vlastos, G. "The Third Man Argument in the *Parmenides*." *The Philosphical Review*, 63 (3) (1954): 319–49 [G・ヴラストス、渡辺邦夫訳「『パルメニデス』における第三人間論」、井上忠・山本巍編訳『ギリシア哲学の最前線 I』収録、東京大学出版会、1986 年].
――. "Degrees of Reality in Plato." In Bambrough, R. ed. *New Essays on Plato and Aristotle*. Princeton, 1965. Later included in Vlastos, G. *Platonic Studies*. Princeton, 1981.
――. "The Theory of Social Justice in the *Polis* in Plato's *Republic*." In North, H. ed. *Interpretations of Plato : A Swarthmore Symposium*. Leiden, 1977. Later included in Vlastos, G. (Graham, D. ed.) *Studies in Greek Philosophy, Volume II : Socrates, Plato, and Their Tradition*. Princeton, 1995 [references are here].
――. "Justice and Happiness in the *Republic*." In Vlastos, G. *Platonic Studies*. Princeton,

1981.

―. *Socrates : Ironist and Moral Philosopher.* Cambridge, 1991.

Vogt, K. *Belief and Truth : A Skeptic Reading of Plato.* Oxford, 2012.

Wardy, R. "The Platonic Manufacture of Ideology, or How to Assemble Awkward Truth and Wholesome Falsehood." In Harte, V. and Lane, M. eds. *Politeia in Greek and Roman Philosophy.* Cambridge, 2013.

Waterfield, R. trans. *Plato :* Republic. Oxford, 2008.

Wedberg, A. "The Theory of Ideas." In Vlastos, G. ed. *Plato I : Metaphysics and Epistemology.* Notre Dame, 1978.

White, F. C. "J. Gosling on "*ta polla kala.*" *Phronesis,* 23 (1978): 127-32.

White, M. J. "Plato and Mathematics." In Benson, H. H. ed. *A Companion to Plato.* Hoboken, 2009.

―. "The Scope of Knowledge in *Republic* V." *Australian Journal of Philosophy,* 62 (1984): 339-54.

White, N. P. *A Companion to Plato's* Republic. Indianapolis, 1979.

Wiegand, W. trans. *Platon,* Politeia (*Der* Staat), *Buch V-X.* In Loewenthal, E. ed. *Platon : Sämtliche Werke in drei Bänden* II. Berlin, 1940.

Wieland, W. *Platon und die Formen des Wissens.* Göttingen, 1982.

Williams, B. "The Analogy of City and Soul in Plato's *Republic.*" In Lee, E. N., Mourelatos, P. D., and Rorty, R. M. eds. *Exegesis and Argument : Studies in Greek Philosophy Presented to Gregory Vlastos* (*Phronesis,* suppl. vol. 1 (1973): 196-206). Later included in Fine, G. ed. *Plato 2 : Ethics, Politics, Religion and the Soul.* Oxford, 1999.

Wilson, J. R. S. "The Contents of the Cave." *Canadian Journal of Philosophy,* suppl. vol. 2 (1976): 117-27.

Wright, C. "Facts and Certainty." *Proceedings of the British Academy,* 71 (1985): 429-72.

【邦語文献】

今林万里子「『国家』の三つの比喩」、『古代哲学研究』2 (1969): 1-12 頁。

岩田直也「知の個別性と全体性――プラトン初期・中期対話篇における技術と能力の対象概念について――」、『古代哲学史研究紀要』15 (2009): 26-50 頁。

内山勝利『対話という思想』、岩波書店、2004 年。

太田和則「『国家』V 巻の『二世界説』について」、『古代哲学研究』44 (2012): 17-30 頁。

――「線分の比喩における可知界の区分――プラトン『国家』509d6-511e5――」、『西洋古典学研究』62 (2013): 13-23 頁。

金山弥平「プラトンに於ける認識とその対象――思わくと〈線分の比喩〉に於けるディアノイアについて――」、『古代哲学研究』13 (1981): 1-12 頁。

川島彬「見物好きの者は説得されたか——プラトン『国家』第五巻476d7-480a13解釈」、『倫理学年報』67（2018）：91-104 頁。

——「プラトン『国家』第六・七巻における〈善〉のイデア」と「仮設されたのでない原理」」、『哲学』70（2019）：191-204 頁。

栗原裕次『イデアと幸福——プラトンを学ぶ——』、知泉書館、2013 年。

——『プラトンの公と私』、知泉書館、2016 年。

小池澄夫「文字と声——『国家』のミーメーシス論——」、内山勝利・中畑正志（編）『イリソスのほとり』、世界思想社、2005 年収録。

近藤智彦・川島彬・高橋勇真・野村拓矢（訳）プロクロス『プラトン『国家』注解』第四論文 日本語訳・注、『北海道大学文学研究院紀要』169（2023）：左 41-右 70 頁。

齊藤安潔「「気高い嘘」と「有益な偽り」——『国家』414b と『法律』663d の解釈——」、『哲学』59（2008）：163-78 頁。

佐々木毅『プラトンと政治』、東京大学出版会、1984 年。

——『プラトンの呪縛』、講談社、2000 年。

関村誠『像とミーメーシス——プラトンからの美学——』、勁草書房、1997 年。

高木酉子「『国家』第五巻 475e3-480a13 におけるプラトンの二世界論」、『哲学』56（2005）：222-33 頁。

高橋雅人『プラトン『国家』における正義と自由』、知泉書館、2010 年。

田坂さつき「「観ること」と「思いなすこと」の構造——『国家』第五巻 474b9-480a13 の一解釈——」、『立正大学文学部論叢』132（2011）：43-68 頁。

田中一孝『プラトンとミーメーシス』、京都大学学術出版会、2015 年。

中畑正志「プラトンの『国家』における〈認識〉の位置—魂の三区分説への序章—」、『西洋古典学研究』40（1992）：44-56 頁。

——『魂の変容——心的基礎概念の歴史的構成』、岩波書店、2011 年。

——「イデア論はどのように成立したか」、『古代哲学研究』50（2018）：3-35 頁。

新田博「『国家』VI-VII における 3 つの比喩と哲学の諸問題」、『古代哲学研究』1（1968）：18-27 頁。

納富信留「『国家』篇中心巻への接近——問題提起と視点素描——」、『慶應義塾大学日吉紀要 人文科学』18（2003）：1-26 頁。

——「「ポリテイア」とは何か？」『理想 特集：プラトンの「国家」論』686（2011）：2-13 頁。

——『プラトン 理想国の現在』、慶應義塾大学出版会、2012 年。

——「伝プラトン著『第七書簡』の再検討——前四世紀の書簡文学から——」、『西洋古典学研究』56（2018）：23-34 頁。

——「「真実の虚偽」とは何か？——プラトン『ポリテイア』の虚偽論序説——」、『論集』40、（2021）：1-20 頁。

早瀬篤「三本の指の例が示すこと（『国家』522e5-524d5）」、『古代哲学研究』53（2021）：

1-30 頁。
朴一功「「太陽」「線分」「洞窟」の比喩再考」、『古代哲学研究』15（1983）：22-34 頁。
――『魂の正義――プラトン倫理学の視座――』、京都大学学術出版会、2010 年。
廣川洋一『プラトンの学園アカデメイア』、岩波書店、1980 年。
福田宗太郎「プラトンにおける知識とドクサ――『国家』V 巻を考察の中心にして
　　――」、『古代哲学史研究紀要』16（2013）：1-15 頁。
藤沢令夫（訳）プラトン『国家』、岩波書店、1976 年。
――『プラトンの哲学』、岩波書店、1998 年。
松浦明宏『プラトン形而上学の探求――『ソフィステス』のディアレクティケーと
　　秘教――』、東北大学出版会、2006 年。
――『プラトン後期的ディアレクティケー――イデアの一性と多性について』、晃洋
　　書房、2018 年。
松永雄二『知と不知――プラトン哲学研究序説』、東京大学出版会、1993 年。
丸橋裕『法の支配と対話の哲学――プラトン対話篇『法律』の研究』、京都大学学術
　　出版会、2017 年。

人名索引

アーウィン（Irwin, T.） 4, 15, 44, 102, 115, 136
アナス（Annas, J.） 4, 15, 41, 43, 51, 86, 87, 115, 136, 156, 157, 181, 190, 191
アダム（Adam, J.） 51, 87, 88, 116, 133, 143, 156, 157, 160, 179-181, 185
アリストクセノス 132
アリストテレス 1, 12, 14, 35, 45, 89, 132, 143, 157, 159
ウィトゲンシュタイン（Wittgenstein, L.） 35
ヴラストス（Vlastos, G.） 4, 15, 21-24, 39, 41-43, 88, 89, 95, 102, 179, 184
神崎（神崎繁） 35, 48
クロス＆ウーズリー（Cross, R. and Woozley, A.） 4, 14, 15, 90, 114, 133, 136, 156, 179, 180, 186
ゴズリング（Gosling, J.） 4, 15, 49, 114, 136, 184
ゴンザレス（Gonzalez, F.） 4-6, 15, 26, 28, 31, 42-44, 46-48, 50-52, 56, 64, 103, 134, 137, 143, 144, 146, 147, 156, 157
サイフ（Szaif, J.） 15, 31, 33, 42, 46-48, 50, 51
サンデル（Sandel, M.） 187, 190
シンプリキオス 13
スコフィールド（Schofield, M.） 76, 88, 172, 185
スミス（Smith, N.） 15, 21, 42, 45-47, 49, 50, 52, 90, 103, 115, 144, 147, 155, 157-160, 183
ソラブジ（Sorabji, R.） 4, 15, 48, 136
デイヴィッドソン（Davidson, D.） 95, 102

デニヤ（Denyer, N.） 149, 153, 155, 156, 158, 159
トマス・アクィナス 92
ハート（Harte, V.） 4, 7, 15, 24, 28-30, 41, 45, 46, 103, 135, 137, 184
バーニェト（Burnyeat, M.） 64, 89, 95, 102, 114, 133-135, 143, 156-159, 180, 181, 183-185
ヒンティッカ（Hintikka, J.） 31, 46
ファーバー（Ferber, R.） 8, 92-98, 100-103, 133, 156, 157, 178-180, 184, 186
ファイン（Fine, G.） 4, 5, 7, 15, 24-28, 30, 39, 41, 43-45, 49, 51, 64, 65, 136, 137, 140, 141, 145, 156, 157, 180, 183
フェラーリ（Ferrari, G.） 14, 48, 84, 87-90, 115, 135, 155, 160, 183
フォークト（Vogt, K.） 4, 15, 45
フォーリー（Foley, R.） 152, 153, 156, 159
藤沢（藤沢令夫） 9, 40, 87, 120, 131, 156, 157, 180
ブランダム（Brandom, R.） 35, 48, 49
プルタルコス 155
プロクロス 9, 64, 115, 120, 131, 155
プロティノス 159
ヘシオドス 73
ペナー（Penner, T.） 75, 102, 114
ポパー（Popper, K.） 8, 68-71, 85-89
マーフィー（Murphy, N.） 47, 114, 142, 148, 156, 157, 179
マクダウェル（McDowell, J.） 34, 35, 37, 45, 48, 49
マッキンタイア（MacIntyre, A.） 187, 190
ムーア（Moore, G.） 36, 37, 49

215

モス（Moss, J.）　　4, 6, 15, 45, 51, 52, 66, 103, 114
リュシアス　　188, 190
ロウ（Rowe, C.）　　14, 90, 95, 102, 133, 180, 181
ロウェット（Rowett, C.）　　5, 6, 8, 15, 47-49, 71, 74-81, 84, 85, 88-90, 133, 156-158, 179, 186
ロールズ（Rawls, J.）　　187, 190
ロス（Ross, W.）　　142, 156-158, 179

事項索引

アクラシア（的行為） 92-98, 101, 102
欺き 69-71, 75, 89, 90
「あらぬもの(μὴ ὄν)」 19, 20, 50, 55, 57
「ありかつあらぬもの（ὄν τε καὶ μὴ ὄν）」 19, 22, 26, 41, 42, 47, 48, 57, 60
「あるもの(ὄν)」 19-24, 26, 33, 41-43, 47, 55-57, 60, 62, 144
エイカシアー 10, 139-141, 145, 152, 153, 159, 161-169, 173, 175-182, 184, 186
映像 118, 145, 146, 149, 151, 160, 162, 164, 169, 175, 177, 178
音楽・文芸 2, 71, 77, 172, 174, 185
画家、絵画 63, 151, 168, 169, 179
影 25, 40, 82, 103, 118, 140, 145, 146, 149, 151, 153, 160-166, 168, 169, 174-181, 185
下降（の道） 125, 127, 128, 133
可視的事物 130, 158, 162-167, 179
仮設 118, 125-127, 134, 140, 147, 156, 158
「仮設されたのでない原理（ἀρχὴ ἀνυπόθετος）」 90, 118, 119, 123, 125, 127, 128, 130, 133, 135-137, 139
価値 114, 120, 166, 167, 169, 180
可知的事物 42, 142, 147, 148, 151, 155, 158, 162, 164, 166, 178
（不）可謬 20, 22, 38, 52, 55, 57, 64
感覚的事物 8, 9, 12, 15, 24, 25, 28, 29, 38-40, 42-44, 47, 48, 51, 57, 60, 66, 78, 82, 90, 140, 141, 143, 144, 149, 152, 155, 157, 158, 160, 168, 170, 177, 178, 181, 185
気概的部分 105-109, 112-116
幾何学（者） 5, 9, 82, 90, 118, 126, 130, 134, 139, 140, 142-144, 146, 147, 149, 150, 155, 156, 158, 159, 162, 165, 176, 186
原因・根拠(αἰτία) 120-122, 127, 128, 130
現代認識論 3, 6, 45, 136, 176, 187
好意の原則 80, 81, 90
構成要素 115, 119, 123, 124, 128, 130-132, 136
困惑 61, 91, 98-100, 103, 162, 163, 166, 167-171, 173, 183, 185
（魂の）三部分説 9, 97, 102, 105, 107-111, 113, 115, 116, 183
詩（人） 3, 59, 66, 71, 89, 149, 151, 168, 169, 171, 177, 181-184
実践 5, 6, 8, 9, 34-36, 48, 49, 116, 117, 140, 146, 150, 155, 159, 182
字母 129, 135, 136
主知主義 35, 92-98, 101
(εἶναιの)述語用法 21, 24, 26, 27, 41-45
上昇（の道） 125-127, 133, 145, 164, 171, 172, 176, 178
真実性(ἀλήθεια) 143, 151, 155, 159, 162, 164, 166-169
(εἶναιの)真理表示用法 21, 24-28, 43, 44
数学的諸学問 14, 56, 82, 84, 118, 125, 126, 133, 145, 146, 150, 151, 154, 157, 159, 172
数学的対象、中間者 9, 12, 140, 142, 143, 148-152, 155, 157, 161, 176
生産者 2, 62-64, 69, 70, 74, 87, 88, 124, 174, 176, 177
成文化（不可能） 34, 35
洗脳 8, 69-71, 75, 85, 87, 89

217

想起（説）　12, 105, 130, 183
（εἶναι の）存在用法　21, 26, 27, 42-45
体系　35, 36, 49, 114, 119, 124, 125, 127-130, 133-136, 159
大衆　18, 20, 38, 40, 55, 58-60, 62, 63, 65, 66, 69, 70, 87, 101, 165, 179, 181-183, 185
知性を助けに呼ぶ　61, 185
直観（的把握）　4, 8, 31, 37, 49, 85, 131
ディアノイア　4, 5, 9, 10, 12, 139-147, 152-156, 158, 160-162, 164, 176-179, 186
定義　5, 33, 35, 36, 48, 117, 126, 131, 144, 146, 156, 170
哲人王　7, 39, 71, 86
統合　111, 119, 120, 123, 124, 128-132, 135, 159
道徳、（諸）徳、有徳　34, 37, 48, 88, 102, 117, 124, 169, 180, 187, 189, 190, 193
何であるかの知、…とは何かの知　31, 33, 42, 46, 47, 131, 191
二世界説（解釈）　25, 28, 30, 39, 40, 43, 44, 52
人形使い　161, 168, 171, 181, 184
ノエーシス　10, 139-142, 146, 153, 154, 158, 162
νόμιμα　20, 38, 51, 55
（仮設の）廃棄　118, 125-127, 134
反対の現れ　27, 41, 47, 61, 82, 154, 167
悲劇　62, 65, 66, 169, 190

ピスティス　10, 139-141, 145, 152-154, 156, 159-170, 176, 177, 179-181, 183, 186
非命題的、非命題知解釈　4, 40, 47, 48, 91, 99
補助者　2, 62, 63, 69, 71-74, 89
見知り（による知識）　31-34, 36, 37, 39, 40, 42, 46, 47, 49, 56, 57, 64, 117, 134, 136, 187
民主制、民主主義　3, 70, 87, 168, 172-174
無知　19, 20, 43, 49, 50, 55, 56, 69, 93
命題知（解釈）、…ということの知　4-7, 15, 24, 31, 33-36, 38, 39, 43-49, 51, 52
明瞭性（σαφήνεια）　140, 143, 152, 154, 155, 162, 164, 177
模倣　151, 168, 169, 171, 181
モラル・サイコロジー　8, 92, 94-96, 98, 101, 102
問答法　3, 5, 6, 8, 9, 12, 36, 37, 69, 84, 90, 115-119, 125-127, 130, 133-136, 139, 140, 142, 146, 150, 154, 159, 193
欲求的部分　2, 105-107, 111-116
読み書き術　129, 135
理知的部分　2, 94, 95, 103, 105-110, 113-116
論駁（問答）、エレンコス　12, 99, 116, 170, 172, 173, 177, 183-185, 189

古典引用索引

Aristotle
『分析論前書』
  24a16   14
『形而上学』
  A.6.987b14-18   143
  Z.2.1028b19   143
  M.8.1083b16-17   159
    13.1086a12   157
  N.4.1091b13-15   152
    5.1092b20   159
『ニコマコス倫理学』
  I.6   190
『政治学』
  1264b10-16   89

Aristoxenus
『ハルモニア原論』
  II.30-31   132

Hesiod
『仕事と日』
  109-201   73

Lysias
『12. エラトステネス駁』
  4-23   190

Plato
『エウテュプロン』
  5d8-e2   183
  6d9-11   184
  6e11-7a1   183
  8a4-9   184
  11a6-b1   184
『ソクラテスの弁明』

22b8-c6   185
23b4-7   63
29e3-30a7   63
39a1   95
『パイドン』
65d4-5   41, 157
65d4-8   119
65d13   41
65d13-e1   41
  e3   41
72e1-73b2   103
74a12   41, 157
74b2   41
  c1   41
  c4-5   41
  d6   41
  e7   41
75b1-2   41
75b6   41, 157
75c9-d4   119
  c11-d1   41, 157
  d2   41
  d6   41
76d7-9   119
76d9   41
77a3-5   119
77e9-10   59
78c10-79d9   179
78d1   41, 157
78d4   41
81b1-82e4   116
82a-b   191
92d4   41
92e1   41
99d4-e6   144

219

99d4–102a3　156
100b1–101d3　122
100b5–7　199
100b6–7　157
　c4–5　157
　d5　157
100c9–d8　148
　d5　157
101c3　41
102a11–c10　42
102b1　41
102d6　41, 157
103b4　157
103e3　41
103e9–104b2　42
104b9　41
104c7　41
104d2　41
104d5–6　41
　　6　41
　e1　41
105d13　41
106d6　41
107c1–108c5　116
114c3　95

『クラテュロス』
389b5　41
439c7–d2　119

『テアイテトス』
149a6–9　183
149a6–10　103
150b6–151d6　103
189e–190a　51
206a1–b12　135

『ソピステス』
251d5–259d8　158
252e9–253e6　135
263e–264a　51
265e3–266a11　154

『政治家』
258b7–c1　154
258d4–e7　185
265b8–d2　134
266e4–11　134
285c4–d4　136

『パルメニデス』
130a2–133a10　138
130b3–10　119
130c1–4　41
132a1–134e7　42
134b14–c2　119
135c9–d1　119
137c　131

『ピレボス』
15a4　41
17c9–e3　136
18b6–d2　129
22b6–8　94
23e1–26d10　123
26e1–27c2　132
28b7–c4　183
30c5–6　124
56b4–57a4　185
56c8–57a4　159
57b5–59b9　179
58d5　95
62a2–64e4　123
63e7–64a3　134
64d9–e3　132, 136

『饗宴』
201d–212a　33
210a4–e5　134
211a3　48
211c8–9　41
211d3　41
212a2–5　179

『パイドロス』
244a–257b　33

246a3–250c6　　113
　　247d6–7　　41, 157
　　249b5–250c4　　103
　　249b7　　41
　　250e2　　41, 157
　　265d3　　41
　　265e1　　41
　　266e4　　41
　　273e2　　41
『カルミデス』
　　159b2–6　　184
　　159b7–160d4　　184
　　160e2–5　　184
　　160e6–161b2　　184
　　169c3–d1　　183
『ラケス』
　　190e5–6　　183, 184
　　191c7–e2　　184
　　192b9–c1　　183
　　192c3–d9　　184
　　192d10–12　　183
　　192e1–193d10　　184
　　194c2–6　　183
　　197e10–199e12　　184
　　200e1–201b5　　103
『リュシス』
　　216c4–7　　183
『プロタゴラス』
　　358c6–d2　　93
『ゴルギアス』
　　452a1–d1　　49
　　468b7–8　　93, 95
　　502b1–c4　　184
　　503d5–505d4　　124
　　503e6　　124
　　503e6–7　　124
　　504a1　　124
　　506e2–4　　124
　　522b2–c3　　103

　　522b3–c3　　183
　　524a8–526d2　　116
『メノン』
　　71e1–72a5　　184
　　72a6–73c5　　184
　　73c9–d1　　184
　　73d2–74a10　　184
　　76a7　　144
　　77b4–5　　184
　　78b1–2　　93
　　79a3–80d4　　103
　　80a1–2　　183
　　　c8–d1　　183
　　81c5–e2　　103
　　81c9–d4　　130
　　82b9–87b2　　159
　　84a3–d2　　183
　　86e1–87e7　　156
　　89e7　　95
　　99b11–d6　　185
『大ヒッピアス』
　　287e3–4　　65, 184
　　289a8–d5　　184
　　289e2–6　　184
　　290a3–291b6　　184
　　291d9–e2　　184
　　292d6–293c5　　184
『イオン』
　　533c9–535a2　　185
　　537c1–538a5　　179
『国家』
　Ⅰ
　　327a1　　183
　　328d2–5　　188
　　329d–330a　　190
　　331c2–3　　184
　　331c3–d2　　184
　　331d10　　189
　　331e3–4　　184

221

335b1-e7   184
338c2-3   184
346a-b   29
353a10-11   29
II
357b-361d   81
370c4-6   185
374a4-e4   185
376e   71
376e1-   66
III
394c2   149
398a1-b4   66
401a1-b8   182
401b8-d2   182
404c4   149
406c1-8   185
410b10-412b2   132
412b   71
412b2   66
412d-414b   71
412d9-414b6   24
414b7-c2   72
414b7-415d4   69
414c4   76
414c4-10   76
 d1-2   72
414d4-e5   73
414d4-415c7   63
414e6   90
415a3-7   73
415a7-b1   89
415a7-b7   74
415b7-c6   74
415c7-8   74
415c7-d1   75, 78, 80, 83, 85, 86
415c9-10   83
415c9-d1   74
415d2-3   74

415d3-4   83
415d4   90
IV
421d-422a   87
423b5-d7   132
424d6-e5   182
427e6-7   70
432a6-b1   62
433a1-434c11   132
433a5-6   185
434e4-444e5   105
435b9-441c7   105
435c8-d4   111
436a   88
436a9   108
436b9-10   116
439b5   105
439c6-d1   108
439d4-440a8   93
439d5-6   107
439d6-7   107
439d8   105
439e2   105, 107
440b5   108
440e1-2   105
441b7-c2   108
441d11-442d10   115
442a4-7   115
442b10-444a9   117
443c9-444a2   115
443c9-444e5   132
443d5   124
443e1-2   124
443e2   124
444b1-8   115
444d7-10   115
V
459c-460a   86
462a9-e3   132

471d8–473e4	17	477a6–8	57
473c11–d6	17	477a6–9	55
473c11–e4	84	477a7	21
473e5–474a4	17	477a10	22, 25
474b1–2	17	a10–11	19, 43, 49, 55
474b4–480a13	17	477a10–b2	56
474c8–475b3	184	477a10–b3	60
475a1	134	477a11	28
475b8–c8	18	477a11–b2	25
475d1–e1	18	a11–b3	19, 55
475d4–6	27	477b4–7	20, 55
475d6–8	65	b8–10	20, 55
475e–476a	81	477b11–12	33
475e2	111	477c1–d6	29
475e2–476d6	51	477c1–d7	20, 55
475e4–476d5	18	477c1–478a3	43
476a1–6	119	477c1–478c6	20, 38, 55
476a5–8	124	477c1–478d4	179
476a6	41	477c3	30
476a7	148	477d1–5	57
476b9–10	47	477d2	51
476c1–2	38	477e7	38
476c1–3	65	477e7–8	22, 57
476c1–6	186	478a1–3	57
476c2–3	51	478a4–5	29
476d–480a	26	478c3	50
476d7–480a3	117	478c7–d12	20, 55
476d7–480a13	21, 64	478d	22
476d7–8	60	478d5–7	22
476d7–e2	19	478d6	21
476e–477a	26	478d11	25
476e4–480a13	19, 40, 53, 54, 61, 62	478e1–479d9	20, 47, 55
476e7–477b2	27	478e7–479c5	61
477a	22	478e7–479d1	43
477a1	22	479a1	41
a2–3	22	479a1–5	65
477a2–5	19, 23, 55	479a3	38
477a3	21	479a5–b7	57
477a3–4	56	479c6–d1	57

223

479d　22
479d1　43, 65
479d2　58
479d2-4　38
479d4　21, 22
479d6-480a4　180
479d10-e1　47
479d10-e4　44
479d10-480a13　20, 56
479e2　180
479e6　33, 47
479e6-7　44
479e7-480a5　27, 28
479e9　33
480a6-8　53
480a9-10　53
480a11　53
VI
484b4-7　66
484b4-487a8　17
484b8　66
484c1-d9　48, 62
485a10-b3　33
486d10　41
487b1-d8　17
487e4-489c7　62
487e4-489d1　18
488c2　95, 134
489a7-b1　67
490b2-3　157
490b3　41
490e1-495b6　18
491a8-b2　63
491d10-493e1　179
492a5-493e1　181
492b1-4　101
493a6-c8　103
493e2-494a2　65
493e2-494a4　63

495b8-496a10　18
496a11-497a5　18
497a8-d3　18
497e4-498c4　18
499b1-d7　18
499b5-7　87
499c7-d9　40
499d10-500a8　59
499e1-500a7　58
500b8-c7　58
500b8-501c4　18
500c3-6　124
500d5-501c4　63
500d11-e3　58
501a2-b7　54
501b1-3　58
501b1-7　58
501c5-9　67
501c5-10　40
501c5-502a2　58
501c5-502a3　18
501d1-2　58
501e1-5　40
501e6-502a3　40
502a3　17, 60
502c9-541b5　120
503e1　118, 130
503e1-505a3　117
504a4-e2　115
504a4-507b10　121
504b2　117
504d8-9　134
505a2　41, 91, 117, 120
505a3-506d7　117
505b5-d4　121
505d5-506a3　121
505e1-2　91, 92, 95-102, 105, 134, 190
　e2　91

e2–3   99, 102
505e3–5   100
506b–507a   191
506b2–507a6   84
506c   25, 39
506c6   131
506d7–e3   160
507a7–b7   120
507a7–b10   157
507a7–509b9   91, 118, 139
507b4   41, 157
507b4–7   119
507b5   41
507b6   41
508a4–509b9   120
508e2   41
509b5–7   121
509b7   41
509b7–8   122
509b7–9   119
509c–511e   125
509d1–511e5   118, 139, 145
509d4   142, 157, 158
509d6–511e5   139, 162
509d6–8   164
509d8   142
509d8–510a3   149
509d9–510a7   145
509d10–510a3   178
510a8–10   167
510a9   166
510b4–d3   140
510b6–7   118, 123
510b6–8   125
510b8   41
510c2–d3   134
510c3–4   126
510c4–5   126, 158
510c6–7   125

510d   156
510d5–511c2   140
510d7–8   142, 149, 158
511a4–8   147
511b1–c1   140
511b4–6   125
511b6   127
511b6–7   134
511b6–c1   125
511c2   41
511c6–7   134
511d   143
511d6–e4   151, 167, 178
511d7   155
511e1–3   143
VII
514a1–2   165
514a1–b3   161
514a1–516b6   161
514a1–515e4   161
514a1–516c2   118
514a1–517a7   103
514b3–515a4   162
515a5   162
515c1–2   168
515c4–e4   162
515c8–d2   166
515d2–4   167
515d3–4   179
515d4–6   166
515d6   183
515d6–7   166
515e5–516a7   162
516a8–b6   162
517a4–6   183
517a8–b1   180
517b8   41
517d4–e1   181
518c4–519b5   97, 99

518d   191
519a8–b1   185
519c8–521b11   118
519d4–7   185
520b5–d5   174
520c   25, 39
520c3–5   179
521c1–541b5   118
521d4–522b2   185
523a1–524d5   61
523a3   41
523a10–b4   82
523b9–524d7   154
523c–e   167
523c10–d6   47
523d3–4   180
524e1   41
524e5   173
524e5–525a1   173
525b3   173
525c1–6   186
  c6   41
526a1–5   159
526c1–2   186
526c11–d5   82
526e2   41
526e7   41
527d1–3   82
528e4–529a2   82
531c9–d3   133
532a7   41, 157
  b1   41, 157
532b6   174
532b6–c4   145, 151
532b6–d1   171, 172
532c2   160
532c4–5   172
533c–535a   125
533c9   125

533d4–6   152
533e3–534a7   166
533e7–9   180
534a1–5   158
534a3   41
534a5–8   142, 148, 157
534b3–7   36
534b3–c5   48
534b3–d2   36
  b4   41
534b8–c1   131
534b8–c8   113
534c1   41
534e2   159
537b1–c3   75
537b7–c3   133
537b8–c3   159
537c6–7   133
538d6–e5   173
540a8–b1   118
540d8–9   95
540e4–541a7   88
541b5   118

VIII

546d7–547c4   86
551d5–7   132
554d9–e7   132

IX

580c10–588a10   105, 109
580d6–581b12   105
581a6   105
581b3   105
581b10   105
586e4–587a2   105
588b1–590a5   132
589c6   94
589c7   51
592b1–4   70, 132

X
  595a1–608b3　66
  595b3–7　66
  596a　81
  596a5–598d7　151
  596a6　41
  596b1　41
  596b1–10　41
  597a1　41
  597a2　41, 157
　　4–5　41
　　c3　41, 157
  597c3–5　168
  598b1–c4　179
  599c6–600c2　180
  602a8–b4　171
  602c–607b　114
  604b1–2　116
  605a2–6　171
  605c5–7　66
  607a3–7　66
  607c4–7　66
  608a2–5　59
  611a10–612a6　112
  612a3–4　112
  621a7　183
『ティマイオス』
  27d5–28a4　179
  27d5–29d3　160
  30a5　124
  51e6–52b2　179
  69c–d　116
  86d7–e3　94
  88a3　124

『法律』
  663e–664a　88
  665a1–2　124
  667c9–d1　169
  668a6–7　169
  668e2　124
  731c3–5　94
  817e5–822d1　159
  819a8–c7　185
  860d1–2　94
  860d5–e4　102
  891a2–4　65
  903a–905d　90
  903b6　124

Plotinus
『エネアデス』
  VI 6.9.33–36　159

Plutarch
『プラトン哲学に関する諸問題』
  1001d–e　155

Proclus
『プラトン『国家』注解』
  32.13–33.7　131
  232.15–233.28　115
  269.4–272.7　131
  275.29–276.22　131
  280.22–30　131
  289.6–18　155
『プラトン『パルメニデス』注解』
  829.22–831.24　131
『悪の存立論』
  43–44　131

著者略歴

川島　彬（かわしま　あきら）
1988年宮城県仙台市生まれ。東北大学文学部卒業、東北大学大学院文学研究科博士前期課程修了、カリフォルニア大学バークレー校研究留学を経て、東北大学大学院文学研究科博士後期課程修了。博士（文学）。大阪大学社会技術共創研究センター（ELSIセンター）特任研究員を経て、現在、日本学術振興会特別研究員PD。専門は哲学。
主な論文に "The Object of Thought（*dianoia*）in Plato's Divided Line, 509d1–511e5"（*Tetsugaku* : International Journal of the Philosophical Association of Japan, vol. 1, 2017年）、「プラトン『国家』第六・七巻における「〈善〉のイデア」と「仮設されたのでない原理」」（『哲學』70号、2019年）などがある。

装幀：大串幸子

〈善〉のイデアと非命題的なもの
――プラトン『国家』篇研究――

The Form of the Good and What Is Non-Propositional :
Studies in Plato's *Republic*

Ⓒ AKIRA Kawashima 2024

2024年10月7日　初版第1刷発行

著　者　川島　彬
発行者　関内　隆
発行所　東北大学出版会
　　　　〒980-8577　仙台市青葉区片平2-1-1
　　　　TEL：022-214-2777　FAX：022-214-2778
　　　　https://www.tups.jp　E-mail：info@tups.jp
印　刷　亜細亜印刷株式会社
　　　　〒380-0804　長野県長野市大字三輪荒屋1154
　　　　TEL：026-243-4858

ISBN978-4-86163-397-3　C3011
定価はカバーに表示してあります。
乱丁、落丁はおとりかえします。

JCOPY　〈出版者著作権管理機構　委託出版物〉
本書の無断複写は著作権法上での例外を除き禁じられています。複写される場合は、そのつど事前に、出版者著作権管理機構（電話03-5244-5088、FAX 03-5244-5089、e-mail：info@jcopy.or.jp）の許諾を得てください。